자유론

존 스튜어트 밀

박홍규 옮김

On Liberty

John Stuart Mill

On Liberty

■● 문예인문클래식

자유론

존 스튜어트 밀

박홍규 옮김

🔆 문예출판사

《자유론On Liberty》에서 '자유'란 국가 권력에 대한 개인의 자유를 말한다. 존 스튜어트 밀John Stuart Mill(1806~1873)은 그 자유를 막는 권력이 정당한 경우는 자유의 행사가 타인에게 해를 주는 경우뿐이라고 하면서, 그 이유를 문명의 발전을 위해서는 개성과 다양성이 보장되어야 하고 다수파인 대중이 전제를 초래해서는 안 되기 때문이라고 '논'한다. 이 책은 163년 전인 1859년에 영국에서 나왔으나, 지금 우리에게도 여전히 중요하다는 점에서 초판 번역을 십삼 년 만에 개정한다. 당시 영국 사회를 비판하기 위해 쓰인 이 책이 지금 우리에게 더욱 중요하게 다가온다는 점을 새삼 다시 느끼면서 고전의 가치를 실감한다. 개정을 도와준 문예출판사 편집부를 비롯한 여러분들께 진심으로 감사드린다.

2022년 9월
박홍규

옮긴이의 말

이 책은 19세기 영국의 사상가 존 스튜어트 밀의 대표작인 《자유론》의 번역이다. '자유' 세계, '자유' 국가, '자유' 민주주의의 바이블이라고 해도 과언이 아닌 이 책으로 밀은 인류 역사에서 자유주의의 가장 위대한 교사로 불려왔다.

원저의 제목 'On Liberty'란 '자유에 대해서'나 '자유' 정도로 번역될 수도 있으나, 이미 '자유론'이라는 이름이 굳어져 있으므로 그대로 사용하도록 한다. 그러나 그 의미는 '자유에 대한 나름의 생각이나 검토' 정도라는 점을 강조하고 싶다. 언제부터인가 우리나라에서는 '론'이라는 것이 남(그것도 주로 외국인)의 생각을 짜깁기하는 이른바 학술 논저의 준말로 이해되어왔으나, 밀은 그런 학술 논저의 하나로 이 책을 쓴 것이 아니라, 그 대상을 일반인이건 학자건 구별하지 않고 쓴 시론試論, 즉 자신의 생각을 밝히고자 한 하나의 사상적 시도인 에세이로 썼다. 그래서 우리의 이른바 논저처럼 외국인의 문헌 인용으로 가득하기는커녕 자국인의 문헌 인용조차 거의 없다. 밀이 만약 지금 우리나라 대학에서 발간하는 저 수많은 논문집에 싣고자 이 글을 제출했다면 아마도 어디에서나 거부당했으리라. 실제로 그는 교수로 근무한 적이 없이 평생을 주로 평범한 회사원으로 살았다. 그렇다고 그가 에세이라고 한 이 책은 센티멘털한 신변잡기의 넋두리도 아니다.

그럼에도 이 책은 인류의 '고전', '명저'에 속하고 '세계사상전집'이니 하는 종류의 책에는 반드시 포함되어 있다. 이 책뿐만 아니라 이런 종류의 책이 다 그렇지만 그야말로 이름은 널리, 오랫동안 알려졌으나 사실은 누구나 잘 읽지 않는 책이라 함은 비단 우리나라만의 문제는 아니다. 이런 책들은 소위 베스트셀러가 아니다. 물론 외국에서는 중고교나 대학에서 어느 정도 강제적으로 그런 책들을 읽혀 접할 기회가 전혀 없는 것은 아니지만, 우리는 중고교는 물론 대학에서도 각종 시험 준비에 바쁜 학생들에게 시험과 무관한 그런 책들을 읽힌다는 것은 거의 상상하기 어렵다.

그런데 그런 '고전'이라고 하는 게 사실 읽히지 않을 정도로 재미없는 것도 사실이고, 특히 지금 우리에게 그런 게 왜 '고전'으로 읽혀야 하는지 도저히 이해할 수 없는 책도 많다. 그러나 나는 그런 '고전' 중에서도 이 책《자유론》만큼은, 비록 소설처럼 재미나는 것은 아니지만, 오랫동안 '자유'를 체제와 국가의 근본이념으로 삼아온 20~21세기 대한민국에서 '고전'으로서의 가치, '원리'로서의 가치를 충분히 갖는 것이라 생각한다. 특히 남북한 대립을 비롯해 수많은 대립적인 의견이 상충하는 우리 현실에 그 모든 의견의 평화공존을 위한 최소 조건의 틀로 삼을 필요가 있다. 이미 수많은 자유국가에서는 그런 틀로서 가장 적합하다는 평가가 내려졌다. 즉 타인에게 해를 끼치지 않는 한 인간은 자유라는 것이다.

특히 그의 법적 도덕주의에 대한 비판과 국가 가부장주의에 대한 비판은 범세계적으로 여론의 지지를 받아왔고, 검열이나 동성애나 이혼과 같은 분야의 법 개정을 촉구한 근본 지침이 되어왔다. 사회의 도덕적 획일성을 유지하려는 법적 강제에 대한 그의 확고한 반대와 그런 시도에서 시민의 자율성을 확보하고자 하는 그의 생각은 현대의 어떤 진보적인 사고나 정책보다 앞서 있어서 아나키즘적 자유론이라고도 할 수 있을 정도다. 특히 21세기 한국에서 여전히 긴요한 과제들인 국가로부터의 개인의 자유, 과도한 중앙집권으로부터의 지방자치, 국가주의적 교육으로부터의 교육자치 등의 주장은 밀이 특히 강조한 바로, 자유에 대한 그의 판단에 따르면 우리는 아직도 자유롭지 못하다.

특히《자유론》의 자유는 기본적으로 '사상의 자유'를 말한다는 점에서 그렇다. 이 책은 그 내용으로 보면 책 이름을 '사상의 자유'라고 함이 더욱 타당하다고 할 정도로 사상의 자유를 강조한다. 반면 우리나라에서 흔히 말하는 '자유'는 보통 '재산의 자유'를 말한다. 즉 '사상의 자유'를 부정하는 국가보안법을 유지하여 '재산의 자유'를 침해하려는 공산당을 막자는 것이 우리의 '자유'라고 해도 과언이 아니다. 하지만 이런 '자유'는 밀이 말하는 자유의 전부가 아니다. 도리어 밀은 재산의 자유를 상당히 제한하고, 노동자의 기업 소유와 경영, 공동생산조합, 그리고 소득세와 상속세를 비롯한 조세에 의한 소득과 부의 재분배를 주장한 자치사회주의자다.

그러나 그는 공산주의나 국유화에 반대했기에 교조적인 마르크스주의와는 구별된다는 점에서도 아나키즘에 상당히 가깝다. 그는 시장 경쟁이 비효율과 착취에 대한 필수적인 방지책이라고 믿었지만 자본주의 기업은 노동자와 경영자 그리고 소유자의 이익을 분리한다는 점에서 유해하다고 보았다. 특히 노동자는 경영자의 권위주의에 종속되고, 기업 이윤으로부터 얻는 것이 없다는 이유에서 노동자가 기업을 소유하고 관리해야 하며, 기업 소유자인 노동자에게 경영자가 종속되어야 한다고 주장했다. 이는 정치 영역의 자치인 지방자치를 경제 영역에서 주장한 것이었다.

또한 그는 끝없는 생산 증대의 추구가 자원의 한정과 모순되어 이득을 감소시키는 사회적 비용을 초래할 것이므로 생산과 인구 증가는 정지되는 반면 문화적이고 기술적인 쇄신이 계속되어 수준 높은 여가 활용이 가능한 사회가 오리라 예상했다. 그래서 남녀가 지성과 교양, 그리고 자연의 아름다움에서 나오는 높은 즐거움을 위해 헌신하고, 계급적 적대감이 없는 사상과 삶을 추구하여, 서로의 자유를 최대한 존중하되 자신이나 남들에게 결코 무비판적이지 않은 사회를 추구했다. 개인주의적이고 다원주의적이며, 민주주의적이고 사회주의적인, 소수자의 권리를 보장하고 시장경제의 장점을 유지하는 사회가 그의 아나키즘적 유토피아였다.

그런 밀은 사회주의를 주장하는 자유, 즉 '사상의 자유'를 주장한 '빨갱이'인가? 밀의 시대 영국에 생존하며 사회주의를 주장한 마르크스Karl Marx(1818~1883)도 죽을 때까지 삼십 년 이상 그 사상을 이유로 어떤 법적 제재를 받은 적이 없다. 독일은 마르크스를 체포하여 범인 인도를 하라고 요구했으나, 영국은 그것을 거부했다. 당시 영국에는 사상을 처벌하는 우리의 국가보안법 같은 법이 없었다. 그전에도, 그후에도 없었다.

밀이 마르크스나 레닌과는 분명히 다른데도 그렇다. 그들은 《자유론》은 빨갱이 책이므로 판매는 물론 독서도 금지되어야 한다고 주장할지 모른다. 그런 현실에서 《자유론》이 여러 차례 번역되었고 각종 학교에서 세계의 고전으로 꼽는 것을 우리는 어떻게 이해해야 하는가? 160여 년 전 영국인 밀이 쓴 책은 세계 고전 필독서로 읽히는 반면, 그 내용과 똑같은 국가보안법 폐지론자는 빨갱이로 취급되는 우리의 이 기막힌 현실을 어떻게 이해하고, 또 그것을 언제까지 방치해야 하는가?

160여 년 이상의 격세를 실감하는 것으로 충분하지 않다. 세계 고전이라는 미명 아래에서라도 자유와 자치를 강조한 이 책을 자꾸 소개하고 언급함을 반복해서 160여 년 전의 책 내용이라도 우리 것으로 삼아 우리의 자유와 자치를 찾아야만 이 책이 우리의 현실에 세계 고전으로서의 최소한의 역할을 할 수 있으리라는 이유에서 나는 이 책을 다시 번역한다.

인간의 자유와 자치, 인간의 개성과 다양성을 중시하는 《자유론》은 우리의 이러한 천박한 냉전 시대의 양분법 획일 사상 풍토에서 대단히 중요한 의미를 갖는다. '사상범'이라는 말이 상징하듯이 사상이라는 말을 빨갱이와 동의어로 보는 이 천박한 무사상의 풍토에서(그래서 '사상'이란 말을 아예 사용하지 말고, '생각'이라는 말로 바꾸자고 주장하는 사람들도 있지만 그렇다고 '사상' 문제가 없어지는 것은 아니다) 밀의 《자유론》은 사상을 위한 절대적인 자유를 주장하기 때문이다. 빨갱이든 노랑이든 모두 우리의 참된 사상이 아니라, 남의 것을 빌린 것이거나 남에게 배운 것이었고, 그 사상이라는 것을 주장함도 남들의 영향 아래 빨갱이니 노랑이니 나누어 싸우기 위한 핑계일 수도 있었다. 요컨대 그것들은 모두 우리의 참된 사상이 아니었다. 기껏 토막 상식 암기의 대상이거나 우리의 동서양 사상에 대한 흥미라는 것도 영국, 미국, 독일, 프랑스에서 일시 유행하는 현대 사상이라는 것을 마치 명품 유행처럼 황홀하게 느끼는 정도에 불과하다. 그러니 사상이, 우리의 사상이 있을 수 없다. 밀이 말하는 지적 노예 상태에서는 사상이 있을 수 없다.

무엇이 참된 사상이냐, 무엇이 참된 진리냐 하는 물음에 밀은 확실하게 답하지 않는다. 아니 당연히 답이 있을 수 없다. 사실 그런 답을 자신 있게 주장한 사람들치고 엉터리 예언가에 그치지 않은 사람들이 없다. 밀에게 중요한 것은 그 참된 사상이나 진리에 이르는 유일한 방법이자 수단이 완벽하게 자유여야 한다는 것이다. 완벽한 자유가 있어야 독창적인 사상이 있을 수 있다는 것이다. 사상이란 그것이 자유롭게 펼쳐져야 비로소 가능하다는 것이다. 반면 우리의 정신 풍토는 아직도 근대 이전 사문난적의 시대이고 지적 노예 상태다. 밀은 모든 자유는 사상의 자유에서 비롯된다고 한다. 그렇다면 사상의 자유가 없는 우리에게 다른 자유도 없다. 있는 것이라고는 돈의 자유뿐이다. 아니 돈의 노예뿐이다. 반공과 자본의 획일적인 노예뿐이다. 그밖에 다른 자유는 없다. 지적 노예 상태에서는 사상이 있을 수 없다. 이것이 이 책의 내용 전부다.

성질 급한 독자는 여기서 이 책을 덮을지도 모르지만, 이 책에서 혹시 '재산의 자유'를 읽고자 하는 사람이 있다면 분명히 이 책에는 기대할 바 없음을 다시금 밝혀두어야 하겠다. 그러나 '재산의 자유'를 비롯하여 이 책에서 거의 논의되지 않는 모든 자유가 '사상의 자유'에서 비롯된다고 하는 점을 조금이라도 아는 사람이라면, 그것이 자유주의의 본질임을 조금이라도 아는 사람이라면, 그래서 이 책이 자유주의의 바이블임을 조금이라도 아는 사람이라면 이 책을 바로 덮지는 않을 것이다. 자유주의가 돈 놓고 돈 먹는 야바위꾼의 자유가 아니라는 것을 조금이라도 느끼는 사람이라면, 그래서 이 대한민국의 천박한 자유주의에 조금이라도 회의한 사람이라면 이 책을 펼칠 자격이 있으리라.

백과사전에 밀은 '영국의 경제학자, 철학자, 사회과학자, 사상가'로 소개되어 있으나, 그를 앞의 셋을 모두 포괄하는 의미로 사상가라고 부를 수 있다. 왜냐하면 그는 경제학이나 철학만이 아니라 정치학, 종교학, 여성학 등 다양한 분야에 정통했기 때문이다. 밀은 그와 비슷한 시대에 오랫동안 런던에서 함께 살았던(그러나 만난 적은 없었던) 독일 출신 마르크스처럼 체계적인 거대 이론을 구축하지는 못했지만, 적어도 19세기 영국에서는 마르크스보다 중요한 사상가로서 당대의 아리스토텔레스Aristoteles로 불릴 정도였다.

마르크스는 그와 마찬가지로 독일인인 베버Max Weber(1864~1920) 등과 비교되기도 하나, 밀과 비교되는 경우란 거의 없다. 그러나 어쩌면 《자유론》(1859)의 밀과 《공산당선언》(1848)의 마르크스는 남북한 대립으로 응집된 20세기의 냉전, 즉 이른바 '자유세계'와 '공산세계'의 대립에 대응한, 19세기의 가장 중요한 문헌일지도 모른다. 비록 남북한은 물론 미국과 옛 소련의 대립에서 그 두 권의 19세기 문헌이 자주 들먹여지기는 했지만, 앞에서도 말했듯이 반드시 두 체제와 두 문헌 사이에 직접적인 관련이 있다고는 할 수 없었다.

여하튼 남한에서는 오랫동안 《공산당선언》을 비롯한 공산주의 관련 저술의 출판은 물론 그에 대한 독서나 토론조차 금지되어왔다. 19세기의 밀은 《자유론》에서 무엇보다도 사상과 토론의 자유를 강조했고, 밀이 그 책을 쓸 무렵에는 공산주의 탄압이 문제되지 않아 그 책에서 그것을 다루지는 않았겠지만, 만일 당시에 그런 문제가 있었다면 그는 철저히 비판했을 것이며, 따라서 당연히 우리의 국가보안법 같은(만일 그런 것이 있었더라면 말이다. 그러나 당시 영국에는 그런 법이 없었다) 법의 철폐를 주장했을 것이다. 마찬가지로 밀이 지금의 북한이나 구공산주의 사회에 살았더라면, 우리의 국가보안법과 마찬가지인 각종 사상규제법의 철폐를 당연히 주장했을 것이다.

그런 모든 사상 규제에 대한 철폐를 가장 강력하게 주장한 책이라는 점에서 《자유론》은 여전히 우리에게 살아 있는 고전이다. 그러나 나는 오랫동안 그 책의 가치를 인정하면서도 동시에 그 책을 싫어했다. 그중에서도 중요한 이유만을 몇 가지 들어보자.

첫째, 사회주의자이기도 했던 밀이 《자유론》에서 주장한 것은 당연히 돈의 자유, 자본의 자유, 재산의 자유가 아님에도, 마치 그런 자유만이 자유라는 식의 대한민국 대중판 '자유론' 내지 자유주의의 원조가 밀인 것처럼 오해되는 분위기 탓이었다. 나아가 설령 소수 지식인 사이에서는 그렇지 않았다고 해도, 밀이 말한 사상의 자유 따위만으로 과연 우리가 본질적으로 자유로울 수 있는지에 대한 회의 탓이기도 했다. 그래서 곧잘 《자유론》을 버리고 《공산당선언》으로 옮겨갈 수밖에 없었다. 이런 악순환은 이미 오래전인 20세기 초부터 반복되어왔는데, 이제는 그 무익한 악순환을 중단할 필요가 있지 않을까? 최소한 《자유론》과 《공산당선언》을 자유롭게 함께 읽어 인간답게 살아야 하지 않을까?

둘째, 밀이 그의 아버지를 이어 십칠 세부터 오십이 세까지 거의 평생 동안, 인도를 지배한 동인도회사East India Company 회사원을 지냈다고 하는 점과 함께 《자유론》에 나타나는 인도나 중국을 비롯한 비서양 세계에 대한 경멸 탓이었다. 내가 중학교에 들어가서 동시에 읽은 간디Mohandas Karamchand Gandhi(1869~1948)와 밀의 책은 그 점에서 나에게는 극명하게 대립되는 것으로 보였고, 나로서는 당연히 간디의 책을 선택하고 밀의 책을 물리쳐야 했다. 그것은 벌써 사십 년 전의 일이나, 지금까지도 크게 변한 바가 없다. 말하자면 밀은 조선총독부 관리로서 '후진' 조선인에게는 전혀 자유를 인정하지 않으면서 '선진' 일본인을 위한《자유론》을 쓴 것과 다름이 없었다는 것이다.¹ 물론 설령 그렇다고 해도 밀 역시 자유를 무엇보다도 중요하게 생각했고, 우리도 마찬가지로 그 자유를 포기할 수 없으며, 우리도 그렇게 완벽하게 나아가야 한다. 즉 밀의 책이 유용하다면 그의 과거 경력을 꼭 문제 삼을 필요는 없다.

셋째, 위에서 말한 두 가지, 특히 첫째와 관련되는 점이기도 하지만,《자유론》에 깔린 대중 경멸 내지 귀족주의적인 분위기 탓이었다. 특히 대중으로부터의 자유라는《자유론》의 본론은 대중, 아니 우리가 오랫동안 민중이라고 부른 국민 다수에 대한 불신이라는 점에서 밀은 대단히 귀족주의적으로 보였다. 물론 이른바 유신이란 것도, 전두환 체제라는 것도 국민투표로 정당화되었으나, 당시에는 그 민심이란 게 독재국가에 의해 조작된 허위라고 생각되었다. 그러나 대중은 물론 그 이름이 민중으로 바뀌어도 그 대중의 여론(=민심)이란 것에 대한 철저한 비판적 분석 없이 우리가 민주주의라는 것을 조금이라도 제대로 해나갈 수 있을지 의문이다.《자유론》전반을 둘러싼 대중 비판도 그렇게 이해하면 여전히 우리에게도 유용할 수 있다.

우리는 민주주의 원리를 다수자 지배라고 하고, 그것은 다수결, 특히 선거의 다수결에 의해 결정된다고 생각한다. 밀이 살았던 19세기 후반의 대중이 지배하는 시장민주주의가 바로 그것이었다. 이는 19세기 이전, 소수자가 다수자를 지배한 시대에 대한 자유 추구로 나타났다. 그러나 19세기 후반 대중이라는 다수가 지배자가 되면서 모든 사람에게 그 다수자와 같기를 요구하자 그것에 저항하여 밀이 《자유론》을 쓴 것이다. 즉 《자유론》은 그런 다수결 민주주의라는 이름 아래 행해지는 획일주의, 국가주의, 전체주의, 집단주의에 대한 의문 제기다. 나는 지금 21세기 한국 민주주의가 그런 위기에 처했다고 보기에 《자유론》을 다시 읽을 필요를 절실히 느낀다.

그러나 나는 밀의 《자유론》 번역을 오래 망설였다. 《자유론》은 이미 여러 번 번역되었기 때문이다. 내가 알기에도 열 번 이상이다. 약 160여 년 전인 1859년에 쓴 책이어서 세대 감각에 맞게 가령 이십 년 만에 새로 번역된다고 해도 열 번은 많다. 우리나라에서 나온 최초 번역은 내가 아는 한은 1956년 윤하연이 번역한 것이다. 그 후 오십 년간 열 번 이상 번역되었다니 아무래도 이상하다. 그런데 내가 다시 그 이상한 대열에 합류해야 하는가?

그러나 나는 충실한 옮긴이주와 새로운 해설을 더하고 특히 독자의 이해를 돕기 위해 긴 문단과 문장을 짧게 나누고, 소제목을 새로 붙여 번역했고, 각 장 앞에 간단한 해설을 넣었다. 특히 나는 두 가지 점에 힘을 기울였다. 그 하나는 비판적인 고전 읽기고, 또 하나는 주체적인 고전 읽기다. 어떤 '고전'이라도 신성시할 필요는 조금도 없다. 특히 밀은 어떤 사상도 절대적일 수 없다고, 아니 어떤 인간도 완전할 수 없다고 《자유론》에서 누누이 역설한다. 바로 그래서 사상의 자유가 인정되어야 한다고 주장한다. 또한 밀은 자신의 저술이나 사상에 대한 어떤 신성시도 거부한다. 우리나라에서는 '고전'이라고 하면 절대시, 신성시하는 버릇이 있는데 이는 마땅히 없어져야 한다.

또한 19세기 영국에서 쓰인《자유론》은 당연히 그 시대와 나라의 상황에서 정확하게 이해되어야 하지만, 동시에 철저히 21세기 한국의 상황에서 비판적으로 음미됨과 함께, 우리의 상황에 대한 정확한 인식 위에서 읽혀야 한다. 여하튼 이 번역을 시작한 2006년이 밀 탄생 200주년이고 번역을 마친 2009년이《자유론》출간 150주년이라는 점도 작용했지만 그 세월이 나에게 더욱 절실할 정도로 밀이 가깝게 느껴진 탓이기도 했기에 새로운 기분으로 번역과 해설에 최선을 다했다.

밀의《자유론》은 또한 소수 독재자에 대한 자유를 주장하기보다도, 다수의 대중 지배에 대한 자유를 주장하기 때문에 바로 이 시점에서 우리에게 다시 읽힐 필요가 있다. 말하자면 이른바 대중의 민심이라는 것이 지배하는 것에 대응한 개인의 자유를 주장하는 책이기 때문에, 우리의 대중민주주의나 포퓰리즘 등의 논의에도 유익할 수 있다는 것이다. 이 책의 번역을 결단한 문예출판사 여러분에게 감사한다.

2009년 3월
박홍규

차례

일러두기

1. 《자유론》의 원저는 여러 판이 있으나 내용에 큰 차이는 없다. 그러나 아무래도 최신판이 좋겠다고 생각하여 1991년에 나온 John Gray와 G. W. Smith 편의 *J. S. Mill On Liberty in Focus*, Routledge & Kegan Paul을 대본으로 삼았다.

2. 각 장의 제목 외에 각 장 속에 나오는 모든 소제목은 옮긴이가 붙였다. 원문은 19세기 영어이므로 문단과 문장이 대체로 긴데, 되도록이면 짧게 나누었다.

3. 원문에서 이탤릭체로 강조한 부분은 굵은 활자로 표시했다.

4. 주는 '원주'라고 표시된 것 외에는 모두 옮긴이주다.

5. 각 장 앞에 옮긴이의 해설을 두어 본문의 이해를 도왔다.

이 책에서 전개되는 모든 논의가 직접 지향하는 숭고한 기본 원리는 인간을 최대한 다양하게 발달하도록 하는 것이 절대적이고도 본질적으로 중요하다는 점이다.

— 빌헬름 폰 훔볼트[2]

《국가의 영역과 의무 *Sphere and Duties of Government*》

나는 이 책을 나의 친구이자 아내였던 여성[3]에 대한 사랑스럽고도 애처로운 추억에 바친다. 그녀는 나의 저술 중에서 가장 훌륭한 것 모두에 영감을 주었고 그 일부의 저자였다. 진리와 정의에 대한 그녀의 숭고한 감각은 나에게 가장 강한 자극이었고, 그녀의 동의는 나에게 가장 중요한 보상이었다. 내가 여러 해 저술한 모든 글과 마찬가지로, 이 책도 그녀의 것이자 나의 것이다. 그러나 지금 이 책은 그녀의 고귀한 수정을 받는 혜택을 충분히 누리지 못하고 출판되었다. 그 가장 중요한 몇 부분은 그녀가 더욱 주의 깊게 재검토하기 위해 보류했는데, 이제는 그럴 수가 없다. 만일 내가 그녀의 무덤에 묻힌 위대한 사상과 고귀한 감정의 반이라도 이 세상에 전할 수 있다면, 나는 이 세상에 더욱 큰 이익을 전달할 수 있을 것이고, 그 이익은 내가 그녀의 비길 바 없는 지혜의 격려와 지원 없이 쓰는 어떤 책의 경우보다도 더욱 클 것이다.

이 책 첫머리에 인용된 훔볼트의 말은《자유론》을 지배하는 원리인 인간의 다양성을 강조한 것이고, 그 다양성을 보장하기 위한 사상의 자유가《자유론》의 주제다.《자유론》은 5장으로 구성되는데, 1장 '서론' 첫 문단에서 그가 말하는 자유란 "시민적·사회적 자유"이고, 이 책의 주제란 "사회가 합법적으로 개인에게 행사할 수 있는 권력의 본질과 한계"를 밝히는 것이라고 한다. 이는 토크빌Alexis de Tocqueville(1805~1859)이 정치적 자유가 확보되고 민주주의가 수립된 19세기에 가장 중요한 자유 문제는 민주주의라는 '다수의 폭정'하에서 개인의 자유를 보장하는 것이라고 주장한 것을 이어받은 주장이다.

밀은 그러한 개인적 자유의 보장 원리를 인류의 자기보호라고 주장한다. 즉 "인류가 개인적으로나 집단적으로 어떤 사람의 자유에 간섭하는 것을 보장받는 유일한 근거는 자기보호"라는 것이고, 이를 "문명사회의 어느 구성원에 대해, 그의 의사에 반해 권력을 정당하게 행사할 수 있는 유일한 목적이란, 타인에 대한 침해를 방지하는 경우뿐"이라고 설명한다. 이어 밀은 행동을 자신과 관련되는 행동과 타인과 관련되는 행동으로 구분한다.

개인의 행동 중에 사회의 제재를 받아야 할 유일한 것은 그것이 타인과 관련되는 경우뿐이다. 반대로 오로지 자신만 관련된 경우 그의 인격의 독립은 당연한 것이고 절대적인 것이다. 자신에 대해, 즉 자신의 신체와 정신에 대해 각자는 주권자다.

나아가 밀은 "인간 자유의 본래 영역"으로 세 가지, 즉 의식의 내면적 영역(양심의 자유, 사상과 감정의 자유, 의견과 감각의 자유, 의견 표명과 언론·출판의 자유), 취향과 탐구를 위한 행동의 자유, 그리고 집회와 결사의 자유와 노동자의 단결권을 포함한 단결의 자유를 요구한다. 그는 마지막으로 다음과 같이 웅변한다.

이러한 자유가 없는 사회는 그 통치 형태가 어떤 것이든 자유롭다고 할 수 없다. 그리고 그 자유가 절대적이고 무조건적으로 존재하지 않는 곳에서는 완전한 자유가 있다고 할 수 없다. 자유라고 불릴 수 있는 유일한 자유는, 우리가 타인에게 행복을 뺏으려 하지 않는 한, 또는 타인이 행복을 얻고자 노력하는 것을 방해하지 않는 한, 우리 자신의 방법으로 우리의 행복을 추구하는 자유다.

이 책의 2장 이하 본론의 기본이 되는 서론인 1장의 논점은 민주주의라는 '다수의 폭정' 문제와 함께 개인에게만 관련된 행동에 대해서는 권력이나 사회가 어떤 간섭도 할 수 없고, 그런 간섭은 오로지 타인에게 해를 끼치는 행동에 한정된다는 점이다.

그러나 우리는 인간의 행동을 순수하게 개인에만 관련된 행동과 타인에게 해를 끼치는 행동으로 구분할 수 있는가? 과연 그렇게 확연히 구분되는 행동이 있을 수 있는가? 나아가 그런 구분은 누가 어떻게 결정하는 것인가? 타인에게 끼치는 해란 구체적으로 어떤 것을 말하고 그런 해가 생기는 때는 구체적으로 언제인가? 그런 것이 구체적으로 명시되지 않는 경우에 자유의 범위는 대단히 좁아지는 것이 아닌가? 등의 문제를 염두에 두고, 이하 본문을 비판적으로 읽을 필요가 있다.

특히 밀이 그런 자유가 모든 사람에게 주어지는 것이 아니라, 능력 미성숙자나 미개사회의 사람들에게는 주어지지 않아도 좋다고 하는 것을 비판적으로 검토할 필요가 있다. 밀이 미개사회라고 한 당대의 식민지에서는 자유가 아니라 전제가 정당하다고 주장함은 제국주의자로서 식민지의 전제 지배를 정당화한 것이었다.

1장은 물론 《자유론》 전체의 문제점으로 밀의 공리주의와 자유의 관계가 지적되어왔다. 즉 공리주의를 강조하는 경우 자유의 가치가 위축된다는 점, 그리고 경험과 관찰을 중시하는 공리주의는 이성을 중시하는 선험주의를 비판하지만 공리주의 역시 이성에 입각한 궁극적 가치를 주장한다는 점 등이 비판되어왔다. 이러한 비판은 이성에 대한 불신을 전제로 하는 것인데, 문제는 과연 이성을 전적으로 부정할 수 있는가 하는 점이다. 그러나 이에 대한 논의는 사실 쳇바퀴처럼 도는 철학의 근본 문제로 정답이 있다고 할 수 없다. 학자들은 이를 끝없이 논의하는 경향이 있지만, 그것이 밀의 《자유론》을 이해하는 데 근본적인 문제점이 되는 것이 아님을 주의할 필요가 있다. 나는 밀의 공리주의에 대해서는 이론적인 관심 외에 특별한 흥미가 없다.

그런 점보다도 더욱 중요한 것은 밀이 자유를 사상의 자유와 행동의 자유로 나누고, 행동의 자유를 다시 개인의 자유와 집단의 자유

(단결의 자유)로 나눈 뒤, 그 어느 경우든 타인에게 해를 끼치지 않는
한 인간은 자유라고 주장하는 점이 우리나라와 같이 남북한 대립을
비롯해 수많은 의견의 대립이 있는 경우 평화적 공존과 토론을 위한
최소한의 필요조건이라는 점이다. 이러한 자유의 원리에 대한 인식
이 1장의 요점이자《자유론》전체의 핵심이다.

이 책의 주제와 자유의 전통적 의미

이 에세이의 주제는 '철학적 필연Philosophical Necessity'⁴이라는 잘못된 이름으로 불린 이론과 매우 유감스럽게도 대립하는 이른바 '의지의 자유 Liberty of the Will'⁵가 아니라, '시민적·사회적 자유Civil, or Social Liberty'⁶다. 즉 사회가 합법적으로 개인에게 행사할 수 있는 권력의 본질과 한계에 대한 것이다. 이 문제는 일반적으로 설명되거나 논의되지 못했으나, 그것은 잠재되어 있는 문제이기 때문에 현재의 실제 논쟁에 근본적으로 영향을 미치며, 곧 미래의 핵심적 문제로도 인식될 것 같다.

이는 결코 새로운 문제가 아니다. 왜냐하면 어떤 의미에서는 아득한 옛날부터 사람들을 분열시켜온 문제이기 때문이다. 그러나 이제 인류 가운데 더욱 개화된 사람들⁷이 도달한 발전 단계에서 이 문제는 새로운 조건 하에 나타나, 옛날과는 달리 더욱 근본적으로 그 문제를 다루도록 요구한다.

자유와 권위Authority⁸의 투쟁은 우리가 아는 한 가장 오래된 역사에, 특히 그리스, 로마, 영국⁹의 역사에 가장 뚜렷하게 나타났다. 그러나 과거에 이 투쟁은 피지배자, 또는 그중의 어떤 계급과 국가 사이에서 벌어졌다. 즉 자유란 정치적 지배자의 전제에 대항한 보호를 뜻했다.[10] 지배자는(그리스의 일부 직접민주주의 국가popular government[11]를 제외하고) 그가 다스리는 인민people[12]과는 필연적으로 적대적 위치에 있는 것으로 여겨졌다. 지배자는 세습이나 정복에 의해 권위를 이끌어낸 지배자 1인이거나, 지배 종족 또는 지배계급으로 구성되었다. 어떤 경우에도 그들은 피지배자의 지지를 받아 권위를 유지하지 못했다. 지배자의 억압적인 권위의 행사에 어떤 경계심을 갖게 되어도, 사람들은 지배자의 지배권에 감히 도전하지 않았으며, 그것에 도전하려고 하지도 않았다.

지배자의 권력은 필요한 것으로 간주되었으나, 동시에 매우 위험한 것으로도 여겨졌다. 즉 권력은 지배자가 외부의 적에 대해서와 마찬가지로, 피지배자에게도 사용할 수 있는 무기로 생각되었다. 공동체의 약한 구성원들이 수많은 독수리 떼의 밥이 되지 않게 하려면, 독수리 떼 가운데 더욱 강한 사나운 독수리에게 나머지 독수리들을 억제할 수 있는 임무를 부여할 필요가 있었다. 그러나 독수리 떼의 왕도 자기보다 약한 독수리들 못지않게 연약한 공동체 구성원을 잡아먹으려고 할 것이므로, 구성원들은 독수리 왕의 부리와 발톱을 항상 경계할 필요가 있었다. 따라서 애국자들은 지배자가 그 공동체에 행사하는 권력을 제한하고자 했다. 이러한 제한이야말로 그들이 자유라고 생각한 바로 그것이었다.

권력을 제한하는 방법은 두 가지로 시도되었다. 첫째는 지배자로 하여금 이른바 정치적인 자유나 권리라는 인민의 일정한 권리를 인정하게 하는 것이었다. 그 경우 지배자가 그것을 침해하면 의무 위반으로 간주되었고, 실제로 그것을 침해하게 되면 이에 대한 특별한 반항이나 일반적인 반란이 정당한 것으로 여겨졌다. 둘째는 더욱 현대적인 방식인 헌법적 견제의 확립, 즉 더욱 중요한 지배권의 행사에 공동체의 동의나 그 이익을 대변하도록 되어 있는 어떤 집단의 동의를 필요조건으로 삼게 하는 것이었다.

이러한 제한 가운데 첫째에 대해서는 대부분의 유럽 지배 권력이 다소간 굴복하지 않을 수 없었다. 그러나 둘째에 대해서는 그렇지 않았다. 따라서 이를 성취하는 것, 또는 그것이 어느 정도 성취된 경우에는 더욱 완전하게 그것을 성취하는 것이 어디에서나 자유를 사랑하는 사람들의 중요한 목표가 되었다. 인류가 하나의 적을 물리치기 위해 또 다른 적을 물리치는 데 만족하는 한, 나아가 지배자의 압제에 다소 유효한 보장을 받는다는 조건으로 만족하는 한, 그들은 그 이상으로 자신들의 열망을 주장하지 않았다.

민주주의 국가의 권력을 제한해야 할 이유

그러나 인간 생활이 진보함에 따라, 사람들이 지배자가 자신들의 이익과 상반되는 독립적인 권력이어야 한다는 것을 자연의 필연성이라고 생각하지 않게 되는 시대가 찾아왔다. 사람들에게는 국가의 여러 관리가 자신들이 마음대로 임명하고 파면할 수 있는 일꾼이나 대리여야 한다는 생각이 더욱 바람직하게 보였다. 오직 그런 방식에 의해서만 비로소 국가권력이 그들에게 불리하게 남용되지 않도록 완전히 보장될 수 있는 것 같았다. 점차 선거에 의한 일시적인 지배자를 원하는 이러한 새로운 요구가 대중 정당이 존재하는 곳에서는 어디에서나 그 정당 활동의 주요한 목표가 되었고, 이것이 상당한 정도로까지 지배자의 권력을 제한하려는 종전의 노력을 대체했다.

지배 권력을 피지배자들의 정기적인 선거에서 나오는 것으로 만들기 위한 투쟁이 진행됨에 따라 어떤 사람들[13]은 권력 자체의 제한이란 것이 지나치게 중시되었다고 생각하기 시작했다. **그것은** (아마도) 습관적으로 인민과 대립된 이해관계를 갖는 지배자에 대한 일종의 대항 수단이었다. 반면 새롭게 요구된 것은 지배자와 국민이 동일하게 되어 지배자의 이익과 의사는 국민의 이익과 의사와 같아져야 한다는 것이었다. 따라서 국민이 그 자신의 의사에 반해 보호될 필요는 없어졌다. 즉 자신에게 압제를 가하는 것을 두려워하지는 않게 되었다.

만일 지배자에게 국민에 대한 책임을 유효하게 지도록 하고 지배자를 국민이 즉시 해임할 수 있게 되면, 국민은 그를 믿고 권력을 맡길 수 있게 되며 권력의 행사 방법도 지시할 수 있게 된다. 그 권력은 국민 자신의 권력을 집중시키는 것이었고, 그 행사에 편리한 형식을 취한 것에 불과했다. 이러한 사고방식 또는 아마도 감정이라고 할 수 있는 것은 지난 세대의 유럽 자유주의자들 사이에서는 일반적인 것이 되었고, 유럽 대륙에서도 그것은 여전히 명백하게 지배적인 것이 되었다.

반면 국가(그들이 원하지 않는 국가는 예외지만)가 할 수 있는 일에 어떤 제한을 가하고자 하는 사람들[14]은 유럽 대륙의 정치사상가 사이에서 매우 예외적인 존재로 부각될 뿐이었다. 만일 한동안 그러한 생각을 장려한 사정이 변하지 않고 지속되었다면, 유사한 감정이 지금까지 영국에서도 지배적이었을 것이다.

그러나 인간사에서와 마찬가지로 정치적·철학적 이론에서도 실패했을 때는 눈에 띄지 않고 지나쳤을 결점과 약점이 그것이 성공했을 때는 드러나기 마련이다. 인민이 자신들을 지배하는 자신들의 권력을 제한할 필요가 없다는 생각은 직접민주주의 국가란 단지 꿈꾸는 것이라거나, 먼 과거 시대에 존재한 것으로 책에서 읽는 것에 불과했던 시대에는 자명한 것으로 보일지도 모른다. 그런 생각은 프랑스 혁명과 같은 일시적인 일탈에 의해서도 반드시 교란되지는 않았다. 왜냐하면 프랑스 혁명의 최악의 사태는 소수의 찬탈자들이 저지른 것이었고, 여하튼 그것은 직접민주주의 제도의 영속적인 작동에 속하는 것이 아니라 군주제와 귀족제의 전제주의에 대한 돌발적이며 발작적인 폭동에 속하는 것이었기 때문이다.

그러나 하나의 민주공화국[15]이 마침내 지구상의 큰 부분을 차지하게 되면서 세계 공동체의 가장 유력한 구성원의 하나로 등장했다. 그리고 그런 위대한 현존 사실에 수반하여 민선의 책임 국가가 인민의 감시와 비판 대상이 되었다. 그 결과 '자기통치'라든가 '인민 자신을 지배하는 인민의 권력'이라는 문구가 실상을 표현하는 것이 아님을 사람들이 인식하게 되었다. 즉 권력을 행사하는 '인민'은 언제나 권력 행사를 당하는 인민과 동일하지 않고, 이른바 '자기통치'란 각자가 자신을 통치하는 것이 아니라 각자가 여타 모든 사람의 지배를 받는 정치를 뜻하는 것으로 인식되었다.

나아가 인민의 의사란 실제로는 인민 중에서 대다수의 의사나 가장 적극적인 **부분의** 의사를 뜻하는 것으로 인식되었다. 즉 다수자 또는 자신을 다수자라고 인식시키는 데 성공한 사람들의 의사라는 것이다. 따라서 인민이 그 구성원의 일부를 억압하고자 **할 수** 있음을 알게 되었다. 여기서 권력의 다른 남용과 마찬가지로 인민의 권력에도 똑같은 경계가 필요하게 되었다. 따라서 개인에 대한 국가권력 제한의 중대성은 권력 장악자가 그 공동체에 대해, 즉 그 최대 당파에 대해 언제나 책임을 지는 때에도 전혀 감소하지 않게 되었다.

이러한 견해는 사상가들[16]의 지성에도, 민주주의와는 상반된 이해관계(실제적이든 가상적이든)를 갖는 유럽 사회의 중요한 계급에서도 동일하게 즐겨 받아들일 수 있는 것이어서 쉽게 정설이 되었다. 그리고 정치적 논의에서 '다수의 폭정'이란 이제 사회가 경계해야 할 해악에 일반적으로 포함되게 되었다.

사회적 권력의 문제점과 개인적 자유의 필요성

다른 폭정과 마찬가지로 '다수의 폭정'도 주로 공적 권위의 발동을 통해 행해지기 때문에 처음부터 두려운 것이었고 지금도 여전히 일반적으로 그렇다. 그러나 생각이 깊은 사람들은 사회 그 자체가 하나의 폭군일 때, 즉 사회가 집단적으로 그것을 구성하는 개개인에 대해 폭군일 때, 그 폭정의 수단은 그 정치기구의 손에 의해 감행될 수 있는 행동에 국한되지 않는다는 사실을 깨달았다.

사회는 그 자체의 명령을 내릴 수 있고, 실제로도 내린다. 그리고 만일 사회가 정당한 명령이 아니라 부당한 명령을 내리거나 사회가 결코 관여해서는 안 되는 일에 명령을 내린다면, 그것은 많은 종류의 정치적 억압보다도 더 무서운 사회적 전제를 행사하는 것이 된다. 왜냐하면 그러한 행동은 일반적으로 정치적 압제의 경우와 같은 극단적 형벌에 의해 지지되고 있지는 않지만, 그러한 압제보다도 훨씬 더 일상생활의 세부에 깊이 파고들어 인간 정신 그 자체를 노예화시키므로 이를 회피할 방법이 더욱더 적어지기 때문이다.

따라서 위정자의 억압에 대한 보호만으로 충분하지 않고 이와 함께 널리 퍼져 있는 우세한 여론과 감정의 억압에 대한 보호, 즉 사회가 민사벌Civil Penalties[17] 이외의 수단으로 사회 자체의 사상과 관습을 그것에 찬성하지 않는 사람들에게 행동 규범으로 강요하려는 경향에 대한 보호도 필요하다. 또 사회가 그 자체의 관습과 조화되지 않는 어떤 개성의 발전도 저지하고, 되도록이면 그 형성을 가로막으며, 모든 성격을 사회의 모델에 맞추라고 강요하는 경향에 대한 보호도 필요하다. 개인의 독립에 대한 집단적 여론의 간섭에는 한계가 있다. 따라서 그 한계를 찾아내고 그 한계를 여론의 침해로부터 유지하는 것은 정치적 압제에 대한 보호와 같이 인간 생활의 양호한 조건에 없어서는 안 된다.

개인의 독립과 사회 통제의 조정 원리

이러한 제안에 대해서 일반적으로는 이의가 없겠지만 실제로 그 한계를 어디에 둘 것인가, 즉 개인의 독립과 사회의 통제 사이를 어떻게 적절하게 조정할 것인가 하는 문제는 전혀 해결되지 못하고 있다. 어떤 사람에 대해 그 존재를 가치 있게 만드는 모든 것은 오로지 다른 사람들의 행동에 대한 여러 제약을 강제하는 데 달려 있다. 그러므로 행동에 대한 일부 규범은 먼저 법에 의해 부과되어야 하고, 이어 법의 시행 대상으로 삼기에 부적절한 많은 사항의 경우는 여론에 의해 부과되어야 한다. 이러한 규범이 어떤 것이어야 하느냐는 인간 생활에 중요한 문제다. 그러나 가장 명백한 몇 가지 사례를 제외하면 이는 거의 해결되지 못한 문제 가운데 하나다.

그 어떤 시대나 나라도 그것을 유사하게 결정한 적이 없다. 하나의 시대나 나라에서 내린 결정은 다른 시대나 나라에 놀라운 것이다. 그럼에도 어떤 시대나 나라의 인민은 이 문제에 대해, 마치 그것이 인류가 항상 합의한 문제인 듯이 생각하여 어떤 어려움이 있을 것이라고 의심하지 않는다. 그들 사이에서 지배적인 규범은 그들에게 자명하고 정당한 것으로 보인다.

거의 보편적인 이러한 환상은 관습의 마술적인 영향을 보여주는 하나의 사례다. 속담이 말하듯이 관습이란 제2의 천성일 뿐만 아니라, 항상 제1의 천성으로 오해된다. 인류가 서로에게 부과하는 행동 규범에 갖는 불안한 감정을 방지하는 데 관습의 효과는 더욱더 완벽하다. 왜냐하면 관습이란 문제는 어떤 사람이 다른 사람들에 대해, 또는 각자가 자기 자신에게 그 이유를 밝힐 필요가 없다고 생각되는 것이기 때문이다. 사람들은 이런 성질의 문제에 대해서는 이성적이라기보다 감정적으로 되고, 나아가 이성이 불필요하다고 믿는 데 익숙하며, 철학자라고 자처하는 사람들에 의해 그렇게 믿도록 조장되어 왔다.

인간 행동의 규제에 대한 사람들의 의견을 형성하는 실제적인 원리는 각자의 마음속에 있는 감정, 즉 모든 사람은 자신과 그가 공감하는 사람들이 타인들에게 행동하도록 원하는 행동을 스스로 해야 한다고 하는 감정이다. 사실 그 누구도 그의 판단 기준이 그 자신이 선호하는 것이라고 자인하지는 않는다. 그러나 이성에 의해 지지되지 않는 행동에 대한 의견은 오직 그 사람의 선호로 간주될 수 있을 뿐이다.

또 이유가 있다고 해도 그 이유가 다른 사람들이 느끼는 것과 같은 선호에 대한 단순한 호소라면, 그 의견 역시 한 사람이 아닌 다수의 선호인 것에 불과하다. 그러나 보통 사람에게는 그렇게 지지된 자신의 선호가 완벽하게 만족할 만한 이유가 될 뿐만 아니라, 그의 종교적 신조 속에 명백하게 나타나지 않은 도덕·취향·예의에 대한 그의 모든 관념을 설명하는 유일한 이유가 되고, 그러한 종교적 신조를 해석하는 중요한 지침이 된다.

따라서 무엇이 찬양되고 무엇이 비난되어야 하는가에 대한 사람들의 의견은 다른 사람들의 행동에 대해 그들이 바라는 희망에 영향을 미치는 여러 원인에 의해 좌우된다. 그 원인은 다른 사람들의 행동에 대해 그들의 희망을 결정하는 원인이 많은 것처럼 많다. 즉 그것은 때로는 이성이고, 때로는 그들의 편견이나 미신이며, 때로는 그들의 사회적 감정이고, 때로는 그들의 반사회적 감정, 그들의 선망이나 질투, 그들의 교만이나 경멸인 경우도 드물지 않다. 그러나 가장 일반적으로는 그들 자신을 위한 그들의 욕망이나 공포, 즉 정당하거나 부당한 이기심이다.

우월한 계급이 존재하는 곳에서는 어디에서나 그 나라 도덕의 대부분은 그 계급적 이익과 계급적 우월감에서 발생한다. 스파르타의 시민과 노예Helots[18] 사이, 식민지의 농장주와 흑인 사이, 군주와 백성 사이, 귀족과 자유민[19] 사이, 남성과 여성 사이의 도덕은 대부분 그러한 계급적 이익과 감정의 소산이었다. 그리고 그렇게 형성된 감각은 다시금 우월한 계급 상호 간의 도덕적 감정에 영향을 준다. 반면 종전에 우월했던 어떤 계급이 그 우월성을 상실하게 되거나 어떤 계급의 우월성이 인기를 상실한 경우, 일반적인 도덕 감정은 종종 그 지배 세력에 대해 참을 수 없는 혐오감을 갖게 된다.

능동적인 행동이든 수동적인 자제든 법이나 여론에 강요되는 행동 규범을 결정하는 다른 대원리는 현세의 지배자[20]나 신들의 상상적인 선호나 혐오에 인류가 종속되는 것이다. 이러한 종속은 본질적으로 이기적인 것이지만, 위선적인 것은 아니다. 그것은 완벽하게 순수한 혐오감을 낳아 실제로 사람들로 하여금 마법사와 이단자를 불태워 죽이도록 했다.

그렇게 수많은 저급한 영향 속에서, 사회의 일반적이고도 명백한 이해관계는 당연히 도덕적인 감정을 지도하는 데 큰 공헌을 했다. 그러나 그러한 공헌은 이성 문제나 사회의 이해관계 그 자체를 위해서라기보다도, 도리어 사회의 이해관계에서 생긴 동정과 반감의 결과였다. 따라서 사회의 이해관계와는 거의 또는 전적으로 무관한 동정과 반감 역시 도덕의 확립에 중대한 영향을 미쳤다.

행동 규범의 원리

이처럼 사회의 선호와 혐오가 또는 그 유력한 일부의 선호와 혐오가 법과 여론의 제재에 의해 일반인이 준수해야 할 규범을 실제로 결정하는 중요한 요소다. 그리고 일반적으로는 사상과 감정에 있어서 그 사회의 선구자인 사람들은 비록 세부적으로는 그것과 충돌되기도 했지만, 그런 사태를 원칙적으로 불문에 부쳤다. 그들은 사회의 선호나 혐오가 개인을 제한할 수 있느냐는 문제가 아니라, 도리어 사회가 무엇을 선호하고 혐오해야 하는가를 탐구했다. 그들은 일반적으로 이단자와 함께 자유를 수호하기 위한 공동 전선을 구축하기보다도, 도리어 그들 자신이 이단적인 생각을 하는 어떤 특수한 점에 대한 인류의 감정을 변화시키고자 했다.

여기저기 흩어진 개인이 아니라 집단에 의해, 어떤 원칙에 근거하여 높은 지위를 확보하고 시종일관 유지된 단 하나의 경우는 종교적 신조의 경우다. 이는 여러 가지 점에서 교훈적이다. 특히 도덕적 감각이라고 하는 것이 오류를 범하기 쉽다는 점을 가장 뚜렷하게 보여준다는 점에서 그렇다. 왜냐하면 심지어 **종교적 견해의 차이에 따른 혐오**도 진지한 광신자 사이에서는 도덕적 감정이 된다는 걸 보여주는 가장 명백한 사례기 때문이다. 보편 교회[21]라고 자처한 멍에를 처음으로 타파한 사람들도 일반적으로 그 교회 자체와 마찬가지로 종교적 견해 차이에 관용의 태도를 보이려고 하지 않았다.

그러나 어느 편도 완전한 승리를 거두지 못한 채로 투쟁의 열기가 식고, 각 교회나 종파가 어쩔 수 없이 이미 확보한 기반을 계속 유지해야 하는 데 국한되자, 소수파는 자신들이 다수파가 될 가능성이 없음을 깨닫고, 과거에 개종시킬 수 없었던 사람들에게 이단을 허용할 것을 호소할 필요를 느끼게 되었다. 따라서 사회에 대항하는 개인의 권리가 광범한 원리의 차원에서 주장되었다. 나아가 이단에 대해 권위를 주장하려는 사회의 요구가 공공연히 논박된 것은 바로 그러한 종교의 싸움터에서였으며, 아마도 그것이 유일한 사례일 것이다. 현대 세계가 누리는 종교적 자유에 기여한 위대한 저술가들은 대부분 양심의 자유가 불가침의 권리라고 주장했고, 인간이 자신의 종교적 신앙 때문에 타인에게 책임지는 것을 단호히 거부해왔다.

그러나 인류는 그들이 정말 관심을 갖는 문제에는 관용의 태도를 보이지 않는 것이 매우 당연하기 때문에, 종교적 자유가 실제로 실현된 곳은 거의 없었다. 가끔 있었다고 해도 그것은 신학적 논쟁으로 종교적 평화를 교란시키고 싶지 않다는 종교적 무관심이 지배하는 경우에 한정되었다. 심지어 가장 관용적인 나라에서도 거의 모든 신자는 암묵적인 유보 아래 관용의 의무를 받아들였다.

혹자는 교회 정치에 대한 이단을 허용하지만, 교의에 대해서는 허용하지 않을 것이다. 교황 예찬자나 유니테리언Unitarian[22]을 제외한 모든 사람을 관용할 수 있는 사람도 있다. 또 다른 사람은 계시종교 Revealed Religion[23]에 대해서는 관용할 수 있다. 또 다른 소수는 자비를 조금 더 확대하기도 하지만, 신과 내세를 믿는 점에만 한정한다. 다수의 감정이 여전히 순수하고 강렬한 곳에서는 어디에서나 그것에 복종해야 한다는 요구가 조금도 감소되고 있지 않다.

영국에서는 정치사의 특수한 사정으로 인해 여론의 구속력이 유럽의 다른 나라보다 훨씬 크지만, 법의 구속력은 오히려 적다. 따라서 영국에서는 입법과 행정을 통해 개인의 행동에 직접 간섭하는 점에 대해서는 상당히 경계한다. 그러나 이러한 경계는 개인의 독립을 정당하게 존중한 탓이 아니라, 여전히 국가가 인민과는 반대되는 이해관계를 갖는다고 보는 관습이 잔존하는 탓이다. 다수파 사람들은 여전히 국가의 권력을 그들 자신의 권력으로 느끼지 못하며, 국가의 의견을 그들 자신의 의견으로 느끼지 못한다. 만일 그들이 그렇게 느끼게 되면 개인의 자유는 그것이 여론의 침해를 받는 것과 마찬가지로 국가권력의 침해를 더욱더 받게 될 것이다.

그러나 종래 법으로 규제하도록 되어 있지 않은 사항에 대해 새삼스럽게 법으로 개인을 규제하고자 하면, 그것에 대해 언제나 반항하려는 태도를 취하고자 하는 감정이 아직도 상당히 남아 있기 마련이다. 더욱이 정당한 법적 통제 내의 것이냐 아니냐에 대해서는 아무런 식견도 없이 반항을 일삼는 경향이 있다. 이러한 감정은 전체적으로 보면 매우 유익하지만, 또 그것이 개별 경우에 적용된 경우에는 합치될 수도 있지만, 반대로 전혀 합치되지 않을 수도 있다.

사실 국가의 간섭이 정당한가 부당한가를 관례적으로 판단할 수 있는 공인된 원리란 없다. 사람들은 그들의 개인적인 취향에 따라 판단한다. 어떤 사람들은 성취해야 할 선善이 있다거나 교정해야 할 악이 있다고 생각하는 경우, 언제나 국가를 자극하여 그 일을 하게 한다. 반면 어떤 사람들은 국가의 통제를 받아야 하는 인간사의 부분들에 다른 부분을 더하기보다는 도리어 약간의 사회적 해악이 있다고 해도 사회적 악을 인내하는 편이 낫다고 생각한다.

따라서 사람들은 어떤 특정 사항에서 이러한 감정의 일반적인 경향에 따라, 또는 국가의 임무라고 생각되는 사항에 대해서는 그들이 느끼게 되는 이익의 정도에 따라, 또 국가는 그들이 원하는 방식으로 그것을 하려 하는지 또는 않는지에 대해 그들이 갖는 신념에 따라 그중 하나를 택하게 된다.

그러나 국가가 무엇을 하는 것이 적절한가에 대해 지속적으로 품어온 의견에 따라 그렇게 하는 경우란 거의 없다. 이처럼 준칙이나 원리가 결여되어 있어서 현재로서는 어느 쪽 생각도 잘못된 것으로 보인다. 즉 국가의 간섭은 같은 정도로 부당하게 요청되기도 하고 부당하게 비난되기도 한다.

개인 규제의 원리

이 에세이의 목적은 사회가 강제와 통제라는 방법으로 개인을 대하는 태도를 절대적으로 규제하는 지극히 단순한 원리를 주장하는 데 있다. 그 사용 수단이 법적 형벌이라는 형태의 물질적 힘이거나 여론이라는 도덕적 강제여도 무방하다. 그 원리란 인류가 개인적으로나 집단적으로 어떤 사람의 자유에 간섭하는 것을 보장받는 유일한 근거는 자기보호Self-protection[24]라는 것이다. 문명사회의 어느 구성원에 대해, 그의 의사에 반해 권력을 정당하게 행사할 수 있는 유일한 목적이란 타인에 대한 침해를 방지하는 경우뿐이다.

그 자신의 행복이란 그것이 물질적인 것이든 정신적인 것이든 정당화의 충분한 근거가 되지 못한다.[25] 그렇게 하는 것이 자신에게 좋다던가, 그렇게 하는 것이 자신을 더 행복하게 할 것이라던가, 그렇게 하는 것이 남들 보기에 현명하다거나 심지어 옳다는 이유로, 어떤 사람에게 그렇게 하도록 또는 그렇게 하지 말도록 강제한다는 것은 정당할 수 없다. 그러한 것들은 그에게 충고하고 이해시키며 설득하고 부탁을 하는 데는 충분한 이유가 되지만, 그를 강제하거나 그가 이와 다르게 행동하는 경우 처벌할 이유가 되지는 않는다.

그것이 정당화되려면 그에게 하지 못하게 하는 행동이 타인에게 해를 끼치게 됨을 명백하게 밝혀야 한다. 개인의 행동 중에 사회의 제재를 받아야 할 유일한 것은 그것이 타인과 관련되는 경우뿐이다. 반대로 오로지 자신만 관련된 경우 그의 인격의 독립은 당연한 것이고 절대적인 것이다. 자신에 대해, 즉 자신의 신체와 정신에 대해 각자는 주권자다.[26]

이러한 이론은 능력이 성숙한 사람[27]에게만 적용되어야 한다는 점은 두말할 필요가 없다. 우리는 아이나 법적인 미성년자에 대해 말하고 있는 것이 아니다. 아직도 타인의 감독을 받아야 할 상태에 있는 사람들은 외부의 침해를 받지 않도록 보호되어야 하듯이 그들 자신의 행동에 대해 보호받아야 한다. 같은 이유에서 인종 자체가 아직 유년기에 있다고 볼 수 있는 후진 상태의 사회를 제외해도 무방하다.[28] 자연적인 진보에서 초기에 겪는 어려움은 매우 크기 때문에 그 극복 수단에서는 선택의 여지가 있을 수 없다. 따라서 개량 정신에 충만한 지배자는 그가 달리 달성할 수 없는 어떤 목적을 달성하기 위한 수단이 있는 경우, 그 무엇이든 사용할 수 있다. 야만인을 다스리는 경우, 전제정치는 목적이 야만인의 개량에 있고 그 수단이 목적을 실현하는 데 정당화되는 한 합법적인 통치 형태다.

자유는 원칙적으로 자유롭고 평등한 토론에 의해 개량될 수 있는 능력을 갖는 시대 이전의 상태에는 적용되지 않는다. 그러한 시대가 오기까지 인류가 요행히 아크바르Akbar[29]나 샤를마뉴Charlemagne[30]와 같은 사람을 찾게 된다면 그들에게 복종하지 않을 수 없다. 그러나 인류가 자신의 확신이나 타인의 설득에 의해 자신의 개량에까지 인도될 수 있는 능력을 갖게 되자마자(우리가 여기서 다루는 모든 국민은 이미 오래전에 그러한 시대에 도달했다), 강제를 가함은 그것이 직접적인 행사 방법이든 불복종에 대한 고통과 형벌이라는 방식이든, 그들 자신에게 행복을 가져다주는 수단으로써는 더는 인정받지 못하게 되었고, 다만 타인의 안전을 보장하기 위해서만 정당화될 뿐이다.

자유의 공리성에 따른 구분

추상적인 정의right[31]는 공리utility[32]와 무관하다고 보는 관념[33]에 대한 논의는 나의 논지에 도움이 되겠지만 여기서는 그런 장점을 이용하지 않는다고 말해두는 것이 좋겠다. 나는 공리를 모든 윤리 문제의 판단 근거로 보지만, 그 공리란 진보적인 존재인 인간의 항구적 이익에 근거를 두는 가장 넓은 의미의 공리여야 한다.[34] 그러한 이익이란 각자의 행동 중 타인의 이익과 관련되는 부분에 한해서만 개인의 자발성을 외부 통제에 복종시키는 것을 정당화한다고 나는 주장한다.

만일 누군가가 타인에게 해가 되는 행동을 하는 경우, 법이나 법적 처벌이 확실하게 적용될 수 없다면, 일반의 비난에 의해 그를 응징해야 한다는 것은 누구에게나 **명백하다**. 또한 타인의 이익을 위해 정당한 방법으로 그를 강요해 수행하게 해야 할 여러 가지 행동이 있다. 가령 법정에서 증언하는 경우, 그가 보호받고 있는 사회의 이익을 위해 필요한 국방이나 여러 가지 공동 사업에 참여하여 응분의 의무를 분담하는 경우, 동포의 생명을 구한다거나 무방비 약자를 학대에서 보호하기 위해 개입하는 자선 행동의 경우, 그가 그것을 실행하지 않는다면 그는 당연히 그것에 대한 사회적 책임을 져야 한다.

사람은 자신의 행동으로 타인에게 해를 끼칠 수 있을 뿐만 아니라, 행동하지 않음으로써 해를 끼칠 수도 있다.[35] 그 어느 경우에도 그는 당연히 그 침해를 이유로 타인에게 책임을 져야 한다. 그러나 강제를 행사할 때 후자(즉 행동하지 않음)의 경우에는 전자(즉 행동함)의 경우보다 더욱 신중해야 한다. 타인에게 해를 끼치는 사람에게 책임을 지우는 것이 원칙이고, 가해를 저지시키지 못한 것에 대해서 그에게 책임을 지우는 것은 상대적으로 말하면 예외에 속한다.

그러나 그 예외를 정당화할 명백하고도 중대한 사례들이 많다. 개인은 자기가 자기 이외의 외부와 맺는 관계와 이해관계가 있는 다른 사람에게 **법적** 책임을 져야 하고, 필요하다면 그들의 보호자인 사회에 대해서도 법적 책임을 져야 한다. 가끔은 그에게 책임을 물을 수 없는 정당한 이유가 있으나 그 이유는 그러한 경우의 특수성에서 생겨난 것이어야 한다. 즉 그를 스스로의 분별에 따라 행동하도록 방치해두는 쪽이 사회가 어떤 방법으로 개인을 통제하는 경우보다 대체로 그가 더 훌륭하게 행동하게 되는 경우이기 때문이거나, 또는 통제를 가하면 그것에 의해 막게 될 해악보다도 더 큰 해악이 나타나기 때문이어야 한다.

이러한 이유에 의해 책임의 이행을 배제하게 되면 행동하는 사람 자신의 양심이 판단의 주인공이 되어야 한다. 그리고 이러한 경우에는 스스로 그 동포의 심판에 대해 책임지는 것이 허용되지 않기 때문에, 그는 그만큼 더 엄격하게 자신을 심판하여 아무런 법적 보호를 받지 못하는 타인의 이익을 보호해주어야 한다. 그러나 개인과 구별된 사회가 오로지 간접적인 이해관계밖에 갖지 않는 행동 영역이 있다. 그 영역은 개인의 생활과 행동 중에서 자신에게만 영향을 미치는 모든 부분을 포함하고, 또 타인에게 영향을 미치는 것 중에서 오직 그들의 자유롭고 자발적이며 거짓 없는 동의와 참여를 얻게 되는 모든 부분을 포함한다.

내가 위에서 "자신에게만"이라고 한 것은 그것이 직접적이고 무엇보다도 먼저라는 의미다. 왜냐하면 자신에게 영향을 미치는 것은 모두 자신을 통해서 타인에게 영향을 미칠 수 있기 때문이다. 이러한

우발적인 영향 때문에 사람들은 이에 반대할 수 있는데, 이에 대해서
는 다음 장에서 고찰하도록 한다.

자유의 세 영역

이상이 인간 자유의 본래 영역이다. 그것은 첫째, 의식의 내면적 영
역을 포함한다. 즉 가장 넓은 의미의 양심의 자유를 요구한다. 사상
과 감정의 자유, 과학·도덕·종교의 실제적 또는 사색적인 모든 문제
에 관한 의견과 감각의 절대적 자유를 요구한다. 자신의 의견을 표명
하고 이를 표현하는 자유는 그것이 개인의 행동 중 타인과 관련되는
부분에 속하기 때문에 다른 원리에 지배된다고 보일지도 모른다. 그
러나 그것은 사상의 자유 그 자체와 거의 같은 정도로 중요할 뿐만
아니라 대체로 동일한 이유에 기인하므로 실제로 사상의 자유와 분
리할 수 없다.

둘째, 이 원리는 취향과 탐구의 자유를 요구한다. 즉 우리의 생활
을 우리 자신의 성격에 맞도록 계획하는 자유, 그 결과를 감수하면서
우리가 하고 싶은 대로 행동하는 자유, 비록 동료가 우리의 행동을
우둔하고 편협하며 틀렸다고 생각한다고 해도 우리가 그들에게 해
를 끼치지 않는 한 그들에게 방해받지 않는 자유를 요구한다.

셋째, 이러한 개인의 자유로부터, 역시 동일한 한계 내에서 개인들
의 단결 자유를 요구한다. 즉 타인에게 해를 끼치지 않는 어떤 목적
을 위해서도 단결하는 자유다.[36] 그것은 강제되거나 기만당하지 않
는 성년에 이른 사람들의 단결이다.

이러한 자유가 없는 사회는 그 통치 형태가 어떤 것이든 자유롭다고 할 수 없다. 그리고 그 자유가 절대적이고 무조건적으로 존재하지 않는 곳에서는 완전한 자유가 있다고 할 수 없다. 자유라고 불릴 수 있는 유일한 자유는, 우리가 타인에게 행복을 뺏으려 하지 않는 한, 또는 타인이 행복을 얻고자 노력하는 것을 방해하지 않는 한, 우리 자신의 방법으로 우리의 행복을 추구하는 자유다. 각자는 육체의 건강이든 정신의 건강이든 영혼의 건강이든 자신의 건강을 지키는 본래의 보호자다. 인류는 각자를 강요해 타인의 이익이 되도록 생활하게 하기보다도 각자가 자신의 이익이 되도록 생활하게 하는 것에 의해 더 많은 것을 얻는다.

자유에 대한 사회적 통제의 폐해

이러한 이론은 전혀 새롭지 않고 진부하게 보일 수도 있지만, 현대의 여론과 실제의 일반적인 경향에 이처럼 직접 반대하는 이론은 없다. 사회는 (계몽 정도에 따라) 그 자체를 우수한 것으로 만들고자 하는 것과 같이, 인민을 강제하여 개인의 우월성을 사회의 관념에 순응시키고자 노력해왔다.

고대 국가는 국가가 구성원 각자의 육체적·정신적인 훈련 전반에 깊은 이해관계를 갖는다는 이유에서 공적 권위가 모든 개인적 행동을 통제하는 권한을 갖는다고 생각했고, 고대 철학자들도 이에 찬성했다.[37] 이러한 사고는 강력한 적국에 둘러싸여 외부 공격이나 내부 폭동에 전복될 위험에 항상 처해 있고, 따라서 긴장과 자제가 단기간에 풀리게 되면 너무나도 쉽게 치명적인 결과를 초래해, 자유의 유익한 항구적 효과를 기다릴 여유가 없는 작은 공화국[38]에서는 용인될 수 있었다.

그러나 현대 세계에서는 정치적 공동체의 규모가 더욱 커졌고 무엇보다도 영혼의 권위와 세속의 권위가 분리되었기 때문에 (그 결과 인간의 양심에 대한 지도는 인간의 세속사를 지배하던 자의 손에서 다른 손으로 옮겨졌다) 개인 생활의 세부에까지 법이 지나치게 간섭하는 일은 저지되었다. 그러나 도덕적 억압의 기구는 사회적 문제보다도 자신에 관련된 사항에 대한 그 사회의 지배적 여론을 거역하는 것에 도리어 더욱 엄청난 통제를 가해왔다. 왜냐하면 도덕적 감정의 형성에 참여하는 요소 중에서 가장 강력한 종교가 인간 행동의 모든 부문을 통제하려고 하는 교권 계급[39]의 야심에 의해, 또는 청교도적 정신에 의해 거의 언제나 지배되어왔기 때문이다.

따라서 과거의 종교에 가장 강경하게 반대한 근대 종교개혁가들 중 일부는 영적 지배의 권리를 주장한 점에서 결코 기성 종교나 기성 종파 어느 것에도 뒤지지 않았다. 특히 콩트Auguste Comte[40]가 그렇다. 그의 사회 체계는 그의 저서《실증 정치 체계Système de politique positive》 (1851~1854)에서 설명되듯이 개인에 대한 사회의 전제주의를 수립 (법적 수단보다도 도덕적인 수단에 의한 것이지만)하는 것을 목적으로 삼았다. 그 전제주의는 고대 철학자 가운데 가장 엄격한 규제주의의 정치 이론에서 의도된 그 어떤 것보다 엄격했다.

이러한 개별 사상가들의 특이한 경향을 제외한다고 해도, 이 세계에서는 전반적으로 여론의 힘과 심지어 법의 힘으로 사회의 권력을 개인에게 부당하게 확대하려는 경향이 증대하고 있다. 더욱이 세계에서 일어나는 모든 변화의 경향이 사회를 강화하고 개인의 힘을 약화시키는 데 있는 이상, 그 침범은 자동적으로 소멸될 악 가운데 하나가 아니라 반대로 더욱더 가공할 만한 것으로 성장할 악 가운데 하나다.

인류에게는 지배자로서든 동포 시민으로서든, 자신의 의견이나 버릇을 행동의 준칙으로 타인에게 강요하려는 성향이 있다. 이는 인간의 본성에 따르는 최선의 감정 일부와 최악의 감정 일부에 의해 매우 강력하게 지지되고 있어서 권력의 폐지[41] 외에는 그 어떤 것으로도 억제될 수 없다. 그런데 권력이란 쇠퇴하기는커녕 도리어 증대되므로 그 폐해에 맞서서 도덕적 신념이라는 강력한 장벽을 구축할 수 없는 한, 우리는 그 폐해가 증대하리라고 예상하지 않을 수 없다.

여기서 바로 일반론에 들어가기보다, 우선 하나의 부문에 한정해 고찰하는 것이 우리의 논의를 전개하는 데 편리하리라. 여기서 말하는 이 부문의 원리는 비록 충분하지는 않다고 해도 어느 정도로는 현행 여론에 의해 인정된다. 그 부문이란 사상의 자유다. 그리고 같은 계통의 말을 하는 자유와 글을 쓰는 자유를 이와 분리할 수 없다.

이러한 자유는 상당한 정도로 종교적 관용과 자유로운 제도를 공인하는 모든 나라의 정치 도덕을 형성한다. 그러나 그 자유가 의거하는 철학적·실제적 기초는 예상되는 정도로 일반인의 심정에 친근한 것이 아니고, 많은 사람들, 심지어 여론의 선도자들도 충분하게 이해하지 못한다. 그 철학적·실제적 기초가 옳게 이해될 때, 일반론의 한 부문에 대해서뿐만 아니라 더욱 광범한 적용이 가능하게 된다.

따라서 이 기초에 대한 철저한 고찰은 나머지 부문에 대해 가장 좋은 길잡이가 될 것이다. 내가 지금부터 말하고자 하는 것에 신선함이 전혀 없다고 생각하는 사람들이 오늘까지 삼백 년간 자주 논의되어온 이 하나의 문제에 내가 한 가지 논의를 더하는 것을 양해해주길 희망한다.

2장 사상과 토론의 자유*

* 2장의 원제는 Of the liberty of thought and discussion이다. 이는 종래 '사상과 언론의 자유'로 번역되었으나 discussion은 언론에 한정할 수 없고 더욱 넓은 의미의 토론이라고 할 수 있다.

2장 해설

앞의 1장 '서론'에서 딱딱한 논의에 질린 독자가 2장 제목을 보고 더욱 구체적인 자유가 내용이니 흥미로울 것이라 기대할지 모르나, 밀은 사상과 토론의 자유에 대해 결코 재미있게 말해주지 않는다. 그는 당대 가장 치열한 자유주의자이자 인권주의자였으나 19세기 영국 사람답게 그의 글은 대단히 딱딱하다. 그럼에도 2장은 《자유론》에서도 가장 뛰어난 부분으로 평가된다. 밀의 작품 중에서 《자유론》이 가장 뛰어나다는 평가를 받으니 2장은 밀의 모든 글 중에서 가장 빼어난 것인 셈이다. 그러나 논리에 약한 독자에게 쉬운 글은 아니다.

1장에서 밀은 자유를 세 가지로 나누고 그 첫 번째를 사상과 표현의 자유라고 했다. 이를 중심으로 다루는 2장에서 밀은 철학자답게 진리를 찾으려면 사상과 토론의 자유가 필요하다고 하면서, 다음과 같이 말한다.

> 단 한 사람만을 제외한 모든 인류가 동일한 의견이고 그 한 사람만이 반대 의견을 갖는다고 해도, 인류에게는 그 한 사람에게 침묵을 강요할 권리가 없다. 이는 그 한 사람이 권력을 장악했을 때 전 인류

를 침묵하게 할 권리가 없는 것과 마찬가지다.

이어 밀은 다음 세 가지 경우로 나누어 논의한다. 첫째, 권력이 탄압하려는 의견이 진리인 경우(제1론)인데, 그 경우 진리를 탄압함은 인류에게 해를 끼칠 무오류無誤謬라는 전제에 선 것이므로 잘못이다. 무오류란 오류가 없다고 하는 것이다. 둘째, 탄압받는 의견이 진리가 아닌 오류일 경우(제2론)인데, 그 경우의 탄압은 널리 인정된 의견을 주장하는 사람들에게서 왜 그것이 진리인지를 인식하는 수단을 앗아간다. 셋째, 일반적 사회 통념과 이에 반하는 의견이 모두 진리일 경우(제3론)인데, 이에 대한 탄압은 그것에 의해 한 세대가 다른 세대의 잘못에서 배우는 경합하는 의견들의 과정에 대한 하나의 간섭이다.

제1론에서 밀은 어떤 의견에 대한 판단 오류는 무오류의 독단에서 나온다고 하고, 그것에 대한 반대론을 설명한 뒤에 그것에 대한 자신의 답을 제시한다. 이어 참된 판단을 위한 비판과 토론의 필요성을 역설하고, 무오류라는 것의 문제점을 지적한 뒤에 그 사례로 신앙의 경우, 소크라테스와 그리스도의 경우, 마르쿠스 아우렐리우스의 경우를 들고 이에 대한 존슨 박사식 변명을 반박한다. 또 박해받은 진리의 사례와 19세기 영국의 사례를 든 뒤 현대 영국의 사상 부재를 지적하고, 지적 노예 상태를 극복하기 위한 사상의 자유를 역설한다.

이어 제2론에서 밀은 토론 없는 진리란 독단이고 진리에 도달하기 위해서는 반대론을 알아야 한다고 주장한다. 이어 그러한 자유로운 토론에 대한 반대론과 그 문제점 그리고 자유 토론의 결여로 인한 문제점을 지적하고, 그 사례로 죽은 신앙의 경우, 초기 기독교의 경우, 속담이나 격언의 경우를 들고서 소크라테스의 변증법에 대해 언급한다.

마지막 제3론에서 밀은 일반적 사회 통념과 이에 반하는 의견이 모두 진리인 경우의 사례로 루소Jean Jaques Rousseau(1712~1778)의 경우를 언급하고, 그것에 대한 반대론으로 기독교 도덕을 설명한 뒤 공유된 진리의 판단에 반대론이 필요하다고 주장하고, 자유 토론의 한계를 설명한다. 그리고 이 세 가지 어느 경우에도 소수 의견을 발표할 자유를 존중해야 하는 원리로 다음 네 가지를 결론으로 주장한다.

첫째, 비록 어떤 의견이 침묵을 강요당할 때도 그 의견은 틀림없이 진리일 수 있다. 우리가 이를 부정함은 자신이 무오류라고 가정하는 것이다.

둘째, 비록 침묵당한 의견이 오류라고 해도 거기에는 진리의 일부가 포함되어 있을 수도 있고, 사실 대체로 진리가 포함되어 있다. 그러므로 어떤 주제에 대한 일반적이거나 우세한 의견이라고 해도 그 전부가 진리인 경우는 드물거나 전무하기 때문에, 그 나머지 진리가 보충될 기회를 얻는다는 것은 서로 반대되는 의견들의 충돌에 의해서만 기대될 수 있다.

셋째, 설령 일반적으로 공인된 의견이 단순히 진실일 뿐 아니라 완전한 진리라고 해도 그것이 활발하고 진지하게 토론되도록 허용되지 않고 실제로 토론되지 않는다면, 그것은 그 승인자의 대부분에게 그 합리적 근거를 전혀 이해하지 못하게 하거나 느끼지 못하게 하여 일종의 편견으로 신봉하는 것에 그치게 할 것이다.

넷째, 이러한 주장 자체의 의미가 상실되거나 약화되면 결국 인격과 행동에 미치게 되는 생생한 영향력이 박탈될 위험에 직면하게 될 것이다. 즉 독단은 전혀 효과 없는 단순한 형식적 선언에 불과하게 될 뿐만 아니라, 이성이나 개인적 경험에서 나오는 어떤 참된 진심의 확신이 발생할 여지를 막아 성장을 방해한다.

　요컨대 사상의 발표와 토론은 어떤 경우에도 충분히, 완전하게, 절대적으로 보장되어야 한다. 우리가 오랜 숙원으로 삼아온 국가보안법을 비롯한 사상 악법을 철폐하기 위한 논리로 이상의 치밀한 주장에 동의한다고 해도, 위 논리를 악법 철폐 주장의 근거로 사용할 때 얼마나 설득력을 얻을 수 있을지는 의문이다. 사실 무작정 보수라 작정하는 사람들을 설득하려면 그런 논리조차 통하지 않을지도 모르지만, 적어도 사상의 자유가 지적 노예 상태에서 벗어나 사상을 창조하기 위해서는 반드시 필요하다는 주장은 우리의 무사상 풍토에서 더욱 강조될 필요가 있다. 밀은 다음과 같이 그 이유를 주장하는데 이는 우리나라 현실에서도 그대로 적용될 수 있다.

　이러한 상태에서 기대될 수 있는 종류의 사람이란 단순히 세속에 영합하는 자이거나 기회주의자들이다. 모든 중요 문제에 대한 그들의 논의는 청중을 위한 것이지 스스로 확신하는 것이 아니다. 이 두 가지를 회피하려는 사람들은 그들의 사상과 흥미를 축소하여 원리의 영역에 들어가지 않고서도 말할 수 있는 사항들, 즉 사소한 실제 문제에만 관여하게 된다. 그 실제 문제란 인류의 지성이 강화되고 확대된다면 잘 풀릴 수 있지만, 그렇게 되기 전에는 결코 유효하게 풀릴 수 없다. 즉 인류의 지성을 강화하고 확대하는 것, 최고의 문제에 대한 자유롭고 대담한 사색은 포기하게 된다.

사상의 자유가 없는 곳에서는 사상 자체가 있을 수 없다는 것, 즉 무사상일 수밖에 없다는 것이다. 그런 곳에서는 현실에 영합하는 기회주의자들만 존재한다. 그들은 진보도 보수도 아닌 노예들이다.

제1론 | 권력이 탄압하는 의견이 진리인 경우

언론·출판의 자유는 보장된다

'언론·출판의 자유Liberty of the press'[42]라는 것을 부패하거나 압제적인 정치에 대한 보장의 하나로 필요한 것이라고 변호해야 할 시대는 이미 지나갔기를 나는 희망한다. 인민의 이해관계와 상반되는 입법부나 행정부가 인민에 대해 여론을 지도할 권한을 가지고, 또 인민에게 어떤 견해나 논의만을 듣게 하도록 결정하는 권한을 갖는다는 것에 대해 공격하는 논의도 이제는 필요 없어졌다고 가정할 수 있다.[43]

더욱이 이러한 문제에 대해서는 종래의 저술가들이 매우 자주, 아주 의기양양하게 강조해왔으므로 여기서 그것을 특별히 주장할 필요도 없다. 영국의 법은 언론·출판 문제에 대해 지금까지도 튜더 왕조[44] 때처럼 노예제적이기는 하지만, 내란이 일어날지도 모른다는 공포로 인해 장관이나 법관들이 적절한 판단력을 잃은 일시적 혼란기를 제외하고는, 그것이 정치적 토론을 억압하기 위해 감행될 위험

은 거의 없다.[45]

　일반적으로 말해, 입헌 국가에서는 국가가 인민에 대해 완전한 책임을 지든 그렇지 않든, 의견의 표현을 통제하고자 시도한다고 우려할 필요도 없다. 그러나 그러한 의견의 표현을 통제함으로써 국가가 인민의 일반적인 이단 배척의 기관이 되는 경우는 예외다.

국가는 물론 인민도 개인에게 의견을 강제할 수 없다

따라서 국가는 인민과 완전한 일체가 되어 있고, 인민의 소리라고 믿어지는 것과 합치하지 않는 한 어떤 강제 권력도 행사하려고 하지 않는다고 가정할 수 있다. 그러나 나는 그러한 강제를 행사할 권리가 인민에게 있다고는 생각하지 않는다. 그것이 인민에 의해 행해지든, 인민의 국가에 의해 행해지든 마찬가지다. 이는 그러한 강제 권력 자체가 불법이기 때문이다. 따라서 가장 선량한 국가라고 해도, 가장 불량한 국가와 마찬가지로 그러한 강제 권력을 행사할 권리를 갖지 못한다.

　나아가 그러한 강제 권력이 비록 여론에 의해 행사된다고 해도 그것이 여론에 반대하여 행사되는 경우와 마찬가지 정도로, 아니 때로는 그 이상으로 해롭다. 설령 단 한 사람만을 제외한 모든 인류가 동일한 의견이고 그 한 사람만이 반대 의견을 갖는다고 해도, 인류에게는 그 한 사람에게 침묵을 강요할 권리가 없다. 이는 그 한 사람이 권력을 장악했을 때 전 인류를 침묵하게 할 권리가 없는 것과 마찬가지다.

하나의 의견이 그 의견을 갖는 자 외에게는 무가치한 것이라고 해도, 또 그러한 의견을 갖지 못하게 하는 것이 오직 개인적인 손해에 그친다고 해도, 그러한 손해가 소수자에게만 가해지느냐 아니면 다수자에게도 가해지느냐에 따라 약간 차이가 있을 수는 있다. 그러나 어떤 의견의 표현을 침묵시키는 것의 특별한 해악은 전 인류의 권리를 강탈한다는 것과 같다. 즉 현존 세대와 마찬가지로 미래 세대 또한 그러한 의견에 찬성하는 사람들은 물론 그것에 반대하는 사람들의 권리까지 강탈한다는 것이다. 만일 그 의견이 옳다고 하면 인류는 오류를 진리와 바꿀 기회를 빼앗기게 된다. 반대로 그 의견이 그르다고 해도 인류는 마찬가지의 엄청난 이익, 즉 진리가 오류와 충돌함으로써 생기는 진리에 대한 더욱 명확한 이해와 더욱 생생한 인상을 상실하게 된다.

의견에 대한 판단 오류는 무오류의 독단에서 나온다

위의 두 가지 가설은 그 각각에 대응하는 상이한 논의의 영역을 가지므로 하나씩 나누어 고찰할 필요가 있다. 우리는 우리가 부정하려는 의견이 그릇된 것이라고 결코 확신할 수 없다. 설령 그렇게 확신한다고 해도 그 의견을 억누르는 것은 역시 나쁜 일이다.

첫째, 권위가 억압하려는 의견이 진리일 수도 있다. 그 의견을 억압하려는 자들은 물론 그 의견이 진리임을 부정하지만, 그들에게도 오류가 전혀 없는 것이 아니다. 그들은 전 인류를 대신해 그 문제를 결정할 권위를 갖지 못한다. 따라서 다른 모든 사람을 판단에 필요한 수단에서 배제할 권위를 갖지 못한다.

그들이 어떤 의견을 틀렸다고 확신한다는 이유에서 그 의견을 들으려 하지 않는 것은 **그들의** 확신이 **절대적으로** 확실하다고 주장하는 독단에서 나온다. 토론을 침묵시키는 것은 절대로 오류가 없다고 가정하는 것이다. 그 잘못을 이러한 일반적 논증으로 반박해도 무방하리라. 일반적이라고 해서 더 나쁜 것은 아니다.

인류의 양식을 위해서는 불행한 일이지만, 인간이 오류를 범하기 쉽다는 점은 이론상의 판단에서는 언제나 중요시되면서도 실제 판단에서는 조금도 중요시되지 않는다. 왜냐하면 누구나 자신이 오류를 범하기 쉽다는 것을 알면서도 그 점에 주의할 필요가 있다고 생각하는 사람은 거의 없고, 자신이 굳게 믿는 의견이 그러한 오류의 하나일 수 있다고 가정하는 사람도 거의 없기 때문이다.

전제 군주 또는 평생 무제한 복종에 익숙한 사람들은 거의 모든 문제에 대한 자신의 의견에서 이러한 완전한 확신을 느끼는 것이 보통이다. 그들보다 더욱 행복한 환경에 있는 사람들은 종종 자신의 의견이 논의되는 것을 듣고, 자기 의견이 틀렸을 경우 종종 수정을 받기도 하는 사람들이다. 그들은 자기 의견 중에서 자기를 둘러싼 사람들이나 평소에 습관적으로 복종한 모든 사람에 의해 찬동을 받는 것에 한해서만, 위와 같은 무제한적 신뢰감을 갖는다. 왜냐하면 인간은 자신의 독자적인 판단에 대한 자신감을 잃게 되면 될수록 '세상'의 무오류라는 것에 맹목적인 신뢰감을 갖고 의지하려는 것이 보통이기 때문이다. 각 개인에게 '세상'이란 스스로 접촉하는 일부 세상, 즉 그의 정당, 그의 종파, 그의 교회, 그의 사회적 계급을 뜻한다.

그 '세상'이 자신의 나라나 시대와 같이 더욱 광범한 것이라면 그는 상대적으로 더욱더 관대하고 도량이 넓다고 할 수 있으리라. 그러나 이러한 '세상'이라는 집단적 권위에 대한 개인의 신뢰는 다른 시대, 다른 나라, 다른 종파, 다른 교회, 다른 계급, 다른 당파 등이 바로 정반대로 생각해왔고 지금도 그렇다는 것을 스스로 알게 되어도 조금도 변하지 않는다. 그는 의견을 달리하는 다른 사람들의 '세상'에 대항해 자기를 옳다고 내세우는 책임을 그 자신의 '세상'에 맡겨버린다.

그리고 이 수많은 '세상' 중에서 그 신뢰의 대상이 된 세상을 결정짓는 요인이 참으로 단순한 우연에 불과하다는 것, 따라서 그를 런던의 영국 국교도로 만드는 원인과 같은 원인이 그를 베이징의 불교도나 유교도로 만들었을지도 모른다는 것은 그에게는 조금도 신경 쓸 일이 아니다. 그러나 시대라는 것도 개인과 마찬가지로 오류를 갖는다는 점은 약간의 논의로도 밝힐 수 있을 정도로 자명하다. 즉 각 시대에는 그 뒤의 시대에서 볼 때 틀렸을 뿐만 아니라 어리석었던 의견이 많았다. 따라서 종래 일반적이었던 많은 의견이 오늘의 시대에는 배척된다는 것이 확실하듯이, 오늘의 일반적 의견도 미래에는 배척받게 될 것임이 확실하다.

반대론

이러한 논의에 대해 반대론이 제기된다면 다음과 같은 형태이리라. 공적 권위가 자신의 판단과 책임 아래 행하는 다른 일과 비교하여 오류의 전파를 금지하는 것이 무오류의 가정을 더 많이 하는 것은 아니다. 인간에게 판단력이 부과되어 있는 것은 인간이 그것을 사용하도록 하기 위해서다. 판단력이 잘못 사용될 수 있다는 이유에서 그것을 전혀 사용해서는 안 된다는 지시를 받아야 하는가? 사람들이 유해하다고 생각하는 것을 금지하는 것은 사람들이 오류를 피하도록 요구하는 것이 아니라 비록 오류를 범한다고 해도 그들의 양심적 신념에 따라 행동한다는, 그들에게 부과된 의무를 수행하도록 요구하는 것이다.

우리 의견이 틀릴지 모른다고 해서 자기 의견에 따라 행동하지 않는다면 우리의 모든 이익은 보호받지 못하게 되고, 모든 의무를 수행하지 못하게 된다. 행동 전체에 대한 반대론이 반드시 개별 행동에 대해서도 타당한 반대론일 수는 없다. 국가나 개인이나 되도록이면 가장 진실한 의견을 형성한다는 것, 그 의견을 조심스럽게 형성하고 스스로 옳다고 확신하지 않는 한 그 의견을 타인에게 강제하지 않는 것이 국가와 개인의 의무다.

그러나 그 반대론자들이 말하듯 그 의견이 옳다고 확신하면서도 비교적 미개했던 시대에 다른 인민이 지금은 진리로 간주되는 의견에 박해를 가한 적이 있다는 이유에서 그들 자신의 의견에 따라 행동할 것을 회피하고, 현재나 미래의 인류 복지에 위험하다고 정직하게 생각되는 의견조차 규제하지 않고 널리 전파되도록 방치함은 양심의 명령에 따르는 것이 아니라 비겁함에서 나오는 것이다.

우리는 같은 잘못을 되풀이하지 않도록 주의하자고 말할 수는 있다. 즉 국가나 국민은 권력 행사의 적합한 대상으로 인정되는 다른 사항에서도 오류를 범해왔다. 가령 부당한 조세를 부과한다든가, 불의의 전쟁을 해왔다. 그러나 그렇다고 조세를 부과해서는 안 되고 다른 나라가 어떤 도전을 해도 전쟁을 해서는 안 된단 말인가?

인민도 국가도 최대한 능력을 발휘하여 활동해야 한다. 세상에는 절대적인 확실성 같은 것은 없지만, 인간 생활의 목적을 달성하기에 충분할 정도의 확신은 있다. 우리는 자신의 의견이 자신의 행동을 지도하는 데 적절하다고 가정해도 좋고, 당연히 그렇게 가정해야 한다. 우리가 거짓되고 해롭다고 생각하는 의견을 널리 알려 사회를 타락시키려는 사람들을 막게 되는 경우에 내리는 가정도 마찬가지다.

반대론에 대한 답

이상의 반대론에 나는 그것이 지나치게 많은 가정을 하고 있다고 답한다. 하나의 의견이 기회 있을 때마다 토론되었음에도 논박되지 않아 옳다고 가정하는 것과 처음부터 그런 논박을 허용하지 않기 위해 어떤 의견이 옳다고 가정하는 것 사이에는 큰 차이가 있다. 우리 의견의 잘못을 논박하고 그 반증을 들 수 있는 완전한 자유야말로 행동의 목적을 위해 그 의견이 옳다고 가정하는 것을 정당화하는 조건이다. 이러한 조건을 결여한다면 인간으로서 갖추어야 할 능력을 갖는 자는 자신이 옳다는 어떤 합리적인 확신도 가질 수 없다.

우리가 의견의 역사나 일상생활의 인간 행동을 살펴볼 때, 그 모두가 지금보다 그다지 나쁘지 않았음을 알 수 있는데 이는 무엇에 기인하는 것일까? 그것이 인간의 천부적인 이해력에 의한 것이 아님은 확실하다. 왜냐하면 자명하지 않은 어떤 문제에 대해 그것을 판단할 수 있는 사람이 한 사람이라면, 완전히 판단할 수 없는 사람이 구십구 명이기 때문이다. 게다가 그 백 번째 사람의 판단 능력도 오직 상대적인 것일 뿐이다. 왜냐하면 모든 과거 세대의 뛰어난 사람들이 대부분 지금은 잘못이라고 명백하게 밝혀진 의견을 가졌고, 지금은 아무도 찬성하지 않는 수많은 일을 행하거나 찬양했기 때문이다.

그렇다면 인간 사이에서 합리적 의견과 합리적 행동이 중시된 이유는 무엇인가? 만일 그것이 중시된다고 하면 — 적어도 인간 사회가 과거나 현재나 거의 절망 상태에 빠져 있지 않는 한 당연히 중시되어야 하겠지만—그것은 인간 정신의 특성, 즉 하나의 지적 또는 도덕적 존재로서의 인간에 내재하는 존경할 만한 모든 것의 근원, 말하자면 인간의 잘못은 고칠 수 있다는 점에 근거한다.

인간은 자신의 잘못을 토론과 경험을 통해 고칠 수 있다. 단순히 경험에 의해서만이 아니다. 경험이 어떻게 해석되어야 하는가를 밝히려면 반드시 토론이 필요하다. 잘못된 의견과 관행은 점차 사실과 논의에 복종하게 되지만, 사실과 논증이 인간 정신에 어떤 영향을 미치려면 먼저 그것이 인간 정신 앞에 제시되어 판단되어야 한다. 사실은 그 의미를 끄집어내는 평가 없이 그 자체를 드러내기 힘들다.

참된 판단을 위한 비판과 토론의 필요성

그렇다면 인간의 판단력과 가치의 모든 것이 그 판단이 오류일 경우에는 시정될 수 있다는 특질에 의거하는 이상, 인간의 판단에 대해 신뢰할 수 있는 것은 오직 이를 시정할 방법이 항상 갖추어져 있는 경우뿐이다. 어떤 사람의 판단이 참으로 믿을 만하다고 간주되는 경우, 어떻게 그렇게 되는 것일까? 그것은 그가 자신의 의견과 행동에 대한 비판에 항상 마음의 문을 열어놓았기 때문이다. 또 자신의 의견에 맞서서 말해질 수 있는 모든 것에 귀를 기울여, 옳은 부분을 받아들이는 동시에 잘못된 부분의 잘못된 이유를 스스로 깨우치며 필요에 따라서는 타인에게 설명해왔기 때문이다. 또한 인간이 어떤 문제의 전체를 조금이라도 알 수 있는 유일한 방법은 그 문제에 대해 다른 의견을 갖는 사람들의 의견을 되도록이면 많이 듣고, 여러 종류의 성격 소유자가 관찰할 수 있는 모든 형식을 연구하는 데 있음을 느껴왔기 때문이다.

아무리 현명한 사람도 그 밖의 방법으로 그의 지혜를 얻지 못했다. 그 밖에 다른 방법으로 현명하게 된다는 것은 인간 지성의 본성에는 존재하지 않는다. 자신의 의견을 타인의 그것과 대조하여 잘못이 있으면 시정하여 완성한다는 지속적인 습관이야말로, 그 의견을 실천할 때 회의하거나 주저하지 않고 자기 의견에 올바른 신뢰를 갖게 하는 유일한 기초다. 왜냐하면 이러한 습관을 가진 사람만이 자신에게 가해질 수 있는 모든 반대 의견을 적어도 그것이 공개적으로 발표되는 경우에 인식하고, 모든 반대론자에 대해 자신의 의견을 정립해왔기에 ―그는 반대나 이견異見을 회피하지 않고 도리어 이를 스스로 추구해왔으며, 또 제기된 문제에 광명을 던져주는 것이라면 어느 쪽의 것이든 차단하지 않고 받아들여왔음을 알고 있으므로― 자신의 판단을 동일한 과정을 거친 적이 없는 사람이나 집단의 판단보다도 더 옳다고 확신할 권리를 갖기 때문이다.[46]

인류 가운데 가장 현명한 사람들, 즉 자신의 판단을 신뢰할 최고의 자격을 갖는 사람들은 자신의 판단에 의거하는 것이 정당하다고 보증받을 필요가 있다고 생각한다. 따라서 소수의 현명한 사람들과 다수의 어리석은 사람들로 구성되는 이른바 공중이라는 잡다한 집단도 그것을 따라야 한다고 요구하는 것은 결코 무리가 아니다.

교회 중에서 가장 편협한 교회인 로마 가톨릭교회도 성인을 지명하는 경우 '악마의 대변인Devil's advocate'[47]을 승인하고 그 말에 참을성 있게 귀를 기울인다. 가장 신성한 사람이라고 해도 그에게 가해질 수 있는 악마의 모든 반대론이 청취되고 숙고되기까지는 사후의 영광을 허용받을 수 없는 것처럼 보인다. 뉴턴의 철학도 그것에 대해 의문을 품는 걸 허용하지 않았다면 인류는 지금까지 그의 진리를 확신할 수 없었으리라.

우리가 가장 굳게 믿는 신념도 그것에 근거가 없음을 증명해보라고 끝없이 전 세계에 호소하는 것 외에 달리 신뢰할 만한 보장이 없다. 만일 이러한 도전이 수용되지 않고 또 수용되었다고 해도 그 시도가 좌절되는 경우, 우리는 여전히 확실성을 확보하지 못한다. 그러나 이 경우에 우리는 인간의 이성이 허용하는 현재 상태에서는 최선을 다한 것이다. 즉 우리는 진리에 도달할 수 있는 기회를 제공하는 것이라면 아무것도 무시하지 않은 것이다.

토론장이 개방되어 있다면 우리는 더욱 훌륭한 진리가 존재할 것을 희망할 수 있지만, 그것은 인간의 정신이 그것을 충분히 받아들일 수 있는 경우에 비로소 발견될 수 있다. 그리고 그것이 발견될 때까지 우리는 우리 시대에 가능한 만큼 진리에 접근한 데에 만족할 수 있다. 이것이야말로 잘못을 저지르기 쉬운 인간이 도달할 수 있는 확실성의 정도이고 또한 이것이 확실성에 도달하는 유일한 길이다.

이상하게도 사람들은 자유로운 토론의 필요성은 인정하면서도 그 토론이 '극단에 이르는 것'에는 반대한다. 이는 만일 극단적인 경우에도 통할 수 없는 것이라면, 그 밖의 다른 경우에도 통할 수 없다는 것을 모르는 탓이다. 의심의 여지가 있는 모든 문제에 자유로운 토론이 필요하다는 점을 인정할 때 그들이 무오류를 가정하지 않고 있다고 생각하면서도, 어떤 특수한 주의나 교의에 대해서는 그것이 매우 확실하다는 이유에서, 즉 그것이 확실하다고 그들이 확신한다는 이유에서 그것에 의문을 제기해서는 안 된다고 생각한다. 어떤 명제의 확실성에 대해, 만일 허용된다면 그 확실성을 부정하고 싶어 하면서도, 허용되지 못하기 때문에 이를 부정하지 못하는 사람도 있다. 그럼에도 그 명제를 확실하다고 함은 그들 자신과 그들에 찬성하는 사람들이야말로 확실성의 판단자이고, 상대방의 말을 들어보지 않아도 되는 판단자라고 가정하는 것과 다름없다.

무오류라는 것의 문제점

'믿음을 잃고 회의에 떠는' 것으로 묘사되어온 현대에서, 즉 사람들이 자신의 의견을 진리라고 보기보다 도리어 어떤 의견이라도 없다면 어떻게 할지 모르게 된다고 확신하는 현대에서, 하나의 의견을 사회의 공격에서 보호해야 한다는 요구는 그 의견이 진리인가 아닌가에 의거하는 것이 아니라, 도리어 사회에 대한 그 의견의 중대성에 의거한다. 복지를 위해 불가결한 것은 아니지만, 매우 유용한 어떤 신념을 지지한다는 것은, 사회의 여타 이익을 보호하는 것과 마찬가지로 국가의 의무가 되어야 한다고 사람들은 말한다.

따라서 그러한 필요가 있을 경우, 더욱이 그것이 국가의 직접적인 의무에 속한다고 보이는 경우, 완전한 무오류는 아니라고 해도 그것에 가까운 것이 국가로 하여금 인류의 일반적 여론에 의해 뒷받침된 그 자체의 의견에 따라 활동할 수 있도록 보장하고 심지어 그렇게 하도록 강제할 수 있다고도 사람들은 말한다. 또한 적어도 악인이 아닌 한 누구라도 그런 유익한 신념을 약화시키기를 원하지 않으리라고 사람들은 종종 주장해왔고, 생각해왔다. 따라서 악인을 규제하여 그 악인만이 실천하려고 하는 것을 금지한다는 점에는 아무런 잘못도 없다고 생각들을 한다.

이러한 사고방식에 따르면 토론을 금지하는 것의 정당성 여부는 여러 교의의 진위 문제에 의거하는 것이 아니라, 그 여러 교의의 유용성 문제에 의거하게 된다. 그리고 이러한 사고방식은 그런 수단에 의해 모든 의견에 대한 무오류의 판단자라고 주장하는 책임을 면할 수 있다고 자만한다. 그러나 그렇게 하여 스스로 만족하는 사람들은 무오류라는 가정이 사실은 어떤 한 점에서 다른 점으로 이동되는 것에 불과하다는 것을 모른다.

어떤 의견의 유용성 여부는 그 자체가 의견의 문제로서 의견 그 자체의 경우와 마찬가지로 불확정한 것이고, 토론의 여지가 있으며, 토론이 필요한 문제다. 어떤 의견이 해롭다고 결정하려면, 그 배척되는 의견이 충분한 자기방어의 기회를 갖지 않는 한, 이를 오류라고 결정하는 경우와 같이 의견에 대해 무오류라고 판단하는 판단자가 필요하게 된다. 따라서 이단자가 자기 의견이 진리라고 주장하는 것이 금지된다고 해도, 그것이 그의 의견의 유용성이나 무해성無害性을 주장할 뿐이라면 허용되어도 무방하다는 것은 아무런 의미를 갖지 못하게 된다.

어떤 의견이 갖는 진리성은 그 의견이 갖는 유용성의 일부다. 만일 우리가 어떤 명제가 일반이 믿을 만한 가치가 있는 것인지 아닌지를 안다고 해서, 그것이 진실인지 아닌지를 고려하지 않아도 좋은가? 악인들의 의견이 아니라, 가장 선한 사람들의 의견에 따르면 진리에 반하는 어떤 신념도 실제로 유용할 수 없다.

따라서 이들 선인이 어떤 의견이 유용하다는 말을 들었지만 스스로 그것이 틀렸다고 믿는 경우, 그들이 그 의견을 부정한 것에 대해 책망을 받을 때 그들이 진리가 아닌 것은 유용할 수 없다는 구실로 항변하는 것을 막을 수 있을 것인가? 그러나 일반적으로 공인된 의견을 편드는 사람들은 그러한 항변을 유감없이 이용하는 것을 잊지 않는다. 주지되듯이 그들은 유용성 문제를 마치 그것이 진리성 문제로부터 완전히 추출될 수 있는 것처럼 다루지는 않는다. 도리어 반대로 그들의 의견이 '진리'이기 때문에 그것에 대한 지식이나 신념은 참으로 불가결하다고 주장한다.

이처럼 한편에서는 이러한 결정적 논의가 사용될 수 있지만 한편에서는 사용될 수 없다고 할 때, 유용성 문제에 대한 공정한 토론은 행해질 수 없다. 또한 사실상 법이나 공적 감정이 어떤 의견의 진리가 토론되는 것을 허용하지 않을 때, 그 의견의 유용성을 부인하는 것도 마찬가지로 허용되지 않는다. 법이나 공적 감정이 허용할 수 있는 경우란, 겨우 그 의견의 절대적 필요성을 경감시킨다거나 또는 그 의견을 배척하는 것이 중대한 범죄라는 것을 참작할 수 있는 정도다.

신앙의 사례

우리 자신의 판단으로 옳지 않다고 생각하기 때문에 그 의견에 귀를 기울이지 않는 데서 오는 폐해를 더욱 충분하게 설명하려면, 논의를 구체적인 보기에 한정하는 것이 좋으리라. 나는 일부러 나에게 가장 불리한 사례를 택하기로 한다. 즉 진리를 위해서도, 유용성을 위해서도, 의견의 자유에 대한 반대론이 가장 강력하다고 생각되는 경우를 택하고자 한다. 그래서 반박되는 의견이 신이나 내세에 대한 신앙이라고 가정해보자. 또는 세상에서 일반적으로 인정되는 도덕론 가운데 하나라고 해도 무방하다.

이러한 위치에서 싸움을 한다면 부정직한 적에게는 매우 큰 이점이 있다. 왜냐하면 그는 반드시 이렇게 말할 것이기 때문이다(부정직하기를 원하지 않는 사람들도 내심 같은 말을 할 것이다). 즉 "이러한 것들은 여러분이 법의 보호를 받을 만큼 충분히 확실한 것이라고 생각되지 않는 교의인가"라고. 또는 "신에 대한 믿음에 확신을 가지는 것은 여러분이 주장하는 무오류를 가정하는 것이라고 주장하는 것인가"라고.

그러나 내 생각은 이렇다. 즉 내가 무오류를 가정한다는 것은 어떤 교의(그것이 어떤 것이든)를 확실하게 느낀다는 것이 아니라, 스스로 **타인을 대신해** 문제의 결정을 인수하고 반대쪽이 무슨 말을 하든 그들이 듣지 못하게 하면서 이를 결정하는 것을 말한다.

내가 이러한 뻔뻔스러운 구실을 비난하고 질책하는 것은 그것이 비록 나의 가장 엄숙한 신념의 편에 서서 주장되는 것이라고 해도 마찬가지다. 어떤 의견의 허위성만이 아니라 그 유해한 결과에 대해 또 그 유해한 결과만이 아니라 (내가 아주 싫어하는 말을 빌린다면) 그 부도덕성과 불경성에 대해 어떤 사람이 설득하는 바가 아무리 확고부동하다고 해도, 또 그의 사적 판단이 그의 나라나 시대 사람들의 공적 판단에 의해 지지되고 있다 해도, 그가 자신의 사적 판단에만 따르고 다른 의견을 옹호하는 사람들의 주장을 배척하고 듣지 않는다면 그는 바로 무오류를 가정하는 것이 된다.

나아가 그 의견이 부도덕하거나 불경하다고 일컬어진다고 해서 그 무오류라는 가정의 허구성이나 위험성이 감소되지 않는다. 오히려 이러한 것이 모든 다른 사례 가운데 무오류의 가정이 가장 치명적으로 작용하는 사례다. 어떤 세대 사람들이 후대 사람들의 경악과 공포를 불러일으키는 무서운 잘못을 저지르는 경우가 바로 이에 해당된다. 바로 이러한 경우에서 우리는 법이라는 무기가 가장 훌륭한 사람들과 고귀한 견해를 뿌리 뽑기 위해 사용되어왔다는, 역사적으로 기억할 만한 여러 사례를 발견하게 된다.

여기서 그들을 근절하는 것이 비참하게도 성공하게 된다. 다만 그 학설의 일부는 없어지지 않고 남아, 이번에는 반대로 (마치 우롱이나 하듯이) 그 학설에 따르지 않거나 그 학설에 대한 종래의 해석에 따르지 않는 사람들에 대해 유사한 행동이 취해질 때, 그 행동을 변호하는 역할을 맡게 된다.

소크라테스와 그리스도의 경우

옛날에 소크라테스라는 이름의 사람이 있었고 그와 당시 사법당국

및 여론 사이에 중대한 충돌이 발생했다는 점을 인류는 깊이 명심해야 한다. 위대한 개인이 많이 배출된 시대와 나라에 태어난 이 사람은 그와 그 시대를 가장 잘 아는 사람들에 의해 가장 고결한 사람으로 우리에게 전해져왔다. 한편 **우리**도 그가 후세 도덕가의 원조이자 원형이고, 동시에 플라톤의 고매한 영감과 **지식인의 스승**[48]인 아리스토텔레스의 현명한 공리주의의 원천이며, 그의 영향을 받은 두 사람이 윤리학과 기타 모든 철학의 2대 원류임을 알고 있다.

그 후 생존한 모든 탁월한 사상가들의 공인된 스승인 그는 불경과 부도덕을 이유로 유죄를 선고받고 그 나라 사람들에게 죽임을 당했다. 불경이란 국가가 공인한 신을 부정했다는 것이다. 실제로 그를 고발한 자들은 그가 결코 신을 믿지 않는다고 주장했다(《소크라테스의 변명》을 보라). 그리고 부도덕이란 그가 이론과 교육을 통해 '청년을 타락시켰다'는 것이다. 법원은 이러한 혐의를 공정하게 심문하여 그가 유죄라고 선고했다. 이에 대해서는 충분한 근거가 있다. 아마도 당시 생존한 모든 사람들 가운데 가장 위대한 사람이었을 그는 범죄인으로 사형에 처해졌다.

여기서 사법 심문의 다른 예를 들어보자. 이를 소크라테스의 처형 뒤에 설명한다고 해서 시시한 것이 되지는 않으리라. 즉 1800년도 더 전에 골고다Calvary[49]에서 일어난 사건이었다. 그의 생활과 대화를 증언한 사람들의 기억에 강렬한 도덕적 위대성의 인상을 심어주었고, 그 후 18세기 동안 인격신으로 숭배되었는데도, 그가 명예롭지 못하게도 사형을 받은 것은 무엇 때문인가? 그것은 그가 신을 모독했다는 이유에서였다. 사람들은 그들의 은인을 단순히 오해한 것만이 아니었다. 즉 본래의 그와 반대되는 사람으로 오해하고 그를 불경한 괴물로 취급했다. 그러나 지금은 그들 자신이 그를 그렇게 취급했다는 이유로 불경한 괴물로 취급받는다.

오늘날 인류가 이 서글픈 사건들, 특히 두 가지 가운데 후자에 대해 갖는 느낌은 그 불행한 배우들에 대한 그들의 판단을 지극히 부당하게 바꾼다. 그들은 어떻게 보아도 악인들이 아니었다. 즉 보통 사람들보다 나빴다고 할 수 없고 도리어 그 반대였다. 그들은 당시의 시대와 인민의 종교적·도덕적·애국적 감정을 충분히, 아니 충분한 정도 이상으로 가졌다. 현대를 포함한 모든 시대를 통틀어 평생 어떤 비난도 받지 않고 존경을 받으며 살 수 있는 가능성이 충분한 유형의 사람들이었다.

유대의 모든 사상에 비추어 최악의 죄를 구성하는 말이 토해지는 것을 듣고 자신의 옷을 찢었다고 하는 대제사장은[50] 아마 존경받을 만한 경건한 사람들 대부분이 오늘날 그 종교적·도덕적 감정을 나타낼 때와 마찬가지로, 참으로 진지하게 자신의 공포와 분노를 나타냈을 것이다. 그리고 지금 그의 행동에 전율하는 사람들 대부분은 만일 그들이 그 당시에 살았고 유대인으로 태어났더라면 그와 똑같이 행동했으리라. 정통파 기독교도 중에는 최초의 순교자들에게 돌을 던져서 죽게 한 사람들을 자기들보다 나쁜 사람들이었음에 틀림없다고 생각하는 경향이 있지만, 그들은 그 박해자의 한 사람이 성 바울이었음을 상기해야 한다.[51]

마르쿠스 아우렐리우스의 경우

또 다른 예를 들어보자. 오류에 관한 인상의 강약이 그 오류에 빠지는 사람의 지혜와 덕성에 의해 측정되는 사례는 매우 현저하게 나타난다. 종래 권력자로서 자신을 동시대 사람들 가운데 가장 선량하고 개명한 자로 생각할 만한 근거를 가진 자가 있다면 그는 마르쿠스 아우렐리우스 황제Marcus Aurelius⁵²였다.

그는 당시 문명 세계 전체의 독재군주이면서도 평생 순수하게 정의를 지켰을 뿐만 아니라, 그가 받은 스토아학파의 교육에서는 기대하기 어려운 인자한 마음의 소유자였다. 그가 책임져야 할 약간의 과실은 모두 그의 관대함에서 비롯되었다. 즉 그의 저술은 고대의 지혜를 최고도로 표현한 윤리적 소산으로, 그리스도의 가장 특이한 가르침에 비교해 설령 차이가 있다고 해도 특별한 차이가 없었다.

그는 교의적 의미에서는 기독교도가 아니었지만, 그 뒤 세계에 군림한 기독교도 군주란 이름을 가진 어떤 사람보다도 더욱 훌륭한 기독교도로서 기독교를 박해했다. 그 이전의 인류가 성취한 인간성의 모든 것의 절정에 섰고, 공개적이고 자유로운 지성을 가졌으며, 자신의 윤리적 저술에서 기독교의 이상을 구현할 정도의 인격을 지녔으면서도, 기독교가 이 세계에 이로운 것이지 해로운 것이 아님을 알지 못했다. 왜냐하면 그는 그만큼 세계에 대한 의무에 충실했기 때문이다.

그는 당시 사회가 비참한 상태에 있음을 알았다. 그러나 그런 상태의 세계이기는 하지만 그것이 공인된 신을 믿고 숭상하기 때문에 통일되어 있었고, 그로 인해 사회가 더 나빠지지 않고 있다고 보았으며, 또는 자신이 그렇게 보고 있다고 생각했다. 그는 인류의 지배자로서 사회를 분열시키지 않는 것이 자신의 의무라고 생각했고, 기존의 결속이 와해되면 사회를 다시 뭉치게 할 다른 결속을 어떻게 마련할 수 있을 것인가에 대해서는 알지 못했다.

그 새로운 종교는 공공연하게 그러한 결속을 와해시키려고 했다. 따라서 그 종교를 받아들이는 것이 그의 의무가 아닌 이상, 그것을 탄압하는 것이 그의 의무라고 생각했다. 게다가 그만큼 기독교 신학은 그에게 진리나 신성한 것으로 보이지 않았기 때문에, 또한 십자가에 못 박힌 신의 기괴한 역사가 그에게 믿음을 주지 않았기 때문에, 그리고 그로서는 도무지 믿을 수 없는 기초에만 전적으로 의존하고자 한 하나의 교리 체계가 그러한 사회 혁신의 동인이 되리라고는 예견할 수 없었기 때문에(그러나 아무리 인색하게 보아도 기독교가 그러했음이 사실상 증명되었다), 철학자와 지배자 중에서 가장 고상하고 온건한 그는 엄숙한 의무감에서 기독교 탄압을 공인했다.

이는 모든 역사를 통해 가장 비극적인 사건이었다. 만일 기독교 신앙이 콘스탄티누스 황제Constantinus[53]가 아니라 마르쿠스 아우렐리우스의 보호하에 로마제국의 종교로 채택되었다면 세계의 기독교가 얼마나 달라졌을까를 생각하는 건 가슴 아픈 일이다. 그러나 기독교도가 반기독교적 종교를 탄압하면서 방편으로 삼은 구실이 마르쿠스 아우렐리우스가 기독교 전파를 탄압한 경우에도 전혀 결여되지 않았음을 부인한다면, 이는 그에게 불공평한 비판을 가하는 것이자 사실과도 맞지 않는 것이다. 모든 기독교도는 무신론이 허위고 사회 붕괴를 촉진한다고 굳게 믿었으며, 마르쿠스 아우렐리우스도 마찬가지로 기독교가 바로 그런 것이라고 믿었다. 그는 당시의 모든 사람 가운데 그 점을 이해할 수 있는 가장 유능한 사람이라고 생각될 수 있었다.

따라서 의견을 전파한 자에게 형벌을 가해야 한다고 보는 사람은 자신이 마르쿠스 아우렐리우스 황제보다 더욱 현명하고 선량한 사람이라고 자만하지 않는 이상—즉 당시의 지혜에 그 이상으로 능통하고, 지적으로 뛰어남을 보여주며, 진리의 탐구에서 그 이상으로 진지하고, 발견된 진리를 신봉하는 데 그 이상으로 전념할 수 있다고 자만하지 않는 한—자신과 다수자를 묶어 무오류의 확실성을 가정하는 짓을 그만두어야 한다. 위대한 안토니우스[54]도 그러한 가정으로 매우 불행한 결과를 초래했다.

존슨 박사식 변명

무신앙의 의견을 억압하기 위해 형벌을 사용하는 것은 마르쿠스 아우렐리우스를 정당화하지 않는 어떤 논의로도 변호될 수 없음을 알기 때문에, 종교적 자유를 적대시하는 사람들은 궁지에 몰리게 되면 종종 그러한 결과를 인정하고 존슨 박사Doctor Johnson[55]가 말했듯이 다음과 같이 말한다.

"기독교도에 대한 탄압은 정당했다. 박해란 진리가 통과해야 하는 가혹한 시련으로서, 진리는 항상 그 시련의 통과에 성공한다. 결국 법적 형벌은 유해한 오류에 적용될 때 유익하게 효과를 나타내지만, 진리에 대해서는 무력하다."

이러한 주장은 종교적 박해를 변호하는 논의 중에서 가장 현저한 것이기 때문에 이를 주목하지 않고 넘어갈 수는 없다. 진리에 대해서는 박해가 아무런 손상도 가하지 못하므로 그것을 시인해도 무방하다는 이론은 새로운 진리의 섭취에 고의적인 적대감을 갖게 한다고 비난받을 수 없다. 그러나 우리는 인류가 크나큰 은혜를 입고 있는 사람들을 그렇게 대우한다는 점에 동의할 수 없다. 세계와 깊은 관계에 있으면서도 지금까지 알려지지 않은 어떤 것을 세계가 발견하도록 해주는 것 또한 세계가 현세적이거나 정신적인 이해관계를 갖는 어떤 중요한 점에 대해 오류를 범해왔음을 세계에 증명하는 것은 인류가 그의 동포에게 베풀 수 있는 가장 중요한 봉사다. 그리고 존슨 박사와 같이 생각한 사람들은 초기 기독교도나 종교개혁자들의 봉사가 인류에게 주어진 가장 고귀한 선물이었다고 믿는다.

그런데 위 이론에 의하면 이처럼 훌륭한 은혜의 창조자들이 순교를 당해야 하고, 그들에 대한 보상이 범죄인 중에서도 극악무도한 범죄인으로 취급당해야 하는 사실이 사람들이 상복 차림으로 재를 덮어쓰고 통곡해야 할 슬픈 실수나 불행이 아니라 정상적이고 정당한 상태라는 것이다. 또한 이러한 이론에 따르면, 새로운 진리의 제안자는 마치 고대 그리스의 로크리Locri에서 새로운 법을 제안한 주민들이 당한 것과 같은 운명에 처해져야 한다는 것이다.[56] 즉 그들은 목에 교수형 밧줄을 걸고 나와서 법안을 설명했는데, 만일 공중이 그의 제안 이유를 듣고 즉시 그 제안을 채택하지 않으면 당장 교살하게 되어 있었다. 인류의 은인을 이렇게 처리하는 방식을 옹호하는 사람들이 그 은인의 은혜를 존중하리라고 믿을 수는 없다. 그러한 견해는 대체로 '새로운 진리는 과거에는 필요했을지 모르지만 지금은 더는 필요 없다'고 생각하는 사람들에게 한정되어 있는 것으로 나는 믿는다.

박해받은 진리의 사례

사실 진리는 항상 박해를 이긴다고 하는 격언은 인류가 여러 사람의 입을 통해 자주 들어왔으므로 이미 진부하게 된 듣기 좋은 거짓말의 하나가 되었지만, 우리의 경험은 모두 이와 반대다. 역사는 박해에 의해 억압된 진리의 사례로 가득하다. 진리가 영원히 억압되지는 않는다고 해도 몇 세기 동안 억압이 되풀이될 수도 있다. 종교적 의견에 대해서만 말해도, 루터 이전에 종교개혁은 적어도 스무 번 있었지만 모두 억압되었다. 가령 아르날도 다 브레시아Arnaldo da Brescia[57], 돌치노 수사Fra Dolcino[58], 사보나롤라Girolamo Savonarola[59], 알비주아파Albigeois[60], 발도파Vaudois[61], 롤라즈파Lollards[62], 후스파Hussite[63]가 억압되었다.

심지어 루터 이후에도 박해가 끈질기게 계속되어 잇달아 성공을 거두었다. 스페인, 이탈리아, 플랑드르[64], 오스트리아 제국에서는 신교가 사라졌다. 영국에서도 메리 여왕[65]이 더 오래 살았다거나 엘리자베스 여왕이 더 일찍 죽었더라면 똑같은 사태가 벌어졌을 것이다. 박해는 이교異教 집단이 매우 강력해서 박해가 효과적으로 행해질 수 없었던 경우를 제외하고는 항상 성공했다. 적어도 이성을 가진 사람이라면 기독교가 로마제국 시대에 없어질 수도 있었음을 의심할 수 없다. 기독교가 널리 전파되어 우세하게 된 것은 박해가 오직 단기간에 가끔씩 행해졌을 뿐이고, 박해에서 다음 박해까지의 장기간에는 거의 자유롭게 포교할 수 있었기 때문이다.

진리에 오직 진리로서 어떤 오류에도 굴복하지 않는 고유의 힘, 즉 감옥과 화형에도 이겨낼 수 있는 힘이 있다고 하는 것은 하나의 부질없는 감상感傷에 불과하다. 인간이 진리에 갖는 열의는 인간이 가끔 오류에 보이는 열의와 크게 다르지 않다. 따라서 법에 의한 형벌 또는 사회적 응징조차 그것이 충분히 적용된다고 한다면, 일반적으로 진리와 오류 어느 것도 성공적으로 저지될 수 있다.

진리가 갖는 참된 이점은 다음과 같은 것이다. 즉 어떤 의견이 진리인 경우, 그것은 한두 번이나 몇 번에 걸쳐 없어질 수 있으나, 세월이 변함에 따라 대체로 그것을 소생시키는 사람들이 나타나게 되고, 그 소생이 되풀이되는 동안 한 번쯤은 유리한 사정 덕분에 박해를 모면하는 시대를 만나게 되어, 마침내 그 진리를 억압하려는 모든 시도에 저항할 수 있을 만큼 발전하게 된다는 것이다.

이에 대해 다음과 같이 말하는 사람이 있을 수도 있다. 즉 우리는 이제 새로운 의견의 주창자를 사형에 처하지 않는다고. 우리는 예언자를 죽인 조상과는 다르다고. 우리는 그들 예언자를 위해 무덤까지 만들어준다고. 우리가 더는 이단자를 사형에 처하지 않는 것은 사실이다. 그리고 가장 해로운 이론에 대해서도, 현대인의 감정으로 충분히 관용을 베풀 수 있는 정도의 형벌로는 그것을 근절할 수 없음도 사실이다.

그러나 법에 의한 박해 같은 오점조차 우리가 완전히 씻어버렸다고 자만해서는 안 된다. 의견에 대한 형벌이나 적어도 의견의 표현에 대한 형벌은 여전히 법에 존재한다. 그리고 오늘날에도 그러한 형벌의 실시는 그다지 예외적이지 않은 만큼, 의견에 대한 형벌이 언젠가 부활될 수도 있으리라는 것은 신빙성이 없는 것도 아니다.

19세기의 사례

1857년 콘월주의 여름 순회재판에서 모든 일상생활에서는 전혀 나무랄 데 없는 어떤 불운한 사람[66]이 기독교에 대해 불손한 말을 하고 대문에 낙서를 했다는 이유로 이십일 개월 징역형을 선고받았다. 그후 한 달도 지나지 않아 형사법원Old Bailey[67]에서는 두 사람이 각각 두 가지 다른 사건에서[68] 자신들이 어떤 신학적 신앙도 갖지 않고 있다고 정직하게 말했다는 이유로 배심원이 되는 것을 거부당했고, 그중 한 사람은 판사와 변호사에게 크게 모욕을 당했다.

세 번째는 외국인[69]으로, 그는 같은 이유로 절도 고소의 수리를 거부당했다. 그 고소 수리의 거부는 신(어떤 신이라도 무방하다)과 내세를 믿는다고 고백하지 않으면 누구나 법정에서 증언할 수 없다는 법리 때문이었다. 그것은 그런 사람들을 법정의 보호에서 배제하는 권리상실자outlaws로 선고하는 것과 같은 것이다. 그들은 그들이나 그들과 같은 의견을 갖는 사람들 외에는 아무도 동석한 사람이 없는 경우, 만일 절도를 당하거나 습격을 당한다고 해도 그 범인에게는 아무런 처벌이 부여되지 않을 수 있다. 또한 타인이 강도를 당하거나 습격을 받아도 그 사실에 대한 증거가 그들의 증언에만 의존할 경우, 처벌되지 않을 수도 있다.

그렇게 해석되는 전제는 내세를 믿지 않는 사람의 선서는 무가치하다는 것이나, 그 명제는 그것에 동의하는 사람들이 역사에 얼마나 무지한지를 보여준다. 왜냐하면 어느 시대건 무신론자 대부분이 성실성과 명예 존중이라는 점에서 남달리 뛰어난 사람들이었음이 역사의 진실이기 때문이다. 따라서 덕행과 학식으로 최고의 명예를 얻은 사람들 가운데 얼마나 많은 사람들이 최소한 친지 사이에서라도 무신론자로 잘 알려져 있는가를 조금이라도 이해하는 사람이라면 이 명제를 지지하지 않을 것이다.

뿐만 아니라, 이러한 명제의 규칙은 자멸적인 것이어서 그 자체의 기반을 파멸시킬 요소를 내포한다. 즉 그것은 무신론자는 반드시 거짓말쟁이라는 구실 아래, 거짓말을 하고자 하는 모든 무신론자의 증언은 인정하지만, 허위를 인정하지 않고 도리어 혐오되고 있는 신조인 무신론을 공개적으로 고백하는 치욕을 감수하려는 사람들을 배척하게 된다. 그리하여 그 공언된 목적에 관한 한 자가당착에 빠지게 되는 그 규칙은 증오의 표지로서나 박해의 기념물로서만 계속 유효할 수 있다. 즉 박해를 받을 만한 죄가 없다는 것이 명백하게 증명되는 경우야말로, 바로 박해를 받을 자격이 있게 된다.

그런 규칙과 그것에 포함된 이론은 무신론자에 대해서와 마찬가지로 신자에게도 모욕을 준다. 왜냐하면 만일 내세를 믿지 않는 자가 반드시 거짓말을 하게 되어 있다고 하면, 그것을 믿는 사람들은 오직 지옥에 대한 공포로 인해 거짓말을 못 하도록 되어 있다고 볼 수 있기 때문이다. 우리는 그 규칙을 만든 자들과 그 옹호자들이 기독교의 덕성으로 이해하는 개념이 바로 그들 자신의 의식에서 조작된 것이라고 상상하여 그들을 모욕할 생각은 없다.

사실 이러한 것들은 박해의 유물이자 잔재에 불과하다. 또한 이는 박해를 가하려는 의지를 표시하는 것이 아니라 영국인 사이에서 자주 볼 수 있는 약점의 예시라고 할 수 있다. 그것은 자기들이 어떤 나쁜 원칙을 실천할 정도로 악하지는 않지만, 그런 나쁜 원칙을 일부러 주장하는 데에는 터무니없는 희열을 느낀다는 약점이다.

그러나 불행하게도 한 세대나 지속된 법적 박해라는 최악의 형식이 당장 정지되리라는 보장이 일반인의 마음속에는 없다. 이 시대에는 일상생활의 평온한 표면이 새로운 이익을 초래하려는 의도에 의해서는 물론, 과거의 해악을 부활시키려는 시도에 의해서도 종종 교란된다. 오늘날 종교 부흥이라고 널리 떠드는 것은 편협하고 교양 없는 사람들에게는 언제나 최소한 완고한 신앙의 부활과 같은 것이다. 따라서 인민의 감정 속에서, 이 나라 중산계급이 항상 가지고 있는 강력하고도 영원한 이단자 배척이라는 효모가 들어 있는 곳에서, 인민을 도발하여 그들이 언제나 박해의 적당한 대상으로 생각해온 사람들에게 실제로 박해를 가하게 하기란 아주 쉬운 일이다.[70] 왜냐하면 영국을 참된 정신적 자유의 나라로 만들지 못하는 것은 바로 이런 것, 즉 사람들이 스스로 중요하다고 생각하는 신앙을 부인하는 타인들에게 갖는 의견과 감정이기 때문이다.

현대 영국의 사상 부재

과거 오랫동안, 법에 의한 형벌의 중요한 폐해는 그것이 사회적 오명을 가중시켰다는 점에 있다. 그 오명은 사회에 참으로 중대한 영향을 미쳤다. 따라서 영국에서는 사회가 금지하는 의견을 공개하는 경우가 다른 여러 나라에서 법에 위배되어 형벌을 받을 위험이 있는 의견을 주장하는 것보다 더욱 드물다. 자신의 금전적 환경 때문에 독립적일 수 있어서 타인의 호의에 의존할 필요가 없는 사람들 외의 모든 사람에게, 이러한 문제에 대한 여론은 법과 마찬가지로 효력이 뚜렷하다. 즉 그들은 빵을 얻는 수단에서 제외될 바에야 차라리 투옥되기를 바라는 사람들이다. 한편 빵을 이미 확보했고, 권력자나 여러 집단이나 사회에서 아무런 은혜를 바라지 않는 사람들은 아무 두려움 없이 어떤 의견이라도 공공연히 주장할 수 있다. 즉 타인에게 나쁜 생각을 한다거나 나쁜 말을 한다고 간주되어도, 그것을 인내하는 데 각별한 영웅적 자질이 필요하지 않다. 그런 사람들을 위해서는 **동정적으로** 변호할 필요도 없다.

오늘날 우리와 다른 의견을 갖는 사람들에게 과거처럼 커다란 해를 가하지는 않는다고 해도, 그들에 대한 우리의 잘못된 대우를 통해 과거와 같은 정도의 해를 가할 수 있다. 소크라테스는 사형에 처해졌지만, 그의 철학은 하늘의 태양처럼 높이 떠올라 모든 지성의 창공에 그 빛을 비춘다. 기독교도는 사자의 밥이 되었지만, 무성하게 자라 거대한 나무가 되어 낡고 활기 없는 나무들 위에 우뚝 솟아나 그것들이 자기 그늘 밑에서 시들게 한다. 우리의 단순한 사회적 박해는 아무도 죽이지 않고 어떤 의견도 근절시키는 것이 아니지만, 사람들에게 의견을 위장하게 하거나 의견을 적극 전파하려는 노력을 하지 못하게 만든다.

영국에서는 이단적 의견이 눈에 띌 정도로 발전하지 못하고 있다. 심지어 일이십 년 사이에 그 기반을 잃을 수도 있다. 그것들은 멀리 넓게 비치도록 불타지 못하고 있고, 그것이 시작된 사상가나 연구자들의 좁은 범위에서만 연기를 낼 뿐이며, 그것이 옳건 그르건 인류의 모든 일을 비추지도 못한다.

그래서 어떤 사람들에게는 매우 만족스러운 사태가 지속된다. 왜냐하면 누구에게 벌금형을 가하거나 투옥시키는 불쾌한 과정 없이 현재의 모든 지배적인 여론이 표면상 아무런 방해도 받지 않고 유지되면서, 사상으로 인해 처벌받게 될 이단자의 이성 발휘가 절대적으로 금지되어 있지도 않기 때문이다.

이는 지적인 세계에 평화를 가져오고, 그 안에서 모든 일을 과거처럼 진행하는 데 편리한 안이기는 하다. 그러나 이런 종류의 지적 평화에 대해 지불해야 할 대가는 인간의 도덕적 용기 모두를 희생해야 할 정도로 크다. 가장 적극적이고 탐구심으로 가득한 지성인 대부분이 스스로 확신하는 일반 원리와 원칙을 오직 자기의 가슴속에 깊이 간직하는 것이 바람직하다고 생각하고, 일반에 대해서는 내심 배척하는 전제에 자신의 결론을 가능한 맞추어가는 것이 상책이라고 생각하는 상태에서는, 한때 지적인 세계를 수놓은 저 개방적이고 두려움을 모르는 지성인들, 논리적이고 언행이 일치하는 지성인들이 배출될 수 없다.

이러한 상태에서 기대될 수 있는 종류의 사람이란 단순히 세속에 영합하는 자이거나 기회주의자들이다. 모든 중요 문제에 대한 그들의 논의는 청중을 위한 것이지 스스로 확신하는 것이 아니다. 이 두 가지를 회피하려는 사람들은 그들의 사상과 흥미를 축소하여 원리의 영역에 들어가지 않고서도 말할 수 있는 사항들, 즉 사소한 실제 문제에만 관여하게 된다. 그 실제 문제란 인류의 지성이 강화되고 확대된다면 잘 풀릴 수 있지만, 그렇게 되기 전에는 결코 유효하게 풀릴 수 없다. 즉 인류의 지성을 강화하고 확대하는 것, 최고의 문제에 대한 자유롭고 대담한 사색은 포기하게 된다.

이단자 쪽의 이러한 침묵이 유해하지 않다고 보는 사람들은 무엇보다도 다음을 고려해야 한다. 즉 그 침묵의 결과, 이단자 쪽의 의견이 공정하게 철저히 토론되지 못하게 되고, 그런 의견 가운데 하나가 토론을 이길 수 없는 것은 물론 그 이상으로 전파될 수도 없지만, 그렇다고 해서 완전히 소멸되지도 않는다는 점이다. 그러나 정통파의 결론을 제시하지 않는 모든 탐구를 금지함으로써 가장 큰 손해를 보는 것은 이단자 쪽이 아니다. 도리어 반대로 가장 큰 손해를 보는 것은 이단자가 아닌 사람들, 즉 이단을 두려워하는 나머지 지적인 발달이 전적으로 위축되어 그들의 이성이 공포에 떠는 사람들이다.

우수한 두뇌를 가졌으면서도 불경이나 부도덕이라는 낙인을 두려워해서 활기차고 자유로운 사상의 줄기를 철저히 탐구하려 하지 않는 비겁한 성격의 사람들 때문에 이 세계가 얼마나 큰 손해를 보는지를 누가 계산할 수 있겠는가? 그들 중에 우리는 종종 깊은 양심과 치밀하고도 세련된 이해력을 가진 사람을 볼 수도 있지만 그들은 억누를 수 없는 자신의 지성을 궤변으로 떠들면서 평생을 보내며, 자신의 양심과 이성이 지시하는 바를 정통파와 조화시키고자 풍부한 재능을 낭비하지만, 아마도 결국은 실패로 돌아가고 만다.

지적 노예 상태를 극복하기 위한 사상의 자유

자신의 지성이 어떤 결론에 이르든, 그 지성에 따르는 것이 사상가로서의 첫째 의무임을 인식하지 못하면 위대한 사상가일 수 없다. 진리란 스스로 사색하지 않고 오로지 타인의 주장에 맹종할 뿐인 사람들의 진실한 의견에 의해서가 아니라, 적절한 연구와 준비를 통해 스스로 생각하는 사람들의 오류에 의해 더 많은 것을 얻게 된다. 사상의 자유가 필요한 이유는 오로지, 또는 주로, 위대한 사상가들 때문이 아니다. 반대로 보통 사람들이 자신들의 힘이 미치는 한 높은 지적 수준에 이르게 하기 위해, 위대한 사상가를 만드는 경우와 같은 정도로 또는 그 이상으로 사상의 자유가 필요하다.

지적 노예 상태라고 하는 일반적 환경에서도 위대한 개인적 사상가들이 나왔고, 앞으로도 나오리라. 그러나 그런 환경에서 지적으로 적극적인 인민이 나온 적은 없고, 앞으로도 나오지 않으리라. 어떤 인민이 잠시라도 그런 성격에 접근했다면, 그것은 이단적인 생각을 하는 데 따르는 공포가 일시 정지되었기 때문이었다. 따라서 원칙적으로 토론을 불허한다는 암묵적인 협정이 있는 경우나 전 인류의 마음을 사로잡아 그것을 이끌어갈 수 있을 정도로 중대한 문제가 토론될 수 없는 경우, 역사상 어떤 시대를 매우 유명하게 만든 정신 활동의 일반적으로 높은 수준을 찾아낼 수 있기를 희망할 수 없다.

인민을 열광하게 할 만한 거대하고 중요한 문제임에도, 만일 그것에 대한 아무런 토론도 없었다면 일찍이 사람들의 정신을 근본적으로 움직인 보기가 없고, 가장 평범한 지성의 소유자에게까지도 생각하는 존재라는 자부심을 갖게 한 보기도 없다. 우리는 그런 보기의 하나를 종교개혁 직후 유럽의 상태에서 찾을 수 있다. 또 하나는 18세기 후반의 사상운동이었으나 그것은 오직 유럽 대륙에서, 그것도 비교적 높은 교양을 지닌 계급에 한정되었다. 그리고 세 번째 보기는 훨씬 짧았지만, 괴테와 피히테가 살았던 독일에서 생긴 지적 발흥이었다.

각 시대는 그것을 발전시킨 개별 여론에서는 크게 달랐지만, 권위의 속박을 파기했다는 점에서는 공통되었다. 어느 시대에서나 낡은 지적 전제주의가 포기되었고, 그것을 대신할 새로운 것이 아직 대두하지는 않았다. 오늘의 유럽은 그 세 시대에 주어진 충동에 의해 만들어졌다.

그 뒤 인간의 심성이나 사회제도 위에 일어난 모든 개선은 분명히 그 세 시대 중 어느 하나에서 비롯되었다. 그러나 그 세 가지 충동도 거의 소모된 상태가 최근 지속되는 듯하다. 따라서 우리는 우리가 다시 우리의 지적 자유를 주장할 수 있기 전에는 새로운 출발을 좀처럼 예상할 수 없다.

제2론 | 탄압받는 의견이 진리가 아닌 오류일 경우

토론 없는 진리란 독단이다

여기서 두 번째 논의로 들어가보자. 즉 세상에 받아들여진 의견이 잘못일지도 모른다는 가정을 버리고, 그 의견을 모두 진리라고 가정하고서, 그 의견의 진실성이 자유롭고도 공개적으로 논의되지 않는 경우 그것을 믿고자 하는 사람에게 찾아볼 수 있는 태도를 음미해보도록 하자. 확고부동한 의견을 갖는 사람은 자신의 주장이 잘못일지도 모른다는 가능성을 인정하기 싫어하는 법이지만, 그래도 당연히 받아들여야 할 고려 사항이 있다. 즉 그의 의견이 아무리 진리라고 해도 충분히, 자주, 두려움 없이 토론되지 않는 한, 죽은 독단론으로 간주될 따름이고 산 진리로 간주될 수 없다고 하는 점이다.

다행히도 옛날만큼 많지는 않지만, 이 세상에는 아직도 다음과 같은 사람들이 있다. 즉 지금 만일 어떤 사람이 그들이 스스로 진리라고 믿는 것에 아무런 의심 없이 동의하기만 하면, 비록 그가 그 의견의 근거에 대해 아는 바가 전혀 없고, 아주 보잘것없는 반대론에 대해서도 자신의 의견을 위한 조리 있는 변호를 할 수 없다고 해도, 그것으로 충분하다고 생각하는 사람들이다. 그런 사람들은 일단 권위 있는 사람들에게 그들의 신조를 전수받게 되면 보통 그 신조에 대한 의문을 허용함은 무익하다고 생각한다. 그들은 그들의 영향력이 지배적인 곳에서 용인되고 있는 의견이 현명하게 또는 신중하게 폐기되는 경우를 거의 불가능하게 만든다. 그러나 그것은 여전히 성급하게 무지에 의해 폐기될 수도 있다. 왜냐하면 토론을 완전히 봉쇄한다는 것은 거의 불가능하고, 일단 토론에 들어가면 확신에 근거하지 않은 신념은 가장 피상적인 논의 앞에서도 굴복하기 쉽기 때문이다.

그러나 이러한 가능성을 포기하는 것은 — 진실한 의견이 마음속에 존재하고 있다고 해도 그것이 하나의 편견으로, 즉 어떤 논의도 불허하는 하나의 신념으로 존재하는 경우라면 — 적어도 이성적인 존재가 진리를 신봉하는 방법일 수 없다. 이는 진리를 아는 것이 아니다. 이러한 방식으로 신봉되는 진리는 어떤 진리를 말할 때 그 말에 우연히 부착되는 하나의 미신에 불과하다.

신교도라도 부인하지 못하겠지만, 자신과 중대한 관련이 있는 문제에 자기 의견을 갖는 것만큼 지성과 판단력 연마에 도움이 되고 따라서 인류의 지성과 판단력 개발에 도움이 되는 것이 있겠는가? 만일 이해력의 양성이 다른 것들보다 특히 어느 하나의 것으로 이루어진다면, 그 하나는 자기 의견의 근거를 아는 데 있다. 올바르게 믿는다고 하는 것이 무엇보다도 중요한 문제에 대해, 사람들이 무엇을 믿든, 최소한 일반적인 반대론에 대해서는 방어할 수 있어야 한다.

그러나 어떤 사람은 다음과 같이 말할 수 있을 것이다. "그들에게 그들 의견의 근거를 **가르쳐주면** 된다. 그 의견의 근거가 반박되는 것을 들어보지 못했다고 해서, 사람들이 그 의견을 단순히 앵무새처럼 반복한다는 결론은 나오지 않는다. 기하학을 배우는 사람들은 단순히 정리定理만을 외우는 것만이 아니라 마찬가지로 그것을 증명하는 것도 이해하고 배운다. 따라서 어떤 사람이 기하학 진리의 근거를 부정하거나 반박하는 것을 그들이 들어본 적이 없다고 해서, 그들이 그 근거를 알지 못한다고 단정함은 어리석은 일이리라."

이러한 말에는 의심의 여지가 없다. 즉 이러한 가르침은 진리가 단 하나인 수학과 같은 주제에 적합하다. 수학적 진리 증명의 특징은 모든 논의가 일방적인 점이다. 반대론도 없고, 반대론에 대한 답도 있을 수 없다.

그러나 의견 차이가 있을 수 있는 모든 문제에서, 진리는 서로 옳다고 주장하는 두 의견의 비중 차이에 따라 결정된다. 심지어 물리학에서도 언제나 동일 사실에 대해 서로 다른 설명 방법이 있을 수 있다. 가령 지구중심설에 대해 태양중심설이 있고, 가연물의 요소에 대해 산소설과 플로지스톤설Phlogiston[71]이 있다. 따라서 다른 하나의 학설이 왜 진실일 수 없는가 하는 이유가 증명되어야 한다. 그것이 증명되기 전에는 또 어떻게 증명되는지를 우리가 알기 전에는 우리 의견의 근거를 이해했다고 말할 수 없다.

진리에 도달하려면 반대론을 알아야 한다

그러나 한없이 복잡한 문제인 도덕, 종교, 정치, 사회관계, 일상생활에 직면하게 되면, 그 모든 논쟁적 의견은 자신과 다른 의견을 뒷받침하는 현상들을 배제하는 데 그 주장의 4분의 3을 바친다는 것을 알 수 있다. 단 한 사람[72]을 제외하고 고대 최고의 웅변가였던 자[73]는 언제나 자기주장을 연구하는 것만큼은 아니었어도, 적어도 그 비슷한 정도의 열의로 상대방의 주장을 연구했다는 기록이 남아 있다. 따라서 적어도 진리에 도달하려고 무엇인가를 연구하는 사람들은 키케로가 변론을 성공으로 이끈 방법으로 실천한 것을 본받을 필요가 있다.

어떤 사실을 자기 관점에서만 보려는 사람은 그 사실을 거의 알지 못하는 사람이다. 그의 주장이 옳을 수도 있고, 누구나 그에게 반박할 수 없을 수도 있다. 그러나 만일 그가 반대쪽에서 주장하는 이유를 논박할 수 없다면, 또 그것이 무엇인지를 알지 못한다면, 그는 어느 의견을 택할 근거를 갖지 못한다. 그 경우 합리적인 관점이란 판단을 중지하는 것이고, 스스로 그것에 만족하지 못한다면, 권위가 지도하는 바에 따르거나 보통 사람들처럼 그가 가장 좋아하는 쪽에 기울게 된다.

나아가 그는 자신을 가르친 선생에게서 반대자가 주장한 것을 그대로 듣는다거나 또는 그 주장에 대해 선생이 반박론으로 제시하는 것을 받아들이는 것만으로도 충분하지 못하다. 이는 반대자의 주장을 공정하게 판단하거나 또는 그 주장을 자신의 마음과 참되게 접촉하게 하는 방법이 아니다. 그는 참으로 그러한 주장을 믿는 사람들,

열성을 가지고 그것을 변호하는 사람들, 그것을 위해 최선을 다하는 사람들에게 들어야 한다.

그는 그 반대론을 가장 그럴듯하고 납득하기 쉬운 형태로 파악해야 한다. 즉 그는 주제에 대한 진정한 견해가 봉착하고 극복해야 할 곤란의 모든 요인을 감지해야 한다. 그렇지 못하면 그는 곤란에 봉착하고, 그것을 제거하는 진리의 부분을 참으로 자기 것으로 만들지 못한다.

이른바 교육받은 사람 백 명 가운데 구십구 명은 이러한 상태에 있다. 이는 자신의 의견을 잘 변호할 수 있는 사람의 경우도 마찬가지다. 그들의 결론은 진리일지도 모르지만, 그들이 아는 것이 허위일 수도 있다. 즉 그들은 자기들과 다른 생각을 갖는 사람들의 심리 상태에 스스로 몰입하여, 그런 사람들이 무엇을 이야기할지 생각해본 적이 없다. 따라서 정확하게 말하면 그들 자신이 표명하는 주장의 본질에 대해 알지 못한다. 그들은 그런 주장 가운데 다른 나머지 부분을 설명할 뿐 아니라 그것을 정당화시키는 것을 알지 못한다. 즉 다른 의견과 모순되는 것처럼 보이는 사실이 그것과 충분히 조화될 수 있음을 또는 분명히 유력한 두 가지 이유 가운데 하나를 채택하고 다른 것은 버려야 하는 듯이 보이는 고찰 방법을 알지 못한다. 사정에 완전히 정통한 사람들이 쌍방 주장의 우열을 정하여 판단하는 진리의 모든 부분에 대해 전혀 모르는 것이다. 그리고 그것은 쌍방의 의견을 공정하게 듣고, 그 쌍방이 주장하는 이유를 가장 강한 빛에 비추어보려고 하는 사람들에게만 실제로 알려진다.

이러한 훈련은 도덕적 문제와 인간적 문제를 참되게 이해하는 데 필수적이다. 만일 모든 중요한 진리에 반대자가 없다면, 일부러 그런 반대자를 상상해서 그들에게 가장 노련한 악마의 변호인이 생각할 수 있는 강력한 논의를 부여할 필요가 있다.

자유로운 토론에 대한 반대론과 그 문제점

위와 같이 생각하는 사람들의 힘을 약화시키기 위해 자유 토론을 반대하는 사람들은 다음과 같이 주장하리라고 가정할 수 있다. 즉 일반 사람들은 그들의 의견에 대해 철학자와 신학자들이 찬성하거나 부인하는 사실의 전부를 알거나 이해할 필요가 없다거나 또는 보통 사람들은 교묘한 지혜를 가진 반대자의 잘못된 설명이나 그릇된 의견을 전부 간파할 수 있는 힘을 구태여 가질 필요가 없다는 것이다.

나아가 잘못된 설명이나 그릇된 의견에 올바르게 답할 수 있는 사람이 있고, 그들이 언제나 무지한 사람들을 잘못 인도하기 쉬운 의견에 철저히 반박하기만 하면 충분하다고 볼 수도 있다. 또한 무지하고 순박한 사람들은 진리의 명백한 근거에 대한 가르침을 받기만 하면, 그 밖의 것은 모두 권위자에게 일임해도 좋다고 할지도 모른다. 게다가 그들이 몹시 어려운 문제에 부딪힐 때마다 그것을 해결할 지식이나 재능을 갖지 못함을 잘 아는 만큼, 제기되는 모든 어려운 문제는 그러한 과제에 특별히 단련된 사람들이 해결해왔고, 해결할 수 있다고 믿고 살면 된다고 할 수도 있다.

이러한 주장에 대해 아무리 양보한다고 해도, 즉 어느 정도의 진리(진리의 신앙에 당연히 수반되는 정도만큼의 이해)만으로 아주 쉽게 만족하는 사람들에 의해 요구될 수 있는 최대한의 양보를 한다고 해도,

역시 자유 토론에 찬성하는 이론은 조금도 약화되지 않는다. 왜냐하면 위와 같은 견해조차 인류는 모든 반대론이 만족스럽게 답변되어 왔다고 하는 합리적인 확신을 가져야 함을 인정하기 때문이다.

그러나 답변을 필요로 하는 것이 전혀 발언되지 않는다면, 즉 반박이 허용되지 않는다면 어떻게 모든 반대론에 답변할 수 있겠는가? 또 만일 반대론자들이 그 답변에 불만족함을 증명할 기회를 얻지 못한다면, 어떻게 그 답변이 만족할 만한 것으로 승인될 수 있을 것인가? 일반인이라면 몰라도, 적어도 그런 문제를 해결할 의무를 지는 철학자와 신학자는 그러한 가장 어려운 형태의 질문을 알아야 한다.

그러나 이를 잘 안다는 것은 적어도 그 어려운 문제가 자유롭게 이야기되지 않는 한, 그리고 되도록이면 가장 유리한 방식으로 다루어지지 않는 한, 있을 수 없다. 가톨릭교회는 이 어려운 문제를 처리할 수 있는 독자적 방법을 갖고 있다. 즉 스스로 확신하여 그 교리를 인정하는 사람들과 무조건 믿고 그것을 인정해야 하는 사람 사이를 명백하게 구별하는 것이다. 물론 쌍방 모두 각자가 원하는 것을 자유롭게 선택할 수는 없게 한다.

그러나 사제, 적어도 충분히 신뢰받는 사제는 반대론의 주장에 답변하기 위해 그것에 친숙해지도록 공개적으로 허용받고 또한 그것은 바람직하게 여겨진다. 따라서 이단적인 책을 읽을 수도 있다. 그러나 일반인은 지극히 얻기 어려운 특별 허가라도 받지 않으면 그렇게 할 수 없다. 이 규율은 반대자 주장에 대한 지식을 갖는 것이 지도자에게는 유익하다고 인정하는 것이지만, 같은 취지에서 나머지 사람들에게는 상대방 주장을 알리지 않게 하려는 것이다.

이와 같이 소수 **엘리트**에게는 다수 군중보다 더 많은 지적 자유를 주는 것은 아니지만, 더 많은 지적 교양을 준다. 이런 방법으로 가톨릭교회는 목적대로 지적 우월성을 확보하게 된다. 왜냐하면 자유를 수반하지 않는 교양은 활달하고 도량이 큰 사람을 낳지는 않지만, 어떤 주장에 대해 재판관과 같은 옹호자를 낳을 수는 있기 때문이다.

그러나 신교 나라에서는 그런 방법이 부정된다. 왜냐하면 신교도는 적어도 이론상으로는 종교 선택의 책임을 각자가 져야 하며, 그 책임이 지도자에게 전가될 수 없다고 주장하기 때문이다. 더욱이 현실에서 교육받은 사람들이 읽는 책을 교육받지 못한 사람들에게 읽지 못하게 함은 사실 불가능하다. 만일 인류의 지도자인 사람들이 스스로 알아야 할 모든 것을 알려면, 모든 것이 자유롭게 저술되고 그 모든 것이 아무런 구속을 받지 않고 출판되어야 한다.

자유 토론의 결여로 인한 문제점

이미 수용된 의견이 진리일 때, 자유 토론의 결여로 인해 생기는 유해한 작용이 사람들에게 그러한 의견의 근거를 알지 못하게 하는 데 그친다면, 그것은 지적 폐해이기는 해도 도덕적 폐해는 아니라고 생각될 수 있다. 따라서 인간의 성격에 미치는 영향이라는 점에서는 그 의견의 가치가 조금도 손상되지 않는다고 볼 수 있다. 그러나 자유로운 토론의 결여는 의견의 근거를 망각시키는 데 그치지 않고, 더 나아가 의견 그 자체의 의미를 망각하게 한다.

의견의 의미를 전달하는 언어는 사상을 암시해주지 못하게 되거나 암시한다고 해도 본래 전해야 할 사상 가운데 사소한 것에 지나지 않게 된다. 여기서 활기찬 개념과 생생한 신념 대신 암송에 의해 전달된 문구 몇 개만이 남게 된다. 설령 그중 어떤 부분이 남는다고 해도 그 의미의 껍질만 남을 뿐이고, 중요한 알맹이는 빠지고 만다. 이러한 사실로 구석구석까지 가득 찬 인류 역사의 중대한 장은 철저히 연구되고 숙고되어야 한다.

이러한 사실은 거의 모든 윤리적 교의와 종교적 신조의 경험으로 분명히 증명된다. 그 교의와 신조는 모두 그것을 제창한 사람들과 직계 제자들에게는 의미와 생명으로 충만해 있다. 적어도 그 교의와 신조를 다른 것보다 우월하게 만들고자 하는 투쟁이 계속되는 동안은 그 의미가 여전히 강하게 느껴지며, 충분히 의식되기도 한다. 결국 그것은 세력을 얻어 일반 여론으로 변하거나 또는 진전이 중지된다. 즉 그 자체가 점령한 기반은 계속 보유하지만, 그 이상으로 확산되지는 않는다.

그러한 결과 중 어느 것이 사실이 되어도 이러한 문제에 대한 논쟁은 활기가 없어져 점차 소멸하게 된다. 그리고 그 교의는 비록 용인된 의견이 아니라고 해도, 공인된 여러 종파가 갖는 의견의 하나로 확고한 자리를 차지하게 된다. 나아가 그 교의를 신봉하는 사람은 일반적으로 그것을 채택하는 것이 아니라 전승하는 것이다. 따라서 어느 교의에서 다른 교의로 바꾼다는 것은 지금도 예외적인 일이지만, 그 신봉자들의 사상에서는 생각도 할 수 없는 것이었다.

최초의 제창자와 그 제자들처럼 그들은 끝없이 신중하게 세상 사람들에게 자기 교의를 변호하여 세상 사람들을 그것에 따르게 하려는 대신 철저한 묵종을 일삼게 되고, 자신들의 신조에 대한 반대론에는 귀 기울이지 않는 반면, 자기 신조의 옹호론으로 반대자들(만일 그런 자들이 있다면)을 괴롭히지도 않는다. 대체로 아마 이런 시기부터 어떤 교의의 생기 있는 힘은 쇠퇴하기 시작한다.

우리가 가끔 모든 신조의 지도자들에게서 듣는 탄식은 신자들이 형식적으로 이해하고 있는 진리에 대한 생생한 이해를 신자들의 마음속에 심고, 그 생생한 이해를 그들의 감정에 침투시켜 그들 행동을 실제적으로 지배하기가 매우 어렵다고 하는 점이다. 신조가 여전히 그 생존을 위해 분투하는 동안은 그런 어려움은 개탄되지 않는다. 비교적 나약한 투사라고 해도 그런 경우에 자신이 싸우는 이유를 알고 그것과 다른 주장의 차이도 느끼게 된다. 따라서 모든 신조의 역사상 그런 시기에는, 모든 사고방식을 빌려 그 신조의 근본 원리를 실제로 깨달은 사람들 또 그 중요한 의의의 전반에 걸쳐 그 신조를 평가하고 고찰하는 사람들 그리고 그 신조에 대한 신앙이 그 세례를 철저히 받은 사람에게 미쳐야 할 성격상의 충분한 효과를 체험한 사람들이 적지 않게 존재하게 된다.

그러나 그 신조가 전승적인 신조가 되어 능동적이 아니라 수동적으로 받아들여지게 되면 — 즉 이미 정신력이 그 신조에 대한 신앙에 따르는 의문점에 초창기처럼 그 생생한 힘을 발휘하지 못하게 되면 — 그 신앙의 모든 것이 망각되고 형식만이 남거나 또는 그 신앙에 무감각하게 동의하는 경향, 마치 그 신앙을 자신의 의식을 통해 실감할 필요가 없고 또는 자신의 경험을 통해 실험해볼 필요도 없게 되는 것처럼, 그 신앙을 무조건적으로 받아들이는 경향이 점점 더 강하게 나타나게 된다. 결국은 그 신앙이 인류의 내면 생활과 아무런 관련을 갖지 못하게 된다.

그리하여 현대와 같은 시대에 신앙은 거의 대다수의 경우라고 해도 좋을 정도로 자주, 이른바 마음 밖에 머물러, 인간 본성의 더욱 고상한 부분에 호소하는 다른 모든 영향을 받아들이지 못하도록 마음에 껍질을 씌워 화석화함을 보게 된다. 이는 말하자면 어떤 새로운 확신이 들어가지 못하게 함과 동시에, 그 자신은 사람의 심정을 공허하게 만들려고 스스로 망을 보는 역할 말고는 아무런 일도 하지 않으면서 위력을 발휘하게 된다.

죽은 신앙의 보기

본래 사람의 마음에 가장 깊은 인상을 심어주기에 적합한 여러 교의가 어느 정도로까지 인간의 상상과 감정과 이해력에서 실현되지도 못하고 죽은 신앙으로 마음속에 머물 수 있는지는, 기독교 신자 대다수가 기독교의 교의를 숭상하는 태도에서 잘 볼 수 있다. 여기서 내가 기독교라고 함은 모든 교회와 종파가 기독교라고 생각하는 것, 즉 《신약성경》에 기록되어 있는 격언과 훈계를 말한다. 그 격언과 훈계는 모든 기독교인에 의해 신성시되고 율법으로 용인된다.

그러나 이러한 율법에 의거해 자신의 행동을 인도하거나 검증하는 기독교도는 천 명 가운데 한 사람도 없다고 해도 과언이 아니다. 그가 실제로 자기 행동을 의거하는 기준은 그 국민, 그 계급 또는 그 종교단체의 관습이다. 그 결과 그는 한편으로는 자기 행동을 규율하는 하나의 규범으로 '오류 없는 지혜'인 신에게 받았다고 믿는 윤리적 격언의 묶음을 갖게 되고, 다른 한편으로는 그 격언과 상당히 합치되거나 그다지 합치되지 않거나 또는 정반대되는, 여하튼 대체로 기독교 신조와 세속 생활의 이해관계와 제안 사이의 타협에 불과한 일상적인 판단과 실천의 묶음을 갖게 된다.

그러한 규준 가운데 전자, 즉 신에게 받았다는 윤리적 격언에는 경의를 표하지만, 실제로 충성을 바치는 것은 후자, 즉 일상생활의 규범이다. 모든 기독교도는 다음과 같이 믿는다. 즉 가난한 사람, 천한 사람, 세상에서 버림받은 사람은 행복하다.[74] 부자가 천당에 가기란 낙타가 바늘구멍에 들어가기보다 어렵다.[75] 사람을 비판하지 마라. 그 비판이 다시 너에게 돌아온다.[76] 절대로 맹세하지 마라.[77] 이웃을 자신처럼 사랑하라.[78] 속옷을 가지려는 자에게는 웃옷까지 내주어라.[79] 내일 일을 걱정하지 마라.[80] 스스로 완전하기를 바라면 가진 것을 모두 팔아 가난한 사람에게 주라.[81]

기독교도가 이러한 것을 믿는다고 말할 때, 그들은 위선적이지 않다. 세상 사람들이 늘 찬사만을 들어왔고 토론된 적이 없는 것을 믿는 것처럼, 기독교도들은 그것을 믿는다. 그러나 행동을 규율하는 살아 있는 믿음이라는 의미에서 말한다면, 그들이 이러한 교의를 믿는 것은 바로 그것에 근거해서 습관적으로 행동하는 범위 안에서다. 완전한 의미에서 그 교의는 적을 물리치는 하나의 무기로 사용될 수 있다. 또 그것은 세상 사람들이 찬양할 만한 것을 행하는 이유로 제시되어야 하는 것(그것이 가능한 경우에)으로 이해된다.

그러나 만일 누군가가 그 격언이란 것이 기독교도가 실천한다고는 꿈에도 생각해본 적이 없는 무한한 것을 요구한다고 그 교도에게 상기시킨다면, 그는 남보다 잘난 척하는 매우 밉살스러운 무리로 몰리게 될 뿐 아무것도 얻는 바가 없을 것이다. 그 교의를 보통 신자는 신봉하지 못한다. 즉 그들의 마음에서는 아무런 힘을 갖지 못한다. 물론 그들은 그 교의를 말로 들을 때마다 습관적으로 경의를 표한다.

그러나 그 말의 의미를 올바르게 파악하여 마음으로 받아들이게 하며 자신을 그 공식에 합치시키는 감정을 갖지 않는다. 실천 차원이 되면, 언제나 그들 주위에 있는 이 사람 저 사람을 둘러보며 어느 정도까지 그리스도에게 복종해야 하는지를 지도받게 된다.

초기 기독교의 경우

여기서 우리는 초기 기독교의 경우, 이와는 전혀 달랐음을 확신할 수 있다. 만일 초기 기독교가 지금과 같은 것이었다면 기독교는 저 멸시받은 히브리 민족의 이름 없는 하나의 종파에서 로마제국의 종파로까지 확산되지 못했을 것이다. 당시 그들의 적이 "이 기독교도가 서로 얼마나 사랑하는지를 보라"(이는 지금은 누구도 하지 못할 말이다)라고 했음을 보면, 그들은 확실히 그 후 기독교의 경우보다 그 신조의 의미를 더욱더 생생하게 느꼈을 것임에 틀림없다.

아마도 바로 이 이유로 인해 기독교가 오늘날 영역 확장에서 그다지 진보하지 못하고 있고, 18세기를 경과했음에도 여전히 거의 유럽인과 유럽인의 자손에게만 한정되어 있다고 생각된다. 자신들의 교의에 다른 일반인보다 더욱 큰 의미를 부여하는 엄격한 신자들의 경우에도, 그들 마음속의 비교적 강한 활동 부분이라고 하는 것이 칼뱅Jean Calvin[82]이나 녹스John Knox[83] 또는 성격적으로 훨씬 더 그들 자신과 가까운 인물에 의해 형성되는 경우가 대부분이다.

그리스도의 말은 수동적으로 그들 마음속에 공존할 뿐, 매우 사랑스럽고 부드러운 말을 들을 때 느끼는 것 이상으로는 아무런 감흥을 불러일으키지 못한다. 어떤 종파의 표상인 교의가 모든 공인된 타 종파의 공통된 교의보다 더 많은 활력을 유지하는 이유는 무엇인가? 또 지도자들이 그 교의의 의미를 계속 살려나가려고 더 많은 고통을 감수하는 것은 무슨 까닭인가? 그 점에는 많은 이유가 있음을 의심할 바 없다. 그러나 그중 확실한 이유의 하나는 특정한 교의는 다른 종파에 공통된 교의보다도 공격을 받는 경우가 더 많고, 따라서 반대자들에게 대항해 방어되어야 할 경우도 더 많다는 점이다. 싸움터에 적의 그림자가 없어지면 가르치는 자는 물론 배우는 자 모두 즉시 전선에 선 채로 잠들어버린다.

속담이나 격언의 경우

일반적으로 말해서 모든 전통적 교의 ─ 즉 도덕이나 종교와 마찬가지로 일상생활에 대한 분별과 지식에 대한 교의 ─ 에 대해서도 같은 말을 할 수 있다. 모든 언어와 문학은 인생이란 무엇인가, 사람은 어떻게 살아야 하는가와 같은 생활에 대한 일반적 관찰로 가득 차 있다. 그 관찰이란 모든 사람이 알고 누구나 되풀이하며 묵묵히 듣고 명백한 사실로 믿는 것이다. 그러나 대부분의 인민은 일반적으로 고통스러운 경험을 통해서 그런 관찰을 현실화시켰을 때 그 의미를 처음으로 배우게 된다. 사람들은 생각지도 못한 불행이나 절망에 부딪혀서 번민하게 될 때 평소에 친숙했던 어떤 격언이나 속담을 곧잘 떠올린다. 그것들이 갖는 의미란 만일 오래전부터 지금처럼 그것을 느꼈더라면 그러한 재난을 당하지 않았을 것이라는 점이다.

물론 거기에는 토론의 결여라는 점 외에도 여러 가지 이유가 있다. 즉 개인의 경험을 통해 마음속 깊이 느끼지 않고서는 그 의미를 충분히 깨달을 **수 없는** 진리가 얼마든지 있다. 그러나 만일 그가 그 의미를 잘 이해하는 사람들이 주고받는 **찬반** 토론을 평소 자주 들었다면 그 의미를 더욱 잘 이해하고, 그 이해한 점을 마음속에 새겼을 것이다. 어떤 사물에 대해 이미 의문이 없어지게 되면 그것에 대해 더는 생각하려 하지 않는 인류의 파멸적인 경향이야말로, 인류가 저지르는 오류의 절반을 낳게 하는 원인이다. 현대의 어느 저자가 "이미 결정된 견해는 깊은 잠에 빠진다"고 한 것은 정곡을 찌른 말이다.

그러나 "그게 무슨 소리인가?"라고 하며 다음과 같이 반문하는 사람이 있을 수 있다. "참된 지식에 불가결한 조건이 의견의 불일치란 말인가? 인류의 일부에게 진리를 깨닫게 하려면 그들은 언제나 오류에 빠져 있어야 한다는 말인가? 하나의 신앙은 그것이 일반적으로 용인되면 바로 진실성과 활기를 상실한다는 말인가? 하나의 명제는 그것에 대한 약간의 의심이 남아 있지 않으면 철저하게 이해되고 실감되지 않는다는 말인가? 인류가 만일 일치하여 하나의 진리를 승인하면 바로 그 진리는 그들 마음속에서 없어진다는 말인가? 전통적인 생각에 의하면 진보된 지성의 최고 목적과 최선의 결과는 모든 중요한 진리를 인식하는 방향으로 인류를 더욱더 단결시켰다고 한다. 그런데도 지성은 그 목적을 달성하지 않는 동안만 존속한다는 말인가? 정복이라는 열매는 승리의 완성과 함께 떨어지고 마는 것인가?"

나는 그러한 반문을 전혀 인정할 수 없다. 물론 인류가 발달함에 따라 더는 토론되지 않고 의문의 여지가 없는 교의의 수는 끝없이 증가할 것이다. 그리고 인류의 복지는 더는 논의의 여지가 없는 진리의 수와 중대성에 의해 거의 측정될 수 있으리라. 계속 생겨날 문제에 대한 진지한 논쟁을 중지함은 의견의 통일을 위해 필요하다고 볼 수 있다. 그러나 그 통일은 진실한 의견의 경우에는 유익하나 그 의견이 잘못된 경우에는 위험하고 유해하다.

그러나 의견 차이의 범위가 점차로 좁혀진다는 것은 필요necessary라는 말의 두 가지 의미에서, 즉 불가피함inevitable과 동시에 필수적indispensable이라는 의미에서 필요하기는 하지만, 그렇다고 해서 그 모든 결과가 반드시 유익하다는 결론은 나올 수 없다. 하나의 진리를 지적으로 생생하게 이해하는 데 매우 중요한 도움을 주는 것은 반대자를 상대로 하여 그 진리를 설명하거나 변호할 필요에서 나온다. 따라서 그러한 도움을 잃는 것은 그 진리에 대한 보편적 인식이라는 이익을 말살할 정도로 심각한 것은 아니지만, 그 이익을 상당히 감소시킬 것임에 틀림없다.

이러한 이익을 더는 기대할 수 없는 경우, 나는 인류의 지도자들이 그 이익을 대신할 대용물을 제공하기 위해 노력해주기를 희망한다. 즉 그들이 가르치는 사람들의 의식 속에서 마치 그 사람들의 굴복을 간절히 바라는 반대론의 투사가 그 난점을 제시하는 때처럼, 그 난점을 생생하게 보여줄 수 있는 어떤 방안을 제공해주기 바란다.

소크라테스의 변증법

그러나 그 지도자들은 그러한 목적을 달성하기 위해 어떤 방안을 모색하기는커녕, 과거에 가졌던 방안까지도 상실하고 말았다. 플라톤의《대화》속에서 당당하게 예시된 소크라테스의 변증법이 바로 그러한 방안 가운데 하나였다. 그것은 본질적으로 철학과 인생의 중대 문제에 관한 부정적 토론이었다. 그것은 당시 일반적으로 공인된 의견을 무조건 받아들인 모든 사람에게 그가 그 문제를 이해하고 있지 않다는 점, 즉 그가 말하는 교의에 대해 아직 어떤 명확한 의미도 부여하지 않고 있음을 매우 교묘하게 확신시키려는 의도를 가졌다. 나아가 그에게 자신의 무지를 깨닫게 하는 한편, 교의의 의미와 그 증명에 대한 명확한 이해를 근거로 하여 확고한 신앙을 갖도록 하려는 것이었다.

중세의 학교 토론도 대체로 유사한 목적을 갖는 것이었다. 그 토론은 학생들이 자신의 의견을 이해하는지, 또 그것과 필연적으로 관련되어 생기는 반대론을 이해하는지, 나아가 자기 의견의 근거를 공고히 지지하고 반대론의 논거를 충분히 논박할 수 있는지를 확인하고자 한 것이었다. 이 토론은 그것이 의거하는 전제가 이성이 아니라 권위라는 결정적인 결함을 갖는 것이 사실이다. 또한 지성의 단련 방법으로서는 어느 모로 보아도 소크라테스적 인물의 지성을 형성한 저 강력한 변증법보다 못한 것이었다.

현대의 정신이 이 양자에 힘입은 바는 일반적으로 인정되는 것보다 훨씬 큰 것이었다. 그러나 현대 교육법은 전자나 후자를 대신할 그 무엇을 조금도 갖지 못한다. 교사나 책을 통해 모든 교육을 받는 사람은 설령 그가 주입식에 만족하려는 성가신 유혹에 빠지지는 않는다고 해도, 양쪽에 반드시 귀를 기울이도록 되어 있지 않다. 따라서 심지어 사상가들 사이에서도 양쪽 의견을 골고루 아는 경우는 매우 드물다. 그래서 모든 사람이 자기 의견을 변호할 때 가장 약한 부분은 반대자에게 답하고자 하는 부분이라고 할 수 있다.

부정적 논리 — 즉 적극적으로 진리를 확립하고자 하지 않고, 이론상의 약점이나 실천상의 오류를 지적하는 논리 — 를 멸시하는 것이 현대에 유행한다. 이러한 부정적 비판은 확실히 궁극적인 결과로는 빈약하기 짝이 없는 것일 수 있지만, 참으로 명실상부한 어떤 적극적 지식이나 확신에 이르기 위한 수단으로는 달리 비할 바 없이 소중하다. 따라서 사람들이 다시금 체계적으로 이 부정적 비판을 익히지 않는 한, 수학이나 물리학 부문을 제외한 어떤 부문의 연구에서도 위대한 사상가가 배출될 수 없고, 지극히 낮은 평균의 일반적 지성에 머물 것이다.

그 밖의 어떤 문제에서 어떤 사람의 의견도, 그것이 명실상부한 지식이 되려고 하면, 실제로 반대론자와 적극적으로 논쟁을 할 때와 같은 정신의 과정을 타인에 의해 강제되거나 스스로의 발의에 의해 통과해야 한다. 따라서 그 정신의 과정을 결여할 경우, 매우 어려운 일이기는 하지만 그것을 만드는 것이 불가피한데, 그것이 저절로 제시되어 있는 경우에 이를 활용하지 않고 버린다는 것은 얼마나 어리석은 짓인가!

만일 여기에 일반적으로 공인된 의견에 대해 반대하는 사람들 또는 법이나 여론에 의해 허용되는 것에 반대하려는 사람들이 있다고 하면, 우리는 그런 이유에서 그들에게 감사하고 허심탄회하게 그들에게 귀 기울이도록 하자. 그리고 우리가 우리 신념의 확실성이나 활기를 조금이라도 존중하는 한, 만일 반대자가 없었다면 우리 스스로 몇 배나 노력해서 이룩해야 하는 일을 우리를 대신해 이룩해줄 사람이 있음을 기뻐하도록 하자.

제3론 | 일반적 사회 통념과 이에 반하는 의견이 모두 진리일 경우

공유된 진리의 판단에 필요한 반대론

의견의 다양성을 유익하게 만드는, 현재로서는 먼 피안의 것으로 보이는 지적 진보의 단계에 인류가 들어가기까지는 여전히 유익하게 만들 중요한 원인 가운데 하나에 대해 말할 것이 아직도 남아 있다. 우리는 지금까지 두 가지 경우만을 고찰했을 뿐이다. 그 하나는 일반적으로 공인된 의견이 그릇된 것일 수 있고 따라서 그 밖의 다른 의견이 결국 진리일지도 모르는 경우다. 다른 하나는 비록 일반적으로 공인된 의견이 진리라고 해도 그 진리성을 명확하게 이해하고 깊이 느끼기 위해서는 반대쪽 오류와의 논쟁이 반드시 필요한 경우다.

그러나 그 어떤 경우보다 더욱 일반적인 경우가 있다. 즉 서로 대립하는 교의의 진위가 확실하게 판단되지 않고 그들 사이에서 진리를 나누어 가지고 있어서 진리의 나머지 부분을 보완하기 위해 반대 의견을 필요로 하는 경우다. 왜냐하면 일반적으로 공인된 교의는 진리의 일부만을 구현하기 때문이다.

인민의 의견이라고 해도 감각적으로 명료하지 않은 문제에 대해서는 종종 진실이지만, 전적으로 진리인 경우란 거의 없거나 아예 없다. 그것은 진리의 일부에 불과하다. 물론 그 크기에서 정도 차이가 있지만, 그러한 의견에 수반되고 그것을 제한하는 진리를 과장하거나 왜곡하거나 분산시킨다는 점에서는 거의 동일하다.

한편 이단적인 의견은 일반적으로 압박을 받고 무시된 진리의 약간이 그것을 억눌렀던 속박을 벗어난 것으로, 일반의 의견에 포함된 진리와의 타협을 추구하거나 또는 그것을 적대시하여 마찬가지 편협한 태도로 스스로 완전무결한 진리라고 자처하게 된다. 지금까지는 후자의 경우가 가장 많았다. 왜냐하면 인간의 마음속에는 일면적인 것이 언제나 규범으로 되어왔고, 다면적인 것은 예외가 되어왔기 때문이다.

따라서 심지어 의견의 거대한 변혁기에도 진리의 일부가 득세하면, 진리의 다른 부분은 침체되는 것이 보통이다. 옛것에다가 새것을 보태는 것이 원칙인 진보라는 것조차 대체로 하나의 부분적이고 불완전한 진리를 다른 진리로 대체하는 것에 불과하다. 또한 개선이라고 하는 것도, 주로 진리의 새로운 조각이 그것이 대체하고자 하는 진리의 조각보다 더 많이 요구되고 있고, 시대의 요구에 더욱더 적합하다는 것으로 구성된다.

세상에 널리 유포되어 있는 의견은 그것이 비록 진실한 기초에 근거하는 경우에도 모두 그러한 부분적인 특징을 갖기 때문에, 적어도 그 여론에는 결여된 부분의 진리를 조금이라도 포함한 모든 의견 또한 소중한 것으로 생각해야 한다. 설령 이로 인해 진리에 아무리 많은 오류와 모순이 내포된다고 해도 그렇다.

인간사에 대한 진지한 판단자라면 그 누구도, 우리가 경고를 받지 못했다면 간과했을 진리를 우리에게 경고한 사람이 이번에는 우리가 아는 진리의 어떤 것을 간과했다는 이유로 분노를 느끼게 되지는 않으리라. 도리어 그는 여론화되어 있는 진리가 일면적인 한, 여론화되어 있지 않은 진리에 대해서도 역시 일면적인 주장자가 있는 쪽이 그렇지 않은 경우보다 바람직하다고 생각하리라. 왜냐하면 그러한 경우에, 마치 그들이 전체인 것처럼 주장하는 지혜의 조각에 어쩔 수 없이 가장 유효하게 경고할 수 있기 때문이다.

루소의 경우

그리하여 18세기에 교양인 거의 전부와 그들이 인도한 교양 없는 사람들 모두 이른바 문명이라는 것을 찬양하며 현대과학, 현대문학, 현대철학의 경이를 찬미하는 데 넋을 잃고, 현대인과 고대인의 차이를 과대평가하여 그 차이의 전부가 자신의 우월성을 보여주는 것이라고 만족하고 있을 때, 루소의 역설[84]이 하나의 건전한 충격으로 그 한복판에 폭탄과도 같이 터졌다. 그것은 일면적인 진리밖에 갖지 못한 의견의 모든 밀집 집단을 혼비백산하게 했고, 그 의견의 요소들을 더욱 좋은 형태로, 다른 요소들을 첨가해서 재결합하도록 만들었다.

물론 당시 여론은 대체로 루소가 주장한 것 이상으로 진리와 거리가 멀었던 것은 아니었다. 반대로 여론 쪽이 더욱 진리에 가까웠다. 여론 쪽에 더욱더 명확한 진리가 포함되었고, 오류는 적었다. 그럼에도 루소의 주장에는 당시 여론에 결여된 진리의 상당 부분이 포함되어 있었고, 그것이 루소의 주장과 더불어 의견의 흐름을 형성했다. 이는 마치 홍수가 지나간 뒤의 침전물과 같았다.

루소가 책을 쓴 뒤, 생활의 단순함을 무엇보다도 존중해야 하고 인위적 사회의 속박과 위선은 인간을 나약하게 만들며 퇴폐적으로 만든다는 사상이 교양인의 마음속에서 사라진 적이 없다. 따라서 이러한 사상은 조만간 그 당연한 효과가 나타나게 하겠지만, 현대에도 종래와 마찬가지로 주장될 필요가 있고, 특히 실천을 통해 주장될 필요가 있다. 왜냐하면 이 주제에 대해 말로 설명하는 시대는 이미 다 끝났기 때문이다.

또한 정치에서도 질서나 안정의 정당 그리고 진보나 개혁 정당은 모두 정치 생활의 건전한 상태에 필요한 요소다. 둘 중 어느 하나가 정신적 도량의 폭을 넓혀서 보존해야 할 것과 일소해야 할 것을 잘 알고 구별하여, 질서와 진보를 함께 표방하는 정당이 되어야 함은 거의 자명한 사실이다. 이러한 사고방식 각각은 상대방의 결함에서 유용성을 추출하는 것으로, 각각으로 하여금 이성을 잃지 않고 건전한 상태에 두게 하는 것은 주로 상대방이 반대 주장을 한다는 점에서 비롯된다.

민주주의와 귀족주의, 사유재산과 평등, 협동과 경쟁, 사치와 금욕, 사회성과 개별성, 자유와 규율, 기타 실제 생활에서 끊임없이 생겨나는 대립적 존재 모두 그 각각에 가담하는 의견이 평등한 자유로 발표되고, 평등한 재능과 활기에 의해 강조되며 옹호되지 않는 한, 쌍방의 요소가 공정하게 다루어질 수 없다. 즉 저울 한쪽이 올라가면 다른 쪽이 내려감이 확실하다.

인생의 중대한 실제 문제에서 진리는 대체로 서로 대립하는 것의 조정과 결합 문제다.

그러나 되도록이면 정확하게 그러한 조정을 할 수 있을 정도로 포용력이 있는 공정한 마음을 갖는 사람은 그다지 많지 않다. 따라서 이러한 조정은 결국 서로 적대적인 깃발 아래 싸우는 투사들 사이의 투쟁이라고 하는 거친 방법으로 이룩될 수밖에 없게 되어 있다.

바로 위에서 열거한 중대한 미해결 문제에서도, 만일 양측 의견 중 어느 하나가 다른 쪽보다 관용되어야 하고, 장려되며 지원받아야 할 정당한 주장을 갖는다고 한다면, 그 의견은 어떤 특정한 시기, 특정한 장소에서 소수파에 속하는 의견이다. 이는 당분간은 등한시된 이해관계, 즉 제대로의 몫을 받지 못할 위험에 처한 인간 복지의 일면을 대표하는 의견이다.

영국에는 위에 열거한 문제의 대부분에서 의견 차이에 대한 불관용이 전혀 없음을 나는 안다. 그러한 대립적 문제들을 인용한 것은 결국 인간 지성의 현 상태에서는 진리의 모든 측면을 공정하게 다루는 기회가 의견의 다양성을 통해서만 비로소 가능하다는 사실의 보편성을 명백하고도 반복적인 사례로 보여주기 위한 것이다. 어떤 문제에 대한 세상 사람들의 명백한 일치에 대해 예외적인 사람들이 존재할 때, 비록 세상 사람들 편이 옳다고 해도 반대론자가 그들 자신을 위해 변명하는 것에는 들어볼 만한 점이 있다는 것 그리고 그들 반대론자를 침묵시킬 때는 진리에 손실을 입힐 수 있다는 것은 언제나 있을 수 있는 일이다.

반대론—기독교 도덕은 진리인가?

이에 대해 다음과 같은 반대론이 있을 수 있다. "그러나 몇 가지 공인된 원리, 특히 가장 숭고하고도 중대한 여러 문제에 관한 원리는 반쪽 진리 이상의 것이다. 가령 기독교 도덕은 그 주제에 있어 완전한 진리다. 만일 누가 그것과 다른 도덕을 가르친다면 그는 완전히 오류에 빠진 것이다."

이는 어떤 경우보다도 실제로 가장 중요한 사례이므로 보편적인 공리를 시험하는 데는 그보다 더 적당한 것이 있을 수 없다. 그러나 무엇이 기독교 도덕이고 아닌지를 공언하기 전에, 기독교 도덕이 뜻하는 바가 무엇인지를 결정함이 바람직하리라. 만약 그것이《신약성경》의 도덕을 뜻한다면,《신약성경》자체에서 기독교 도덕에 대한 지식을 끌어내는 사람들이 과연 그 책이 하나의 완전한 도덕 교의로 공언되었거나 의도되었다고 가정할 수 있는지 의심스럽다.

복음서는 모두 과거부터 존재한 도덕에 대해 언급하고 있고, 그것이 수정되거나 더 광범하고 고상한 것에 의해 바뀌게 되는 세부 문제에 한해 자신의 교훈을 제시한다. 나아가 가장 일반적인 말로, 종종 문자로는 해석할 수 없는 말로 표현되어 있고, 율법의 정확성보다도 시나 웅변에서 보는 강한 인상을 갖게 한다.《신약성경》에서 일단의 윤리적 교의를 끄집어내는 일은《구약성경》에서의 보충 없이는 불가능하다. 그런데《구약성경》은 정말 힘들게 만든 체계이기는 하지만, 여러 가지 점에서 야만적이고 오직 야만인을 위해 고안된 것이다.

성 바울은 신의 교의를 유대교식으로 해석하여 신의 계획을 보완하려는 것을 명백하게 반대했다. 그러나 그 역시 전 시대 도덕인 그리스인과 로마인의 도덕을 답습했다. 따라서 기독교도에 대한 그의 충고는 노예제도를 명백히 승인할 정도로 그러한 도덕에 적응한 체계를 이루었다. 기독교 도덕이라고 하기보다 도리어 신학적 도덕이라고 해야 할 이 도덕은 그리스도와 사도들이 만든 것이 아니었다. 그것은 더욱 뒤에서 비롯되었고, 초기 5세기간의 가톨릭교회에 의해 점진적으로 구축되었다.

그리고 현대인과 신교도에 의해 맹목적으로 채택되지는 않았지만, 예상보다는 훨씬 적게 정정되었다. 사실 대체로 그들은 중세에 추가된 첨가물을 떼어버리고, 대신 종파별로 각각의 특질과 성향에 적합한 새로운 첨가물을 추가하는 것에 만족했다.

인류가 이 도덕과 그 초기 지도자들에게 힘입은 바가 크다는 것을 나는 부정하지 않는다. 그러나 내가 서슴지 않고 말하는 것은 이 도덕이 여러 중요한 점에서 불완전하고 일면적이며, 기독교 도덕의 승인을 받지 못한 사상과 감정이 유럽인의 생활과 성격 형성에 공헌하지 않았다면, 인간사는 지금보다 악화했으리라는 점이다.

이른바 기독교 도덕은 모든 반동의 성격을 갖추고 있다. 그것은 대체로 이교도 신앙에 대한 반항이다. 그 이상은 적극적이지 않고 소극적이고, 능동적이지 않고 수동적이다. 또한 고상한 것이 아니라 결백한 것이고, 용감하게 선을 추구하는 것이 아니라 악의 유혹에 대한 자제다.

그 훈계(참으로 적절한 표현이다)에서는 '무엇을 하지 마라'는 것이 '무엇을 하라'는 것보다 압도적으로 많다. 기독교 도덕은 육욕을 두려워한 나머지 금욕주의라는 우상을 만들었고, 그것이 점차 왜곡되어 계율을 우상화하기에 이르렀다. 그것은 천국에 대한 희망과 지옥에 대한 공포를 도덕적인 생활로 이끄는 하나의 적절한 동기로 내세우는데, 이 점에서 그것은 고대인의 최선의 도덕보다 훨씬 뒤떨어져 있다. 그리고 그것은 천국과 지옥에 대한 이기적인 동기에 유혹되어 동포의 이해관계를 고려하게 되는 경우를 제외하면, 각자의 의무 감정을 그 동포들의 이해관계에서 분리해 인간 도덕에 본질적으로 이기적인 특징을 부여하고자 노력한다.

기독교 도덕은 본질적으로 수동적 복종의 교의로 모든 기성의 권위에 복종하도록 가르친다. 물론 그 권위란, 종교가 금지하는 것을 명령하는 경우라면 누구나 능동적으로 그것에 따를 필요는 없지만, 우리 자신에 대한 해악이 아무리 크다고 해도 그 권위에 저항해서는 안 된다. 하물며 반란을 일으킨다는 것은 상상할 수도 없다.

반면 우수한 여러 이교도 국민의 도덕에서는 국가에 대한 의무가 과도하게 중시되어 개인의 자유를 침해할 정도인데, 순수한 기독교 윤리에서는 이 중대한 의무의 부분이 거의 주목되지도 않고 인식되지도 않는다. 다음 격언은《신약성경》이 아니라《코란》에 나오는 것이다. "지배자가 어떤 사람을 어느 직무에 임명하는 경우, 그 직무에 적합한 다른 사람이 국내에 있으면, 그는 신에게 죄를 범하는 것이고 국가에도 죄를 범하는 것이다." 공공에 대한 의무 관념이 다소나마 현대 도덕에 인정되어 있다면, 그것은 기독교에서 비롯되는 것이 아니라 그리스와 로마에서 비롯된다. 이는 심지어 개인 생활의 도덕에서도 마찬가지다. 거기에 존재하는 관대함, 고결함, 인격의 존엄성, 심지어 명예심까지 모두 우리 교육의 종교적 부분이 아니라 순수한 인간적 부분에서 비롯되고, 따라서 공개적으로 인정되는 유일한 가치가 복종이라고 하는 기독교 윤리 기준에서는 그 어느 것도 절대로 나올 수 없으리라.

기독교 윤리와 진리

나는 이러한 결점들이, 어떤 식으로 생각해보아도, 기독교 윤리에 필연적으로 내재한다든가 또는 기독교 윤리가 결여하고 있는 완전한 도덕적 교의의 많은 필수 요건들이 기독교 윤리와 조화될 수 없다고 주장할 생각은 조금도 없다. 하물며 그리스도 자신의 교의와 계율에 대해 그러한 것을 암시하고자 하는 생각은 더더욱 없다.

나는 그리스도의 말이 의도한 내용을 밝힐 증거로 내가 들 수 있는 것은 오로지 그의 말뿐이고, 그리스도의 말은 포괄적인 도덕에서 요구되는 어떤 것과도 조화될 수 있다고 믿는다. 또한 윤리적으로 탁월한 모든 것이 그리스도의 말속에 받아들여질 수 있는 이상, 그 말의 뜻을 모독하는 정도는 그것으로부터 어떤 실천 윤리의 체계를 끄집어내려는 모든 사람이 끼친 것보다는 크지 않다고 믿는다.

그러나 내가 이렇게 믿는 것과 다음과 같이 믿는 것은 조금도 모순되지 않는다. 즉 나는 그리스도의 말속에는 진리의 일부밖에 포함되어 있지 않고, 사실 그 일부만을 포함시키려 했다고 믿는다. 또 최고 도덕의 근본 요소는 그 대부분이 기독교 창시자의 설교 기록에는 제시되어 있지 않았고 또는 제시하려고도 하지 않았다고 믿으며, 따라서 그런 것은 그리스도의 설교를 기초로 하여 기독교 교회가 수립한 윤리 체계에서는 완전히 배제되어왔다고 믿는다.

따라서 기독교 교의 중에서 우리를 지도할 완전한 규칙을 발견하고자 고집함은 중대한 잘못이라고 나는 생각한다. 사실 교의의 창설자는 그 교의를 통해 완전한 규칙을 승인하게 하고 이행시키려고 했지만, 이를 부분적으로만 제시했다. 나는 또한, 이 편협한 이론이 지금 수많은 선의의 사람들이 촉진하고자 힘을 쏟는 도덕적 훈련과 인격 도야의 가치를 현저히 약화시켜 엄청난 실제의 폐해가 되고 있다고 믿는다.

내가 크게 두려워하는 점은, 정신과 감정을 오로지 종교적 틀로 형성하고자 시도하고, 또한 지금까지 기독교 윤리와 상호보완적으로 공존관계 — 즉 그 정신의 일부를 받아들이고, 그 속에 자기들 정신의 일부를 주입해온 — 에 있었던 세속적 기준(더욱 적합한 말을 찾을 수 없어 이렇게 부르기로 한다)을 포기함으로써, 저급하고 비열하기 짝이 없는 노예적 성격이 결과로 나타날 것이고, 또한 지금 결과로 나타난다는 점이다. 그러한 성격을 가진 사람들은 비록 그 자체가 최고의지라고 간주하는 것에 복종할 수는 있어도, 최고선의 관념에 이르거나 그것에 공감할 수는 없다.

나는 오로지 기독교적 원천에서만 발전될 수 있는 윤리가 아닌 다른 종류의 윤리와 기독교 윤리가 병존하지 않으면 인류의 도덕적 부활을 이룰 수 없다고 믿는다. 또한 인간 정신이 불완전한 상태에서, 진리를 위해서는 의견의 다양성이 필요하다는 원칙에 대해 기독교 체계도 예외일 수 없다고 나는 믿는다. 나아가 기독교에 포함되지 않은 도덕적 진리를 무시하는 것을 중단한다고 해도, 기독교에 포함된 진리를 무시할 필요도 없다.

바로 이러한 편견이나 착오는 그것이 발생할 때 하나의 폐해로 나타난다. 그러나 이러한 폐해는 우리가 언제나 면할 수 있기를 바랄 수 없는 것이고 또한 엄청난 이익을 위해 지불하는 대가로 간주되어야 할 성질의 것이다.

진리의 일부를 전부로 만들고자 하는 독단적인 주장은 반드시 항의할 필요가 있고 또한 항의하는 것이 당연하다. 나아가 만일 반동적인 충동이 이번에는 항의자들로 하여금 불공정하게 행동하게 만든다면, 그 항의자의 일면적인 주장도 전자의 그것과 마찬가지로 개탄해야 할 성질의 것이기는 하나, 관용되어야 한다.

만일 기독교도가 이교도에게 기독교를 공정하게 다루도록 가르치려면 기독교도 자신이 이교도를 공정하게 다루어야 한다. 이 세상에 존재하는 가장 고귀하고 가치 있는 도덕적 가르침의 대부분이 오로지 기독교 신앙을 알지 못하는 사람들만이 아니라 그것을 알고 배척한 사람들의 손에 의해 이룩되었다는 사실은 문화의 역사에 대해 지극히 평범한 지식을 갖는 사람이라면 누구나 아는 것인데, 이를 알고도 모르는 척한다면 그것은 결코 진리에 충실한 태도라고 할 수 없다.

자유 토론의 한계

있을 수 있는 모든 의견을 발표할 자유를 가장 무제한으로 행사하도록 하면 종교적·철학적 종파심의 폐해를 근절시킬 수 있다고 나는 주장하려고 하지 않는다. 식견이 좁은 사람들이 열렬히 주장하는 진리란 마치 그것 외에는 이 세상에 다른 진리가 존재하지 않는 것처럼 또는 적어도 자신의 주장을 제한하거나 변화시킬 수 있는 힘을 갖는 진리는 존재하지 않는 것처럼 주장되고 주입되며, 심지어 여러 가지 방법으로 실천되고 있음이 확실하다. 모든 의견이 종파화되는 경향은 가장 자유로운 토론으로도 교정될 수 없고, 도리어 그런 경향이 종종 자유로운 토론으로 강화되고 악화되기도 함을 나는 인정한다. 왜냐하면 당연히 발견되어야 하는데도 미처 발견되지 못한 진리가 반대자라고 간주되는 사람들에 의해 선언되었다는 이유로 더욱더 맹렬한 배척을 받기 때문이다.

그러나 이러한 의견 충돌이 유익한 영향을 미치게 되는 것은 열렬한 종파인에 대해서가 아니라 침착하고 공정한 방관자에 대해서다. 가공할 만한 폐해는 진리의 어떤 부분과 부분 사이에서 격렬한 투쟁이 벌어지는 경우가 아니라 진리의 일부를 침묵으로 억압하는 경우에 생긴다. 그러나 인민이 양쪽 의견을 듣게 되면 언제나 희망이 있다. 반면 오류가 편견으로 굳어지고 진리가 허위로 과장되어 진리로서 효과를 갖지 못하게 되는 것은 인민이 어느 한쪽에만 귀를 기울이는 경우다.

따라서 어떤 문제에 대해 서로 대립된 두 편 가운데 각각 한 편만을 지지하는 대변인이 있는 경우, 두 편 사이에서 지적인 판단을 내릴 수 있는 판단력보다 더욱 희귀한 정신적 속성이란 거의 존재하지 않기 때문에, 진리가 진리로 인정될 수 있는 기회란 진리의 몇 분의 일이라도 구현하는 모든 의견이 그 대변인을 구할 뿐 아니라 타인의 경청을 받을 수 있을 만큼 충분히 변호를 받는 것에 비례하여 무르익게 된다.

결론

이제 우리는 다음에 간단히 되풀이하는 명백한 네 가지 이유에 의해 의견의 자유와 의견 표현의 자유가 인류의 정신적 복지(여기에 다른 모든 복지가 의존한다)에 필요함을 인식하게 되었다.

첫째, 비록 어떤 의견이 침묵을 강요당할 때도 그 의견은 틀림없이 진리일 수 있다. 우리가 이를 부정함은 자신의 무오류를 가정하는 것이다.

둘째, 비록 침묵당한 의견이 오류라고 해도 거기에는 진리 일부가 포함되어 있을 수도 있고 사실 대체로 포함되어 있다. 그러므로 어떤 주제에 대한 일반적이거나 우세한 의견이라고 해도 그 전부가 진리인 경우는 드물거나 전무하기 때문에, 그 나머지 진리가 보충될 기회를 얻는다는 것은 서로 반대되는 의견들의 충돌에 의해서만 기대될 수 있다.

셋째, 설령 일반적으로 공인된 의견이 단순히 진실일 뿐 아니라 완전한 진리라고 해도 그것이 활발하고 진지하게 토론되도록 허용되지 않고 실제로 토론되지 않는다면, 그것은 승인자 대부분에게 그 합리적 근거를 전혀 이해하지 못하게 하거나 느끼지 못하게 하여 일종의 편견으로 신봉하는 것에 그치게 할 것이다.

넷째, 이러한 주장 자체의 의미가 상실되거나 약화되면 결국 인격과 행동에 미치게 되는 생생한 영향력이 박탈될 위험에 직면하게 될 것이다. 즉 독단은 전혀 효과 없는 단순한 형식적 선언에 불과하게 될 뿐만 아니라, 이성이나 개인적 경험에서 나오는 어떤 참된 진심의 확신이 발생할 소지를 봉쇄하여 성장을 방해한다.

보론—토론의 태도와 규제 문제

의견의 자유라는 주제를 마치기 전에, 모든 의견의 자유로운 표현은 태도가 온화하고 공정한 토의의 범위를 넘지 않는다는 조건 하에서만 허용되어야 한다고 말하는 사람에 대해 잠깐 주의함이 적절하리라. 그 범위를 어디에 두어야 할 것인가를 결정하는 것의 불가능성에 대해서는 많은 논의가 있을 수 있다. 만일 그 기준을 자기 의견이 공격받을 때 분노하느냐 않느냐에 둔다고 하면, 나는 경험에 비추어 다음과 같이 생각한다. 즉 만일 그 공격이 유효하고 강력하다면 언제나 분노하게 될 것이고, 상대에게 맹렬하게 육박해 아무런 답도 할 수 없을 정도로 추궁하는 반대론자가 당면 주제에 강한 감정 표시를 하면 반드시 불손하게 보이게 된다는 것이다.

그러나 이는 실제로 중요한 고려 사항이지만 더욱 근본적인 반대론 속에 용해된다. 물론 확실히 어떤 의견을 주장하는 태도에는, 비록 그 의견이 진실한 것이라고 해도, 커다란 불쾌감을 주기 때문에 통렬한 비판을 받아야 하는 경우가 있을 수 있다. 그러나 그런 종류의 중대한 위반은 우연한 자기기만에 의한 것이 아닌 한, 대체로 위반이라는 증거를 제시할 수 없는 것들이다. 그중에서 가장 중대한 것은 궤변을 일삼고, 사실과 논증을 은폐하며, 사안의 진의를 잘못 진술하거나 반대 의견을 왜곡하여 틀리게 전하는 것이다.

그러나 무지하거나 무능하다고 생각되지 않는 사람들 그리고 다른 점에서도 그렇게 생각될 수 없는 사람들조차 이 모든 것을 매우 걱정스러울 정도로 부단히, 성실하게 행하기 때문에, 충분한 이유에 의해 양심적으로 그 반대 의견을 잘못 말했다고 해서 도덕적으로 유죄라는 낙인을 함부로 찍을 수 없다. 하물며 논쟁에서 생기는 이러한 종류의 비행에 법이 간섭한다는 것은 더더욱 있을 수 없는 일이다.

세상에서 보통 지나치게 불온한 토론이라고 보는 것 가령 악담, 풍자, 인신공격 등의 경우, 만일 그러한 무기의 금지가 쌍방에 평등하게 제의된다면 그 무기의 금지는 더 많은 공감을 얻으리라. 그러나 오직 우세한 의견을 공격하는 데 그 무기가 사용되는 것을 규제하려는 것이 실상이다. 즉 우세하지 못한 의견에 대해서는 그것이 일반적인 비난을 받지 않고 사용될 수 있을 뿐만 아니라, 이를 사용하는 사람들은 열성과 의분을 갖는 자라고 칭찬을 받는 경향도 있다. 물론 이의 사용으로 많은 폐해가 따를 수 있지만, 그중에서 가장 큰 폐해는 그것이 상대적으로 아무런 방어 수단을 갖지 못한 자에 대한 공격으로 사용될 때 생긴다. 어떤 의견을 이러한 방식으로 주장해서 얻을 수 있는 부당한 이익이란, 그것이 어느 정도의 것이든 모두 일반이 시인하는 여론에 돌아가게 된다.

논쟁자가 범할 수 있는 이러한 종류의 최악의 위반은 반대 의견을 갖는 자에게 악인이나 부도덕자라는 오명을 덮어씌우는 것이다. 일반적이지 않은 의견을 갖는 사람들이 특히 그런 종류의 중상을 받기 쉽다. 왜냐하면 그들은 일반적으로 소수이고 무력하며, 그들 자신 외에는 아무도 그들이 공정하게 대우받아야 한다는 점에 관심을 갖지 않기 때문이다. 그러나 이러한 무기는 본질적으로 우세한 의견을 공격하는 사람에게는 사용이 거부된다. 그래서 그들은 자신에게 아무런 해도 입히지 않고 그 무기를 사용할 수 없으며, 설령 무기를 사용할 수 있다고 해도 그 무기는 다만 보복을 초래할 따름이다.

일반적으로 말해, 세상 사람들이 이미 받아들인 의견에 대립하는 의견을 가진 사람들은 심사숙고하여 언어를 절제하고 불필요한 자극을 주지 않도록 함으로써 비로소 발언 기회를 얻게 되며, 이러한 태도에서 조금이라도 벗어나면 거의 예외 없이 그들의 의견은 근거를 잃게 된다. 이와 반대로, 우세한 의견 쪽에서 사용하는 무한한 독설은 사람들에게 실제로 반대 의견을 발표하지 못하게 하는 한편, 반대 의견을 발표하는 사람들에게 귀를 기울이지 못하게 한다.

그러므로 진리와 정의의 이익을 위해서는 다른 무엇보다도 소수 의견자의 독설을 규제하기보다는 다수 의견자의 독설을 제한하는 것이 더욱 중요하다. 따라서 양자택일을 해야 할 처지라면, 정통 종교에 대한 공격을 억압하기보다 이교에 대한 공격을 억압하는 것이 더욱 필요하다.

그러나 다음 사실은 명백하다. 즉 법과 권력은 양자 어느 쪽도 규제할 임무를 갖지 않지만, 여론은 반드시 모든 경우에 개별 사건의 사정에 따라 판단을 내려야 한다는 것이다. 즉 여론은 어떤 사람에 대해서도 또 논쟁의 어느 편 사람에 대해서도, 그가 자기주장을 옹호하는 태도에서 공정성의 결여, 악의, 고집, 편협한 감정이 나타나면 그를 비난해야 한다.

그러나 누군가가 편드는 쪽이 자기 쪽과 반대라고 해도, 그것만으로 그러한 폐해가 나온다고 보아서는 안 된다. 그리고 여론은 서로 반대되는 의견이 실제로 어떤 것인지를 냉정하게 관찰하고 정직하게 논의함과 동시에 반대파에게 불리하게 될 과장을 전혀 하지 않고 반대파에게 유리하거나 유리하다고 생각되는 것을 은폐하지 않는 사람이라면, 그가 어떤 의견을 갖는다고 해도 그에게 상당한 명예를 부여해야 한다.

바로 이것이 일반적 토론의 참된 도덕으로, 비록 이것이 가끔 침범된다고 해도 이를 준수하는 논객들이 상당히 많고 또 진지하게 이를 지키려고 노력하는 사람이 더욱 많다는 것을 생각하면 나는 행복하다.

3장 해설

앞에서 보았듯이 밀은 1장에서 "인간 자유의 본래 영역"으로 세 가지, 즉 의식의 내면적 영역, 취향과 탐구라고 하는 행동의 자유, 집회와 결사의 자유와 노동자의 단결권을 포함한 단결의 자유를 요구했다. 그 순서에 따라 앞 2장에서 논의한 사상의 자유에 이어 밀은 3장에서 행동의 자유에 대해 설명한다. 즉 사상 활동만이 아니라 모든 정신 활동에서 개인은 그 의견에 따라 개인 자신의 방식으로 행동할 자유를 가져야 한다고 주장한다. 그 경우 특히 개인은 '그가 무엇을 하는가'라는 점에서만이 아니라, '그가 어떤 특징을 갖는 사람인가' 라는 점에서도 중요하므로, 개인의 개성이 다양하게 발전되어야 한다. 즉 무조건 행복한 것이 아니라, 다양한 개성의 존중을 주장한다.

밀은 의견에 따른 행동의 자유를 주장한 뒤 개성에 대한 일반인의 무관심을 지적하고, 개성을 발전시키려면 두 가지 조건, 즉 "자유와 생활 상황의 다양성"이 필요하며, 강렬한 욕망과 충동도 필요하다고 역설한다. 이어 고대와 현대의 차이, 칼뱅파의 반대론을 설명하고, 개성 존중의 필요성을 주장한다. 그리고 천재의 독창성과 그것에 반하는 집단 속에 매몰된 현대의 개인을 설명하지만 영웅숭배론은 부정한다. 나아가 자기 생활 계획의 독자적 수립을 주장하고, 취향의 독자성에 대한 비난의 부당성과 여론에 의한 개성 무시의 문제점을 지적한다. 그리고 자유와 진보 정신의 필요성을 주장한 뒤, 정체된 사회로 중국의 경우를 들고, 유럽 진보성의 근거였던 다양성의 퇴화를 지적한 뒤, 개성 회복 방법을 제시한다.

그러나 어느 나라가 정체되어 있다는 것은 그 국민이 개성적이지 않은 것이라는 밀의 말은 옳지만, 그것이 비유럽 사회와 유럽 사회를 구별하는 기준으로 사용됨을 주의해야 한다. 밀은 유럽인들의 성격과 교양에 '놀랄 만한 다양성'이 있다는 점 때문에 동양적인 정체에 빠지지 않았다고 하는데, 이는 19세기 서양인의 오리엔탈리즘이었고, 이를 일본이 우리에게 적용시켜 이른바 식민사관을 날조한 이론임을 주의할 필요가 있다.

이에 대한 비판도 중요하지만, 더욱 중요한 것은 밀이 인간의 평준화와 대중화에 의해 인간을 둘러싼 세계가 더욱 동질화되는 현상이 19세기 유럽 사회에 있음을 지적한 점이고, 그것이 지금 우리에게도 나타난다는 점이다. 여하튼 밀은 이런 상황에서 다양성이 존재하는 것이 도리어 유익하다고 하고, 일반적으로 승인되지 않는 것에 대해 순종하지 않는 것이 사회에 대한 공헌이 될 수 있다고 주장한다.

인간이 고상하고 아름다운 사색의 대상이 되는 길은 내면에 있는 개성적인 모든 것을 파멸시켜 획일적인 것으로 만드는 데 있지 않고, 타인의 권리와 이익을 고려하여 설정되는 범위 안에서 개성을 양성해 그 힘을 발휘하게 하는 데 있다. 인간이 하는 일은 그것을 하는 사람의 성격을 어느 정도 반영하고, 동일한 과정에 의해 인간 생활도 풍부해지고 다양해지며 활기를 띠게 된다. 나아가 그것은 고상한 사상과 숭고한 감정에 더 많은 자양분을 공급하고, 모든 개인이 인류에 속하는 것을 더욱 가치 있는 것으로 무한히 생각하게 만들어 인류와 결합하는 유대관계를 강화한다.

의견에 따른 행동의 자유

2장에서는 인간이 자유롭게 의견을 형성하여 아무런 거리낌 없이 그들의 의견을 표현하는 것이 꼭 필요한 이유에 대해서 설명했다. 그리고 이러한 자유가 주어지거나 금지됨에도 의견이 주장되지 않는다면, 인간의 지적 본성에 유해한 결과가 초래되고 이를 통해 도덕적 본성에도 유해한 결과가 초래된다고 설명했다.

2장에 이어 3장에서는 동일한 이유에서 인간은 그 의견에 근거하여 자유롭게 행동할─즉 책임과 위험을 그들 스스로 부담하는 한, 그들의 동포에게서 육체적으로나 정신적으로 아무런 방해도 받지 않고 평생 그 의견을 이행할─필요가 없는지를 검토해보기로 하자.

"책임과 위험을 그들 스스로 부담하는 한"이라는 조건은 물론 불가결한 것이다. 그 누구도 행동이 의견과 마찬가지로 반드시 자유로워야 한다고는 주장하지 않는다. 도리어 반대로 의견 자체도 그 표현이 어떤 유해 행동을 적극적으로 선동하는 상황에서는 자유의 특권을 상실하게 된다. 가령 곡물 상인이 빈민을 굶어 죽게 한다는 의견이나 사유재산은 도둑질이라는 의견은 그것들이 단지 신문 잡지를 통해서만 유포된다면 간섭하지 않고 방임해야 한다. 그러나 곡물 상인의 집 앞에 모여든 흥분한 군중에게 그런 의견이 구두로 전달되거나 또는 군중 사이에서 그런 의견이 플래카드 형식으로 회람되면 당연히 처벌을 받는 것이 옳을 수 있다.

정당한 이유 없이 남에게 해를 끼치는 행동은, 그것이 어떤 종류든 나쁘다고 보는 감정에 의해 필요하다면, 특히 비교적 중대한 경우에는 인류의 적극적 간섭을 통해 절대로 억제되어야 한다. 그렇게 개인의 자유는 제한을 받아야 한다. 즉 그는 타인에게 귀찮은 존재여서는 안 된다.

그러나 만일 그가 타인과 관련된 사항에 대해 그들을 괴롭히지 않고 오로지 자신의 성향과 판단에 따라 자기와 관련된 행동을 할 뿐이라면, 그의 의견이 자유로워야 한다는 것과 같은 이유로 그가 스스로 책임지는 한 아무런 간섭도 받지 않고 자기 의견을 실행할 수 있도록 함이 당연하다는 것이 증명된다.

다음과 같은 원칙들은 인간의 의견에 대해서와 같이 행동의 양식에도 적용될 수 있다. 즉 인간은 오류를 면할 수 없다. 그들이 주장하는 진리란 대부분 반쪽 진리에 불과하다. 의견 통일이란, 상반되는 의견들을 가장 충분하고도 가장 자유로운 위치에서 비교 검토한 결과가 아닌 한 바람직한 것이 못 된다. 여러 가지 이론이 나오는 것은 나쁘다고 할 수 없고, 도리어 인간이 현재보다 더욱더 진리의 전모를 인식할 수 있는 단계에 이르기까지는 유익하다고 간주될 수 있다.

적어도 인류가 여전히 불완전한 상태에 있는 동안에는 여러 가지 상이한 의견이 존재해야 하고, 마찬가지로 여러 가지 상이한 생활의 실험이 있는 것이 유익하다. 또한 타인에게 해를 끼치지 않는 한, 다양한 성격에 자유로운 영역이 부여되어야 한다. 그리고 누군가가 생활의 다양한 양식의 가치를 시도해보는 것이 그들에게 적합하다고 생각하면, 그가 그것을 시도하도록 하여 실제로 증명할 수 있도록 해야 한다. 요컨대 근본적으로 타인과 관련되지 않는 사항에 대해 개성이 스스로를 주장한다는 것은 바람직한 것이다. 그 개인 자신의 성격이 아니라 타인의 전통이나 관습이 행동의 규범으로 되어 있는 곳에서는, 인간 행복의 중요한 요소의 하나이자 개인적·사회적 진보의 주된 요소를 이루는 것이 결여되게 된다.

개성에 대한 일반인의 무관심

이상의 원칙을 지지하며 우리가 부딪히게 되는 최대의 곤란은 널리 알려진 목적을 달성하는 수단을 이해하기 어렵다는 점에 있지 않고, 그 목적 자체에 일반인이 무관심하다는 점에 있다. 만일 개성의 자유로운 발달이 복지를 이루는 유력한 요소의 하나라는 점이 느껴진다면, 또 그것이 문명, 훈련, 교육, 교양이라는 말로 표현되는 모든 것과 대등한 요소일 뿐 아니라 그 자체가 그 모든 것의 필요한 일부이며 조건이라고 느껴진다면 자유가 경시될 우려도 없고, 따라서 자유와 사회적 통제 사이의 경계를 조정하는 일도 그렇게까지 어렵지 않게 될 것이다. 그러나 딱하게도, 통속적인 사고방식에 따르면 개인의 자발성은 어떤 본질적인 가치를 갖는 것이라거나 독자적으로 존경받을 만한 것이라고는 거의 인정되지 않는다.

대다수 사람들은 지금 있는 그대로의 인류의 관습에 만족하고 있기 때문에(왜냐하면 그러한 관습을 형성한 사람들이 바로 그들이기 때문에) 그 관습이 왜 모든 사람에게 충분히 유익하지 못한지를 이해할 수 없다. 더욱이 자발성은 대다수 도덕적·사회적 개혁자들이 추구하는 이상의 일부도 구성하지 못하고, 도리어 그들이 스스로의 판단대로 인류에게 가장 유익하다고 생각하는 것을 일반 대중에게 주입시키고자 하면, 그 자발성은 오히려 저항을 불러일으키는 방해물이라고 질시받게 된다.

따라서 석학이자 정치가로서 너무나 저명했던 빌헬름 폰 훔볼트가 어떤 논문의 논제로 삼아 다음과 같이 주장한 것의 뜻을 이해한 사람은 독일 밖에서는 아주 드물었다. 즉 "인간의 목적은 또는 이성의 영원불변한 지시에 따라 규정된 것으로 막연하게 변하기 쉬운 욕망에 의해서는 부여되지 않는 목적은 인간의 능력을 최고도로, 가장 조화롭게 발달시킴으로써 완전하고도 모순 없는 전체를 형성하는 데 있다". 따라서 "모든 인간이 끊임없이 힘써 노력해 추구해야 할 뿐만 아니라, 자기 동포를 이롭게 하려는 사람들이 언제나 마음속에 간직해야 할 목적은 개성을 활기차게 발전시키는 데 있다".

개성 발전의 필요조건

개성을 발전시키기 위해서는 두 가지 조건이 필요하다. 즉 '자유와 생활 상황의 다양성'이다. 그리고 그 두 가지의 결합에서 '개성의 활력과 다양한 변화'가 발생하며, 그것이 결합되어 '독창성'을 낳게 한다.[85]

그러나 사람들은 폰 훔볼트의 이론 같은 것에 익숙하지 않다. 또 개성에 그처럼 높은 가치를 부여하는 것을 놀랍게 본다. 이는 역시 정도의 문제다. 그 누구도 인민이 서로 모방하는 것 외에는 절대로 무슨 일도 해서는 안 된다는 것을 행동의 이상으로 생각하지는 않는다. 그 누구도 인민이 자신의 생활양식에 또 자신과 관련된 행동에 조금이나마 자신의 판단이나 개성을 작용시켜서는 안 된다고 주장하지 않을 것이다.

반면 인간은 마치 자신이 이 세상에 태어나기 전까지는 아무것도 알려지지 않았던 것처럼 또는 어떤 생활양식과 행동양식이 다른 것보다 낫다는 것을 증명하려는 경험을 한 번도 해보지 못했던 것처럼 생활해야 한다고 주장함은 어리석은 것이 아닐 수 없다. 누구도 인민이 젊은 시절에 인간 경험의 확실한 결과를 알고, 그로부터 이익을 누리도록 교육받고 훈련되어야 한다는 사실을 부정하지 않는다.

그러나 그 경험을 자신의 독자적인 방법으로 이용하고 해석하는 것은 그 능력이 성숙기에 이른 사람들의 특권이고 정상적인 상태이기도 하다. 기록된 경험 가운데 어떤 부분이 바로 자신의 환경과 성격에 알맞게 적용될 수 있는지를 찾아내는 것은 자신의 임무다. 다른 인민의 전통과 관습은 어느 정도로, **그들 자신**의 경험이 그들 자신에게 무엇을 가르쳐왔는지를 보여주는 직접적인 증거라고 할 수 있다. 그것이 비록 추정된 증거라고 해도 참고할 만하다.

그러나 첫째, 그들의 경험은 너무나도 협소한 것일 수 있고 그것을 올바르게 해석하지 못했을 수도 있다. 둘째, 경험에 대한 해석은 옳을 수 있어도 자신에게는 적합하지 않을 수도 있다. 관습은 관습적 상황과 관습적 성격 때문에 만들어지는 것이나 그의 상황이나 성격은 관습적이지 않을 수도 있다. 셋째, 비록 그 관습이 관습으로서 좋은 것이고 그에게 적합하다고 해도 단지 **관습으로서의** 관습에 복종하는 것은 인간에게 부여된 독특한 천부적인 여러 능력 가운데 어느 것도 자기 안에서 교육시키고 발견될 수 없게 한다.

지각, 판단력, 식별력, 정신적 활동, 심지어 도덕적 선호라는 인간의 여러 능력은 오로지 그것을 선택하는 경우에만 작용하게 된다. 무엇을 하든 그것이 관습이기 때문에 한다는 사람은 아무런 선택도 하지 않는 것이다. 그는 최선의 것을 식별하거나 자신이 희망하는 행동을 하지 않는다. 정신적·도덕적 능력은 체력과 마찬가지로 그것이 사용되어야만 개선된다. 인간의 여러 능력은 단지 남이 한다고 해서 어떤 일을 하는 것만으로는 훈련되지 않는다. 이는 남이 무엇을 믿기 때문에 나도 그것을 믿는다는 것과 같다.

만일 어떤 의견의 근거가 그 사람 자신의 이성에 납득되지 않는 것이라면, 그 의견을 채택함으로써 그의 이성이 강화될 수 있기는커녕 도리어 약화되는 것이 보통이다. 따라서 만일 어떤 행동을 하려는 동기가 다른 사람의 감정이나 권리를 고려하지 않으면서 자신의 감정과 성격에 합치되지 않는다면, 이는 그의 감정과 성격을 활기 있고 정력적으로 바꾸는 대신 도리어 생기 없고 무기력한 것으로 바꾸는 데 크게 이바지한다고 볼 수 있다.

자신의 생활 계획을 자신이 아니라 세상 또는 자신이 사는 세계의 일부 사람들이 선택하는 대로 방임하는 사람에게는 모방을 잘하는 원숭이의 능력 같은 것 외에는 아무런 능력도 필요하지 않다. 자신의 계획을 스스로 선택하는 사람이 자신의 모든 능력을 사용하게 된다. 즉 무엇인가를 보기 위한 관찰력, 무엇인가를 예견하기 위한 추리력과 판단력, 무엇인가를 결단하기 위해 필요한 재료를 모으기 위한 활동력, 결단을 내리기 위한 식별력 그리고 신중히 내린 결단을 고수하기 위한 확고부동한 신념과 자제력을 발휘해야 한다. 그리고 그가 행동하는 동안, 자신의 판단력과 감정에 따라 그가 결단하는 부분이 커짐에 따라 그런 능력을 필요로 하고 사용하게 된다.

물론 이러한 능력이 결여되었다고 해도 그가 어떤 좋은 길로 인도되고 재난을 피할 수도 있다. 그러나 그런 경우, 그가 인간으로 갖는 상대적인 가치는 과연 어느 정도라고 할 수 있을까? 사람이 무엇을 하는가만이 문제가 아니라 그것을 하는 사람이 과연 어떤 특징을 갖는 사람인가 하는 것도 역시 중대한 의미를 갖는다.

인간이 평생을 바쳐 완성하고 미화해야 하는 여러 작품 중에서 가장 중요한 것은 분명히 인간 그 자신이다. 기계의 힘으로, 즉 인간의 모습을 한 자동기계가 집을 짓게 하고 곡물을 생산하게 하며, 전쟁을 하게 하고 재판을 하게 하며, 심지어 교회를 세워 기도를 하게 할 수 있다고 가정해보자. 비록 현 세계의 비교적 문명화된 곳에 산다고는 하지만, 대자연의 산물 가운데 가장 초라한 견본에 불과한 남녀들조차 그런 자동기계와 교환한다는 것은 크나큰 손실이 아닐 수 없다. 인간의 본성이란 어떤 틀에 따라 만들어져 미리 정해진 일을 정확하게 하게 되어 있는 기계가 아니라, 도리어 생명을 불어넣는 여러 내면적 힘의 경향에 따라 모든 면에서 성장하고 발전하려고 하는 나무다.

강렬한 욕망과 충동의 필요성

인간이 이해력을 발휘하는 것이 바람직하다는 점 그리고 분별력을 가지고 관습을 따르거나 그것에서 벗어나는 것이 맹목적·기계적으로 관습을 추종하는 것보다 낫다는 점은 누구나 인정하리라. 우리의 이해력이 우리 자신의 것이어야 한다는 점은 어느 정도로 용인되고 있으나 우리의 욕망이나 충동도 마찬가지로 우리 자신의 것이어야 한다는 점, 상당히 강한 충동을 갖는 것이 결코 위험하지 않고 함정에 빠지는 것도 아니라는 점은 이해력의 경우보다는 쉽게 용인되지 못한다.

그러나 욕망과 충동도 신앙이나 자제력과 마찬가지로 완전한 인간의 일부를 형성한다. 그리고 강렬한 충동은 적당하게 균형을 취하지 못할 때 위험할 뿐이다. 즉 일단의 목적과 성향이 강력하게 발달하여 그것과 공존해야 할 다른 일단의 목적과 성향이 여전히 약하고 활발하지 못할 때, 강렬한 충동은 위험하게 될 뿐이다.

인간이 나쁜 짓을 하는 것은 그 욕망이 강해서가 아니라 도리어 그 양심이 약해서다. 강한 충동과 약한 양심 사이에는 당연한 인과관계가 없고, 그 당연한 인과관계는 반대로 나타난다. 어느 개인의 욕망이나 감정이 타인보다 강렬하고 다양하다고 말하는 것은 오로지 그런 인간성의 원료를 더욱 많이 가지고 있다는 것, 따라서 타인보다 더 많이 나쁜 짓을 할 수 있을지도 모르지만, 반면 좋은 일도 더 많이 할 수 있다고 말하는 것과 같다.

강렬한 충동이라는 것은 결국 기력의 별명에 지나지 않는다. 기력은 악용될 수도 있지만, 그것이 더욱 왕성한 사람은 언제나 나태하고 무감각한 사람보다 선한 일을 더 많이 할 수 있다. 가장 자연스러운 감정의 소유자는 그것을 잘 키우면 가장 강렬하게 발휘할 수 있는 감정의 소유자다.

마찬가지로 개인의 충동을 활기차게 만들고 강력하게 만드는 강렬한 감수성은 또한 덕성에 대한 가장 정열적인 사랑과 자신에 대한 엄격한 통제를 낳는 원천이기도 하다. 바로 이러한 것의 양성에 의해 사회는 그 의무를 다하고, 그 이익을 옹호한다. 사회 자체가 영웅을 만드는 법을 모른다고 해서 영웅이 길러내는 이러한 사랑과 자제라는 소질을 배척하면 이를 기대할 수 없다. 자신의 욕망과 충동을 갖는 사람, 즉 자신의 교양에 의해 발전되고 변화된 자신만의 본성 표현을 그대로 그의 욕망과 충동으로 나타내는 사람은 하나의 성격을 가졌다고 말할 수 있다.

반대로 자신의 욕망과 충동을 갖지 못한 사람에게는 성격이 있을 수 없다. 이는 증기기관에 성격이 없는 것과 같다. 만일 그러한 충동이 자신의 것인 동시에 강한 의지에 의해 제재를 받는다면 그는 활발한 성격의 소유자라고 할 수 있다.

이상의 나의 주장과 반대로 다양한 욕망과 충동을 갖는 개성 전개를 장려해서는 안 된다고 생각하는 사람이라면, 사회는 반드시 강렬한 개성을 갖는 사람들이 필요하지 않고 — 다양한 성격을 가진 사람들을 많이 포함하기 때문에 도리어 좋지 않다 — 일반인의 기력이 평균적으로 높아지는 것이 결코 바람직하지 않다고 주장하리라.

고대와 현대의 차이

초기 사회에서 이러한 힘은 당시 사회가 그것을 훈련하고 통제할 수 있는 권력을 거뜬히 능가할 수 있었고, 사실이 그러했다. 즉 자발성과 개성이라는 요소가 과다하여 사회 규율이 그것들을 통제하기에 어려움이 있었다. 당시의 어려움은 강대한 신체나 강인한 정신을 가진 사람들을 그들의 충동을 억제하기 위한 규칙에 복종시켜야 한다는 것이었다. 법과 감시체제는 그것을 극복하기 위해 대대로 로마 황제들과 싸워온 교황들처럼 전인격을 지배할 수 있는 권력을 주장했고, 인간의 성격을 통제하기 위해 그 모든 생활을 통제할 것을 요구했다. 그 이유는 당시 사회가 인간의 성격을 구속할 다른 효과적인 수단을 발견하지 못했기 때문이다.

그러나 현재는 사회가 개성을 상당히 인정한다. 따라서 인간성을 위협하는 위험은 개인적 충동과 선호의 과다에 있는 것이 아니라 그 결핍에 있다. 따라서 세태가 아주 달라졌다. 즉 과거에는 사회적 신분이나 개인적인 천부적 재능으로 강자가 되었던 사람들의 격정이 언제나 법과 명령에 대해 상습적인 반항 상태에 있었고, 한편 그러한 격정의 영향권 안에 있던 일반인으로 하여금 조금이라도 안전한 생활을 누리게 하려면 그 격정을 엄격하게 구속해야 했다.

그런데 우리 시대에는 사회 최고 계급에서 최하 계급까지 모든 사람이 적대적이고 가공할 만한 감시의 눈총을 받아가며 산다. 그래서 오로지 타인과 관련된 사항만이 아니라, 오로지 자신과 관련된 사항에서도 개인이건 가족이건 '나는 무엇을 좋아하는가? 무엇이 나의 성격과 성향에 맞는가? 또는 무엇이 내 안에 있는 최고 최선의 것으로 하여금 공정하게 그 힘을 발휘하게 하여 그것을 성장 발달하게 하는 것일까?'와 같이 자문하지는 않는다.

반대로 그들은 다음과 같이 자문한다. '무엇이 나의 지위에 적합한가? 나와 같은 신분으로 같은 수입을 얻는 사람이 하는 일은 무엇인가? 또(더욱 나쁘게도) 나보다 높은 신분과 재산을 갖는 사람들이 보통 어떤 일을 하는가?'

그들이 자신의 기호에 맞는 것보다 관습적인 길을 택한다고 말하려는 것이 아니다. 그들은 관습에 따르는 것 외에 아무런 기호를 갖지 못한다. 그 결과 정신 자체가 기꺼이 구속을 받게 된다. 심지어 사람들은 오락에서도 무엇보다도 관습에 맞추는 것을 중시한다. 즉 그들의 기호는 집단적이다. 그들은 일반적으로 행해지는 것들 속에서만 선택한다. 특이한 취미나 변칙적인 행동은 범죄와 마찬가지로 회피된다.

그리하여 마침내 자신들의 본성에 따르지 않은 결과, 그들에게는 그들이 따라야 할 어떤 본성도 없게 된다. 그들의 여러 인간적 성능도 시들어 죽어버린다. 그들은 이미 어떤 강렬한 욕망도, 본래의 쾌락도 누릴 수 없게 된다. 또한 그들은 일반적으로 자신의 것인 의견이나 감정을 갖지 않는 존재가 된다. 이것이 과연 인간 본성에 적합한 것이라고 할 수 있겠는가?

칼뱅파의 반대론

칼뱅파 이론은 그것이 인간 본성에 적합한 것이라고 주장한다. 그 이론에 따르면, 인간의 유일한 대죄는 제멋대로 하는 것이다. 따라서 인류는 오직 복종 속에서만 모든 선한 일을 할 수 있고 또한 인간에게는 선택권이 없으므로 오직 그 가르침대로 따라야 할 뿐이라고 한다. 그것에 따르면 "무슨 일이나 의무가 아닌 것을 하면 모두 죄악이다". 또 인간의 본성은 근본적으로 부패한 것이므로 그 인간성이 없어지지 않는 한 누구도 구원받을 수 없다고 한다.

이런 인생관을 갖는 사람에게는 인간의 성능, 능력, 감정 모두를 부수어도 결코 나쁜 일이 아니다. 칼뱅에 따르면 인간에게는 신의 뜻에 따라 자신을 맡기는 능력 외에 아무런 능력도 필요하지 않다. 칼뱅파는 만일 인간으로서 신의 뜻을 더욱 효과적으로 이루는 것 외의 다른 목적을 달성하기 위해 그 어느 성능을 사용한다면 이는 오히려 그것이 없는 것만 못하다고 본다.

이상이 칼뱅파의 가르침이다. 그리고 칼뱅파가 아니라고 자처하는 사람들도 어느 정도 완화된 형식으로 그 가르침을 지지한다. 여기서 완화란, 이른바 신의 뜻에 칼뱅파만큼 강하게 금욕적인 해석을 가하지는 않지만, 인류가 그들 성향의 일부만 만족시키는 것이 바로 신의 뜻이라고 주장하는 것을 말한다. 물론 그 경우에도, 자신이 좋아하는 대로 만족시키는 것이 아니라 복종의 형태로, 즉 권위가 명하는 형식으로 만족시켜야 한다는 것이다. 따라서 모두에게 같은 방식이 적용되어야 한다.

오늘날, 이러한 교활한 형태로 편협한 인생관 그리고 그것이 옹호하는 고루하고 편협한 성격형을 낳으려는 강력한 경향이 나타나고 있다. 의심할 여지없이 많은 사람이 이처럼 속박되고 위축된 인간이야말로 신이 의도한 본래 모습이라고 진심으로 믿는다. 이는 마치 나무는 자연 상태에서 방치되어 있는 경우보다도, 가지가 모두 잘려 잘 가다듬어지거나 동물 모양으로 만들어질 때가 훨씬 좋다고 생각하는 것과 같다.

그러나 적어도 인간이 선의의 존재인 신에 의해 창조되었다고 믿는 것이 종교의 어떤 부분이라고 한다면, 그 신이 인간에게 모든 능력을 부여한 것은 그것들이 근절되고 소진되게 하기 위해서가 아니라 반대로 양성되고 발전되게 하기 위한 것이라고 믿는 것, 따라서 신의 피조물인 인간이 그 인간적 능력 속에 구현된 이상적 개념에 조금이라도 접근하면 할수록 또 이해·활동·향유에 관한 능력이 어느 것이나 조금이라도 증대되면 될수록, 그 신은 기뻐한다고 믿는 것이 더욱더 칼뱅파 신앙과 합치한다.

세상에는 인간의 우수성에 대해 칼뱅파와는 다른 견해가 있다. 이는 인류가 오직 포기하기 위해 그 인간성을 부여받은 것이 아니라 도리어 목적을 달성하기 위해 부여받았다고 보는 것이다. '이교의 자아 긍정'은 '기독교의 자아 부정'[86]과 마찬가지로 인간의 가치를 구성하는 여러 요소 가운데 하나다. 세상에는 그리스적인 자기발전의 이상도 있다. 플라톤과 기독교에서 추구하는 자기규제의 이상은 이와 혼합되어 있지만, 그것을 능가하는 것은 아니다.

알키비아데스Alcibiades[87] 같은 사람이 되기보다는 존 녹스가 되는 것이 더 좋을지 모른다. 그러나 페리클레스Pericles[88] 같은 사람이 되는 것이 그 어느 경우보다 좋다. 현대에도 페리클레스 같은 인물이 있다면 그는 존 녹스가 가졌던 모든 덕을 갖출 것이다.

개성 존중의 필요성

인간이 고상하고 아름다운 사색의 대상이 되는 길은 내면에 있는 개성적인 모든 것을 파멸시켜 획일적인 것으로 만드는 데 있지 않고, 타인의 권리와 이익을 고려하여 설정되는 범위 안에서 개성을 양성해 그 힘을 발휘하게 하는 데 있다. 인간이 하는 일은 그것을 하는 사람의 성격을 어느 정도 반영하고, 동일한 과정에 의해 인간 생활도 풍부해지고 다양해지며 활기를 띠게 된다. 나아가 그것은 고상한 사상과 숭고한 감정에 더 많은 자양분을 공급하고, 모든 개인이 인류에 속하는 것을 더욱 가치 있는 것으로 무한히 생각하게 만들어 인류와 결합하는 유대관계를 강화한다.

개인은 개성 발전에 비례해 자신에게 더욱 가치 있는 존재가 되고, 타인에게도 더욱 가치 있는 존재가 될 수 있다. 사람은 자립하여 생활할 때 생활이 더욱 풍부해진다. 그리고 단체를 구성하는 개인이 활기찰수록 단체도 더욱 활기차게 된다. 타인의 권리를 침해하려는 인간성의 강한 충동을 제한하려면 어느 정도 억제가 필요하다.

그러나 이에 대해서는 인간의 발전이라는 점에서 충분한 보상이 있다. 어느 개인이 타인에게 해를 끼쳐 자기 욕망을 충족하는 것을 금지함에 의해 상실하게 되는 자기발전의 수단은 본래 주로 타인의 발전을 희생시킴으로써 만족을 얻게 하는 것이었다. 그리고 자신에게도 그 본래의 이기적 부분에 제한을 가하면, 사회적 부분을 더욱 발전시킬 수 있게 되므로 결국은 자신이 상실한 것과 같은 정도의 이익을 얻게 된다. 타인을 위해 엄격한 정의 규범을 준수하도록 속박하면, 타인의 이익을 목적으로 하는 감정과 능력을 발달시키게 된다.

그러나 타인의 이익과 관련되지 않은 사항을 단순히 타인의 불쾌감을 이유로 속박하게 되면, 가치 있는 그 무엇도 발달시키지 못하고, 오로지 속박에 대한 저항에서 나오는 힘을 발달시킬 뿐이다. 만일 이에 순종한다면 인간 본성 전체가 쓸모없게 된다. 각자의 본성을 조금이라도 공정하게 발휘하게 하려면, 다양한 환경에 있는 사람들에게 각자가 좋아하는 대로 생활하게 할 필요가 있다.

이처럼 자유가 어떤 시대에서 행사되어왔다고 해도 그 자유의 허용 정도에 따라 그 시대는 후대 역사에 기록될 만한 가치가 있는 시대가 될 수 있기도 하고, 그렇지 않게 되기도 한다. 전제정치 아래일지라도 최소한 개성의 발휘가 허용되는 한, 최악의 결과는 생기지 않는다. 따라서 개성을 파멸시키는 것은 그것이 어떤 이름으로 불리어도, 그것이 신의 의지나 인민의 명령을 강행하는 것이라고 공언된다고 해도, 모두 전제적이라고 할 수 있다.

천재의 독창성

나는 위에서 개성과 발전은 동일하고 충분히 발달된 인간을 낳고 낳을 수 있는 것은 오로지 개성의 신장뿐이라는 점을 설명했으므로, 여기서 나의 논의를 끝내고자 한다. 왜냐하면 인간사의 어떤 조건도 인류 자신을 되도록이면 최선의 것에 접근시키는 것 이상으로 중요하지 않기 때문이다. 또 이를 방해하는 것 이상으로 더 나쁜 것도 없기 때문이다.

그러나 의심의 여지없이, 이 정도 고찰만으로는 많은 설득을 필요로 하는 사람들을 설득하기에는 불충분하리라. 따라서 더 나아가 이러한 발달된 사람들이 미발달된 사람들에게 어느 정도 도움이 된다는 사실을 증명할 필요가 있다. 즉 자유를 원치 않고 스스로 그것을 이용하고자 하지 않는 사람들에 대해 만일 그들이 아무런 방해도 하지 않고서 다른 인민에게 자유를 누리게 하면, 그들 자신이 명백한 이익을 얻게 됨을 증명할 필요가 있다.

먼저 나는 미발달된 사람들이 발달된 사람들에게 무엇인가 배울 수 있다는 점을 지적하고자 한다. 독창성이 인간사에 중요한 요소임을 누구도 부정할 수 없으리라. 세상에는 새로운 진리의 발견자 그리고 과거에는 진리였던 것이 이제는 진리가 아니게 되었을 때 그 점을 지적하는 사람들만이 아니라, 새로운 일을 시작해서 인간사에 더욱 계몽된 행동, 더욱 훌륭한 취미와 감각의 모범을 보여주어야 할 사람들도 언제나 필요하다. 이는 세계가 모든 습관이나 실천 측면에서 이미 완성 단계에 도달했다고 믿지 않는 사람이라면 누구나 반대할 수 없는 사실이다.

사실 그런 이익은 모든 사람에 의해 동일하게 이룩될 수 있는 것은 아니다. 자신의 새로운 시도가 타인에게 채택된다면, 이미 확립된 관습을 어느 정도 개선할 수 있는 사람들은 인류 전체에 비해 극소수에 불과하다. 그러나 이 소수야말로 이 땅의 소금[89]과 같은 존재다. 그들이 없다면 인간 생활은 썩은 웅덩이가 될 것이다. 그들은 지금까지 존재하지 않은 선을 가져올 뿐만 아니라 이미 존재한 선에 대해서도 그 생명을 유지시킨다. 이 세상에 새로이 되어야 할 일이 없다면 인간의 지성은 필요치 않게 되지 않겠는가? 그것은 낡은 것을 고수하는 사람들이 그들이 왜 그렇게 하는지를 망각하고, 인간답지 못하게 소나 말처럼 하는 이유가 되지 않겠는가?

최고의 신앙과 관습에서도 기계적인 것으로 타락하는 경향이 지나칠 만큼 크다. 따라서 독창성을 발휘하여 그러한 신앙과 관습의 근거가 단순히 전통적인 것으로 되는 것을 방지하는 사람들이 계속 나타나지 않는다면, 그러한 죽은 것들은 참으로 살아 있는 그 무엇에서 아주 작은 충격만 받아도 견디어내지 못하리라. 따라서 비잔틴제국[90]의 경우에서 보듯이 문명이 멸망하지 않을 이유는 없다.

사실 천재적인 인물은 언제나 극소수다. 언제나 그렇다. 그러나 그들을 확보하려면 그들이 자라날 토양을 유지할 필요가 있다. 천재는 오직 자유로운 **분위기**에서 자유롭게 숨을 쉴 수 있다. 천재는 본질적으로 다른 사람들보다 **훨씬** 개인적이다. 따라서 천재는 사회가 그 구성원에게 자신의 성격을 조성하는 수고를 덜게 하기 위해 제공하는 소수의 틀 중 어느 것에도 자신을 적응시키기 힘들고, 남보다 유해한 억압을 받기 쉽다.

만일 천재가 비겁하게 그 어느 틀에 강요됨에 동의하면서, 그러한 억압하에서는 도저히 신장할 수 없는 그들 자신의 것 모두를 신장시키지 않고 방치하는 데 동의하면, 사회는 그들에게서 아무런 이익도 얻지 못하리라. 만일 그들의 성격이 강해서 그 속박의 쇠사슬을 끊어버린다면, 그들을 평범한 인간으로 만드는 데 실패한 사회는 그들을 감시 대상으로 규정하고 '난폭자'니 '변태자'니 하는 어마어마한 경고를 하며 비난하게 된다. 이는 마치 나이아가라폭포가 네덜란드의 운하처럼 제방과 제방 사이를 조용히 흘러 내려가지 않는다고 불평하는 것과 같다.

그러므로 나는 천재의 중요성과 함께, 사상과 실천 양면에서 이를 자유롭게 신장할 필요가 있다고 주장한다. 왜냐하면 이론적으로는 누구도 이 주장을 부정하지 않는다는 점을 잘 알지만, 실제로는 거의 모든 사람이 이 주장에 무관심하다는 것을 알기 때문이다. 사람들은 천재성이라는 것이 감격적인 시를 쓰게 하거나 그림을 그리게 하는 경우에는 훌륭하다고 생각한다. 그러나 천재성의 참된 의미, 즉 사상과 행동에서의 독창성이라는 의미에 대해서는, 누구나 표면에서는 감탄하면서도 내심 그런 것이 없어도 자신의 생활에는 아무런 지장이 없다고 생각한다. 이러한 태도는 불행하게도 너무나 자연스러워 아무도 그것을 이상하게 생각하지 않는다.

독창성이란 그것을 갖지 못한 사람들이 그 효용을 감지할 수 없는 유일한 것이다. 그들은 그것이 그들에게 무엇을 해줄 수 있는지 알수 없다. 어떻게 알 수 있겠는가? 만일 독창성이 그들에게 주는 도움을 깨닫는다면 그것은 이미 독창성이 아니리라.

독창성이 그들을 변화시키는 최초의 역할은 그들의 눈을 뜨게 하는 것이다. 일단 그것이 충분히 이루어지면 그들 자신이 독창적이 될수 있는 기회를 갖게 된다. 어떤 일이든 종래부터 행해져온 것으로 누군가 최초에 착수하지 않은 것이 없다는 것 그리고 현존하는 모든 선이 독창성의 성과라는 점을 상기하여, 그들은 적어도 다음과 같이 믿는 겸허한 태도를 보여주어야 한다. 즉 독창성이 해야 할 일들이 아직 많이 남아 있고, 그들이 독창성의 결핍을 느끼지 않으면 않을수록 그만큼 독창성이 더욱 많이 필요하다는 사실 말이다.

집단 속에 매몰된 현대의 개인

사실 현존하는 것이건 가상적인 것이건, 탁월한 지성을 가진 사람에 대해 어느 정도 경의를 표명한다고 해도, 이 세계의 일반적인 경향은 평범한 사람이 인류 가운데 우세한 세력이 되는 것이었다. 고대사, 중세 그리고 봉건시대에서 현대에 이르는 장구한 과도기에는 그 정도가 약해졌지만 능력 있는 개인은 그 자신만으로 하나의 힘이었다. 그리고 만일 그가 위대한 재능이나 높은 사회적 지위를 갖게 되면 그는 현저한 권력이 되었다.

그러나 현대에 개인은 군중 속에 매몰되어 있다. 지금 정치에서는 여론이 세계를 지배한다는 말은 이미 진부하게 되었다. 명실상부한 유일한 힘은 군중의 힘이고, 국가가 군중의 경향과 본능을 대변하는 한 국가의 힘도 그것에 포함된다. 이는 공공관계에서와 마찬가지로 사생활의 도덕적·사회적 관계에서도 진실이다.

그러나 자신의 의견을 여론이라는 이름으로 통용시키고자 하는 사람들은 언제나 동일한 종류의 공중은 아니다. 가령 미국에서 그들은 백인에 한정되어 있고, 영국에서는 주로 중산계급에 한정되어 있다. 그러나 그들은 언제나 하나의 집단, 즉 평범한 사람들의 집단에 불과하다.

그런데 여기서 여전히 더욱 기이한 것은 이러한 집단이 오늘날에는 그들의 의견을 교회나 국가의 권위에서 섭취하지 않고, 표면에 나타나 있는 지도자나 책에서도 섭취하지 않는다는 점이다. 그들의 사고는 그들 자신에 의해서가 아니라 그들과 유사한 생각을 가진 사람들에 의해 만들어진다. 가령 신문을 통해 그때그때 기분 내키는 대로 그들에게 사실을 설명해주거나 그들의 이름으로 연설하는 식이다.

나는 이 모든 것을 개탄하는 것은 아니다. 또한 일반적으로 이 모든 것보다 더 나은 어떤 것이 현재처럼 인간 정신이 저열한 상태와 양립할 수 있다고 주장하려는 것도 아니다. 그 둘이 비록 양립된다고 해도, 평범한 사람들의 국가가 평범한 정치를 하게 하는 것을 피할 수는 없다. 지배적 **다수**가 그들보다 더 훌륭한 재능과 교양을 갖는 **한 사람**이나 **소수**의 충고와 감화에 의해 지도되어온 경우(사실 지배적 다수의 전성시대에 언제나 그러했다)를 제외하면, 하나의 민주정치든 다수 귀족정치든 실제 정치 행동에서는 물론, 그로부터 발생하는 의견, 능력, 취향에 있어서도, 결코 평범한 수준을 능가한 적이 없었고, 또 능가할 수도 없었다.

영웅숭배론의 부정

모든 현명하고도 고상한 일의 시작은 개인에 의해 창시되고 있으며 또한 창시되어야 한다. 보통 사람들이 그 창안자를 추종할 수 있다는 것, 그들이 충심으로 그 현명하고 고상한 일에 공감하여 충분한 이해심을 가지고 그것에 의해 지도될 수 있다는 것은 그들에게 명예이자 영광이다.

그러나 나는 힘으로 세계 정치를 장악하고 세계의 의사에 반해 자기 명령을 강행한다는 점에서 천재적인 강자를 찬양하는 영웅숭배론[91] 따위에 찬성하는 것은 아니다. 이러한 강자가 요구할 수 있는 모든 것은 앞으로 나아갈 길을 지시할 수 있는 자유뿐이다. 타인을 강제하여 그 길을 따르도록 하는 권력은 다른 모든 사람의 자유와 발달에 장애가 될 뿐만 아니라 또한 그 강자도 타락하게 만든다.

그러나 오로지 보통 사람으로만 구성된 집단의 의견이 모든 곳에서 지배적 세력이 되거나 또는 그렇게 되어가는 경우, 그러한 경향에 맞서 이를 견제하는 것은 숭고한 사상을 고수하는 사람들의 더욱더 확고한 개성이라고 나는 주장한다. 특히 이러한 시대에는 특출한 개인이 대중과 판이하게 행동하는 것을 저지하기보다는 더욱 장려해야 한다.

지금과 다른 시대에는 그러한 개인들의 이례적인 행동이 대중과 상이할 뿐 아니라 대중보다 더 낫게 행동하지 않는 한, 그들이 그렇게 하는 것만으로는 어떤 이점도 초래되지 않았다. 반면 현대에서는 단순히 불복종한다는 것만으로도 또한 단순히 관습에 복종하기를 거부한다는 것만으로도 그 자체가 하나의 봉사가 된다. 여론의 횡포가 너무나 극심하여 모든 이례적인 행동을 규탄할 수 있는 정도가 되어 있기 때문에, 그러한 횡포를 불식시키기 위해서는 인간이 파격적으로 행동하는 것이 요망된다.

이와 같이 파격적으로 행동하는 사람은 강인한 성격의 소유자가 사회에 충만할 때 많이 나타난다. 따라서 어느 사회에 존재하는 파격적인 행동자의 수량은 그 사회가 갖는 천재, 정신력, 도덕적 용기의 수량에 비례함이 보통이다. 오늘날 파격적으로 행동하려는 사람이 그렇게도 적다는 것은 곧 시대의 중대한 위기를 보여주는 것이라고 할 수 있다.

자기 생활 계획의 독자적 수립

나는 앞에서, 모든 비관습적인 일 가운데 무엇을 관습으로 전환시킴이 적절한지를 앞으로 밝히고자 하면, 그 비관습적 일에 가능한 자유의 범위를 넓혀주어야 한다고 말했다. 그러나 행동의 자유를 인정하고 관습을 무시한 결과 더욱 훌륭한 행동 형식과 더욱 많은 사람이 채택할 만한 관습을 만들어내는 기회가 제공된다고 해서, 행동의 자유와 관습의 무시가 오로지 그러한 이유에서만 장려할 만한 가치를 갖는 것이 아니다. 또한 자기 생활을 자신이 좋아하는 대로 꾸려갈 정당한 요구를 갖는 것은 오로지 확고한 정신적 우월성을 갖는 사람에게 한정되지 않는다.

모든 사람이 반드시 하나 또는 몇 개의 전형에 따라 만들어져야 한다고 볼 이유는 없다. 만일 어떤 사람이 상당한 정도의 상식과 경험을 가지고 있다면, 그는 자신의 방식대로 자기의 생활을 계획하는 것이 가장 좋다. 이는 그 방식 자체가 가장 좋기 때문이 아니라 그것이 바로 그 자신의 것이기 때문이다.

인류는 양의 무리와는 다르다. 심지어 양들도 사람의 눈으로는 구별할 수 없을 정도로 닮지는 않았다. 사람이 자기에게 맞는 웃옷 한 벌이나 구두 한 켤레를 마련하고자 하면, 그것들을 자기 몸의 규격에 맞게 맞추거나 아니면 창고에 가득한 것들 가운데 골라잡아야 한다.

그런데 어떤 생활을 그에게 맞추는 일이 웃옷을 그의 몸에 맞도록 맞추는 것보다 쉬울까? 또는 인간은 그 육체적·정신적 구조에서 그 발의 모양이 비슷한 것 이상으로 서로 닮아 있을까? 설령 사람들에게는 잡다한 취향이 있을 뿐이라고 해도, 이 사실은 그들 전부를 동일한 틀에 꿰맞추어서는 안 된다는 충분한 이유가 된다.

그러나 또한 서로 다른 사람들은 그 정신적 발전을 위해서도 서로 다른 상태를 요구한다. 마치 서로 다른 식물이 동일한 물질적 환경과 기후 속에서는 튼튼하게 생육될 수 없듯이 사람들도 동일한 정신적 환경하에서 건전하게 생활할 수 없다.

비록 같은 일이라고 해도 어떤 사람에게는 고상한 본성을 발전시키는 데 도움이 되지만, 어떤 사람에게는 방해가 된다. 또한 동일한 생활방식이라고 해도 어떤 사람에게는 그의 모든 활동과 향유에 능력을 발휘하는 데 가장 큰 도움을 주기 때문에 일종의 건전한 자극이 되지만, 반대로 어떤 사람에게는 내면 생활 전부를 정체시키거나 파멸시키는 걷잡을 수 없는 방해물이 된다.

이처럼 인류 사이에는 쾌락의 원천, 고통에 대한 감수성 그리고 여러 가지 육체적·정신적 작용이 그들에게 미치는 효과의 차이가 극심하므로, 그들의 생활방식에도 그것에 상응한 차이가 없는 한 그들은 정당한 행복의 몫을 차지할 수 없고 또한 그들의 본성으로 충분히 도달할 수 있는 정신적·도덕적·심미적 교양의 높이까지 성장할 수도 없다.

취향의 독자성에 대한 비난의 부당성

그렇다면 왜, 적어도 일반 대중의 감정에 관련되는 한, 자신들에게 추종하는 자가 많다는 것을 이유로 무리하게 사람들을 복종시키려는 취향과 생활방식에만 관용을 베풀어야 할 것인가?

지금은 어떤 곳에서도 (특수한 수도원 시설을 제외하면) 취향의 다양성이 전적으로 부인되지 않는다. 사람들은 그 누구의 비난도 받지 않고 뱃놀이, 흡연, 음악 감상, 체육 경기, 체스와 카드놀이, 학문 연구를 할 수도 있고 그것들을 싫어할 수도 있다. 왜냐하면 그 각각을 좋아하는 사람들과 싫어하는 사람들이 어느 쪽이나 너무나 많아서 좀처럼 억압할 수 없기 때문이다.

그러나 '아무도 하지 않는 일'을 한다든가, '누구나 다 하는 일'을 하지 않는다고 비난받는 사람은(여성인 경우에는 더더욱), 마치 중대한 도덕적 오류라도 저지르는 것처럼 세상 사람들의 비난을 받는다. 사람들은 자신에 대한 평가에 조금도 손상을 끼치지 않고 마음 내키는 대로 행동한다는 즐거움에 어느 정도 빠지게 되려면, 어떤 종류의 간판, 지위를 표시하는 훈장 또는 지위 있는 사람들의 권세를 보여주는 여타 표지를 가지려고 한다. "어느 정도 빠진다"는 표현을 사용한 것은 그것에 너무 심하게 빠지면 비방의 말보다 더 나쁜 것에 부딪히게 될 우려가 있기 때문이다. 즉 그들은 **정신착란증**에 걸렸다고 비난받을 뿐 아니라 재산까지 몰수당해 친족에게 분배될 우려가 있기 때문이다.[92]

여론에 의한 개성의 무시

현대 여론의 추세에는 하나의 특성이 있다. 그것은 개성이 너무 뚜렷이 표현되는 것을 허용하지 않는다는 것이다. 일반인은 지성이 평범할 뿐 아니라 성향도 평범하다. 그들은 스스로 어떤 이례적인 일을 시도할 정도의 강력한 취향도, 의향도 갖지 못한다. 따라서 그들은 그러한 취향과 의향을 갖는 사람들을 이해하지 못해 그런 사람들을 모두 자신이 멸시하는 야비하고 무절제한 사람들과 같다고 간주한다.

이미 일반화된 이런 사실에 더해 우리는 도덕 개선을 위한 강력한 운동이 시작되었고 곧 그것에 큰 성과가 나타나리라 가정한다. 최근 그런 운동이 시작되어 실제로 행동에 대한 규제를 늘리고 탈선적 행동을 좌절시키는 데 많은 공헌을 해왔다. 또한 박애주의적 정신이 널리 퍼지고 있지만, 그러한 정신을 발휘하려면 우리 동포의 도덕이나 사려 분별을 개선해야 한다고 우리를 유혹한다.

현대에는 공중에게 행동의 일반적 규율을 규정하게 하여 모든 개인을 그 공인된 표준에 합치시키려고 노력하는 경향이 있는데, 그것은 과거 어떤 시대보다 활발하게 나타난다. 그리고 그 표준이라는 것은 명시적이건 묵시적이건, 아무것도 강력하게 요구하지 말라는 것이다. 이상적 인격이란 너무나 두드러진 인격을 갖지 않는 것이다. 즉 인격이 너무 두드러져서 그 소유자로 하여금 외관상 일반인과 판이하게 보이는 인간 본성의 여러 부분을 마치 중국 여성의 발처럼 압박에 의해 기형화한다.

언제나 이상이라는 것이 바람직한 일의 절반을 배제해버리듯 현대의 공인된 표준을 따르는 것은 오직 그 나머지 절반에 대한 저열한 모방을 낳을 뿐이다. 엄청난 기력이 활기찬 이성에 의해 지도되고 강력한 감정이 양심적 의지에 의해 분명히 통제되지 않는 대신, 결과적으로 박약한 감정과 쇠잔한 기력만이 남게 된다. 따라서 의지의 힘도 이성의 힘도 필요하지 않게 되고, 형식적으로만 어떤 규칙에 복종할 수 있게 될 따름이다. 어떤 웅대한 기력을 가진 성격도 이제는 단지 전설이 되어버렸다.

　오늘날 영국에서는 사업에 종사하는 것 외에 기력을 소비할 곳이란 거의 없다. 사업에 소비되는 기력은 아직도 대단히 중요한 것으로 간주될 수 있다. 그런 대량소비 후 남게 되는 약간의 기력은 모두 오락을 위해 소비된다. 그것이 유익하거나 심지어 박애적인 것일 수도 있지만, 어디까지나 오락이고 일반적으로 소규모다.

　오늘날 영국인이 위대하다고 하는 것이란 모두 집단적인 차원에서다. 개인적으로는 약소하므로, 영국인은 오로지 결합의 힘으로 위대한 것을 성취할 수 있다고 생각한다. 영국의 도덕적·종교적 자선가들도 오로지 여기에 완전히 만족한다. 그러나 지금까지 영국을 만들어온 사람들은 이와 전혀 다른 종류의 인간들이었다. 바로 그런 사람들이야말로 영국의 멸망을 방지하는 데 필요하다.

자유와 진보 정신의 필요성

관습의 횡포가 모든 곳에서 인간의 진보에 지속적인 방해물이 되고 있다. 왜냐하면 관습의 횡포는 관습보다 더 좋은 어떤 것, 즉 경우에 따라 자유의 정신 또는 진보나 개량의 정신이라고 불리는 것을 이룩하려는 경향과는 끝없이 적대관계에 있기 때문이다.

　그러나 개량의 정신은 언제나 자유의 정신인 것이 아니다. 왜냐하면 그것은 개량을 원하지 않는 인민에게 개량을 강제할 수도 있기 때문이다. 따라서 자유의 정신은 그러한 시도에 저항하는 한, 부분적으로나 일시적으로 개량에 반대하는 측과 결합될 수도 있다.

그러나 개량의 확실하고도 영속적인 유일한 근거는 자유다. 이는 자유가 있으면 개인의 수와 같은 정도로 많은 수의 개량이 뿌리를 내릴 수 있기 때문이다. 그러나 진보의 원칙은 그것이 자유를 사랑하는 형태든 개량을 사랑하는 형태든 **관습**의 지배에는 반대하고, 적어도 관습의 속박으로부터 해방을 요구한다. 그리고 그 양자의 투쟁이 인류 역사의 중요한 관심 사항을 형성해왔다.

그런 의미에서 적절하게 말하자면 세계 대부분의 지역에는 역사가 없다. 왜냐하면 **관습**의 횡포가 완벽하기 때문이다. 이는 동양 일반에서 그렇다.[93] 거기서는 관습이 모든 일의 최종 규범이다. 정의와 도리는 관습과의 일치를 뜻한다. 관습의 논의에서는 적어도 자기 권력에 도취된 폭군이 아닌 이상, 누구도 저항하려고 하지 않는다. 그 결과는 뻔하다.

그러한 국민도 과거에는 독창적이었다. 그들은 처음부터 인구가 많고, 학문이 왕성하며, 일상생활의 여러 기술에 정통한 풍토에서 태어나지 않았다. 그들은 그 모든 것을 스스로 창조했다. 그리고 당시에는 세계에서 가장 강대한 국민이었다.

그런데 지금은 어떠한가? 그들의 조상이 장엄한 궁전과 화려한 전당을 지을 때 아직 숲속을 방황하던 야만족, 그러나 관습에 지배되는 동시에 자유와 진보에 의해서도 지배되었던 야만족을 조상으로 한 종족의 지배를 받거나 그 종속국의 국민이 되고 있지 않은가?

하나의 인민은 일정 기간 진보적이었다가 그다음에는 정지한다. 언제 정지하는가? 그것은 개성을 갖지 못할 때다. 만일 유사한 변화가 유럽 국민에게도 나타난다면, 그것은 동일한 형태는 아닐 것이다.

유럽 국민을 위협하는 관습의 횡포는 보수주의가 아니기 때문이다. 그것은 특이성을 배척하기는 하지만, 만일 모든 것이 다 같이 변화한다면, 그 변화를 저지하지는 않는다. 가령 우리는 종래 조상의 복장을 계속 바꾸어왔다. 그래서 모든 사람은 여전히 타인과 같은 옷을 입지만 유행은 일 년에 한두 번 바뀔 수 있다.

그리하여 우리는 변화가 생기면 그것이 변화를 위한 변화일 뿐이지, 아름다움이나 편리라는 관점에서 그렇게 된 것이 아님을 유의한다. 왜냐하면 아름다움이나 편리라는 관념이 전 세계에서 동시에 작용했다가 어떤 시기에 동시에 없어지는 것이 아니기 때문이다.

그러나 우리는 변화하기 쉬운 만큼 진보적이다. 가령 우리는 기계에 대해서는 끝없이 새로운 발명을 한다. 그리고 그것이 더욱 우수한 발명으로 대체될 때 비로소 그것을 버리고 새로운 것을 취하게 된다. 또한 우리는 정치, 교육, 심지어 도덕에서도 개선을 희망한다. 도덕의 개선이란 주로 타인을 설득하거나 강제해서 우리 자신과 마찬가지로 선량하게 만든다는 것이지만 역시 그러한 개선을 희망한다.

따라서 우리가 반대하는 것은 진보가 아니다. 반대하기는커녕 우리는 일찍이 생존한 인민 가운데 우리가 가장 진보적이라고 자부한다. 그러나 지금 우리가 맞서 싸우는 것은 개성이다. 그러면서 우리는 우리들 자신을 모두 비슷하게 만든다면 기적을 이루었으리라 생각할 것이 틀림없다.

그러나 이는 가령 두 사람이 서로 다르다는 것이 그들로 하여금 각자의 불완전함과 상대방의 우월성에 주목하게 하며, 또는 양자의 장점을 합쳐 양자 어느 쪽보다 더 나은 것을 만들어낼 가능성에 주목하게 하는 일반적인 제1보임을 망각하게 하는 것이다.

중국의 경우

우리는 중국에서 주의해야 할 사례를 볼 수 있다. 특별히 우수한 일련의 관습을 일찍부터 누려온 보기 드문 행운 덕분에 중국 국민은 풍부한 재능과 탁월한 지혜를 구비하게 된 국민이다. 가장 개화된 유럽인조차 어느 정도 조건을 내세우기는 했지만, 현자나 철인이라고 부를 만한 사람들이 만든 관습이다. 또한 그들은 가능한 그들이 갖는 최선의 지혜를 구성원 각자의 마음속에 심어주고, 그 지혜를 가장 많이 터득한 사람들이 명예와 권력의 지위에 오르도록 보장하는 우수한 제도장치를 갖추고 있다는 점에서도 주목할 만하다.

확실히 이러한 일을 해낸 국민은 인간 진보의 비결을 발견한 것이었고, 따라서 그들은 착실하게 세계의 움직임에 앞장섰어야 했으리라. 그러나 사실은 반대로, 그들은 정체되었고 그 정체는 몇천 년간 지속되었다. 만일 그들에게 개량의 기회가 주어진다면 그것은 외국인의 손에 의해서이리라.[94] 그들은 영국의 박애주의자들이 열심히 노력하는 것, 즉 사람들을 모두 동일화시켜 동일한 격언이나 규준에 따라 그들 자신의 사상과 행동을 규제하는 것에 성공해왔다.

현대의 여론 제도는 중국의 교육·정치제도가 조직적으로 하고 있는 기능을 비조직적으로 하는 것에 불과하다. 따라서 개성이 속박을 떨치고 스스로를 주장하는 것에 성공하지 못한다면, 유럽은 고귀한 조상과 공인된 기독교가 있음에도 앞으로 제2의 중국이 되는 것을 면하지 못하리라.

유럽 진보성의 근거였던 다양성의 퇴화

지금까지 유럽을 그러한 운명에서 구한 것은 무엇인가? 세계의 여러 국민 중에서 유럽의 여러 국민을 인류의 정체된 부분으로 만들지 않고, 진보적인 것으로 만든 요인은 무엇인가? 그들에게는 어떤 뛰어난 점도 없다. 그런 우월성이 존재하는 경우, 그것은 원인이 아니라 결과로 존재한다. 즉 유럽이 정체하지 않은 원인은 그 성격과 교양이 너무나도 다양하다는 점에 있다. 개인들은 물론 계급들, 국민들이 서로 극단적으로 달랐다.

즉 그들은 각각 가치 있는 무엇인가를 지향하는 실로 수많은 종류의 길을 만들어냈다. 물론 어느 시대에도 각각 자기 길을 찾는 사람들은 서로 관용의 태도를 보이지 않았고, 각각 다른 사람들이 자기 길을 따르도록 강요하면 좋겠다고 생각했을 것임에 틀림없다.

그러나 이처럼 서로의 발전을 방해하려는 시도가 영속적으로 성공한 경우는 거의 없었다. 그래서 각자는 결국 타인이 제공하는 이익을 받아들였다. 나의 판단에 따르면 유럽의 진보적이고 다각적인 발전은 전적으로 이러한 진로의 다양함에 있다.

그러나 그런 유럽은 이제 그러한 이익을 상당한 정도로 잃어가기 시작한다. 그것은 분명히 인간 전체를 동일화하려는 중국식 이상을 향해 나아간다. 토크빌은 마지막 중요한 책[95]에서 현대 프랑스인이 심지어 바로 앞 세대의 그들보다 더욱더 동일화되었다고 지적했다. 이와 똑같은 말을 훨씬 더 강하게 영국인에게 할 수 있다.

앞서 인용한 빌헬름 폰 훔볼트의 말에서도 인간 발전의 두 가지 필수조건이 자유와 환경의 다양성으로 지적된다. 이는 결국 사람들을 같지 않게 만드는 데 필요한 조건이다. 그중에서 환경의 다양성이 영국에서 점차 감퇴하고 있다. 서로 다른 계급과 개인을 둘러싸고 그 성격을 형성하게 되는 환경은 날이 갈수록 더욱더 동일화되고 있다.

과거에는 신분이 다르고 이웃이 다르며 직업이 다른 사람들은 말하자면 서로 다른 세계에서 살았으나 지금은 대체로 동일한 세계에서 산다. 상대적으로 말하면 그들은 지금 같은 것을 읽고 보고 들으며, 같은 곳에 가고, 같은 대상에 희망과 공포를 가지며, 같은 권리와 자유를 가지고, 그것을 주장하는 같은 수단을 갖는다. 아직도 잔존하는 주장 차이가 크기는 하지만, 이는 이미 없어진 것에 비하면 말도 안 될 정도로 적다.

그런데 그 차이를 없애려는 동일화 작용은 아직도 진행 중이다. 당대의 모든 정치적 변화에는 낮은 것을 높이고 높은 것을 낮추려는 경향이 있으므로 동일화 작용은 더욱 촉진된다. 교육이 확대될 때마다 동일화 작용도 촉진된다. 왜냐하면 교육은 사람들에게 공통된 영향을 주고, 그들을 사실과 감정의 일반적 저장고에 접근하게 하기 때문이다.

교통기관의 개선도 동일화 작용을 촉진한다. 왜냐하면 먼 곳에 사는 주민들을 직접 접촉하게 하고 또한 한 곳에서 다른 곳으로 급속하게 주거를 이전하는 것을 원활하게 만들기 때문이다. 상업과 제조업 증대도 이를 촉진시킨다. 왜냐하면 그것은 안락한 환경의 이익을 더욱 광범하게 보급하여 야망의 대상(그 최대의 것조차)을 일반인이 경쟁을 통해 추구할 수 있게 하며, 이로 인한 향상 욕구가 이미 어떤 특수한 계급 특유의 특질이 아니라 모든 계급의 특질이 되고 있기 때문이다.

위에서 설명한 것보다 더욱 강력하게 인류 사이의 일반적 동일화를 초래하도록 작용하는 것은 영국에서는 물론, 다른 자유국가에서도 나라 안에 여론의 우위가 완전히 확립되었다는 점이다. 높은 자리에 서서 많은 사람의 의사를 무시할 수 있었던 여러 가지 사회적으로 높은 지위가 점차 평준화됨에 따라, 또한 공중이 어떤 의사를 갖는다는 것이 명백히 알려질 때, 그들의 의사에 저항한다는 관념이 점차 실제 정치가의 마음속에서 소멸되어감에 따라, 통일 타파의 정신은 아무런 사회적 지지도 받지 못하게 된다. 즉 우세한 다수자에 대항하면서 공중의 의견과 성향을 보호해주려는 독자적인 힘이 사회에는 없어지게 된다.

개성 회복 방법

이상의 여러 원인이 한 덩어리가 되어 개성에 적대적인 대집단을 형성하므로 개성이 그 위치를 어떻게 고수할 수 있을지 확인하기란 쉬운 일이 아니다. 더욱이 공중 속의 지성인이 개성의 가치를 뼈저리게 느낄 수 없는 한 — 즉 더욱 좋은 것을 지향하지 않는다고 해도 또한 비록 그들의 눈에는 그 어떤 것이 더 나쁜 것을 지향하는 것처럼 보여도 개성이 다른 것이 좋다는 것을 깨닫지 못하는 한 — 곤란은 더욱 가중되리라.

만일 개성의 요구가 주장되어야 한다면 바로 지금이다. 동일화의 강제가 완성되기에는 아직도 많은 것이 결여되고 있는 바로 이때다. 어떤 침해에 저항해서 효과를 얻을 수 있는 것은 바로 그 초기에 한정된다. 다른 모든 사람을 우리 자신과 닮도록 하는 요구는 그 요구가 섭취하는 모든 제물에 의해 성장한다.

만일 인간 생활이 거의 하나의 획일적인 형태로 변할 때까지 아무런 대항책도 강구하지 않는다면, 그때는 그 형태에서 벗어나는 것은 모두, 경건하지 못하고 도덕적이지도 못한, 나아가 변태적이고 인간 본성에 반하는 존재로 생각될지도 모른다. 인간은 잠시라도 다양성을 보지 않고 있으면, 곧 다양성의 차이를 분간할 수 없게 된다.

4장은 이 책의 결론이라고 할 수 있다.《자유론》1장 첫 부분에서 이 책의 주제란 "사회가 합법적으로 개인에게 행사할 수 있는 권력의 본질과 한계"를 밝히는 것이라고 명시했었다. 4장에서 우선 밀은 행동의 원칙으로 두 가지를 전제한다. 첫째, 서로의 이익을 침해하지 않아야 하고, 둘째, 사회와 그 구성원을 보호하기 위한 노동과 희생에 각 개인이 자신의 몫을 분담해야 한다는 것이다.

그리고 인간의 행동을 타인의 이해관계와 관련된 부분 A, 자신에게만 한정되는 행동 부분 B로 구별한 뒤, 위 두 원칙에 근거해서 A에 대해서만 '(여론에 의해) 도덕적·법적'으로 간섭할 수 있고, 따라서 그것은 개인이 책임을 져야 하는 상대적 자유의 영역이라고 보며, B에 대해서는 개인은 사회에 아무런 책임을 질 필요가 없는 절대적 자유의 영역이라고 본다.

이어 밀은 개인은 자기 행동의 절대적 주권자이고, 품위의 결여를 경멸한다고 해도 이를 처벌할 수는 없으며, 타인의 이익을 침해하는 경우에만 처벌된다고 주장한다. 그리고 경멸과 처벌을 구별해야 한다고 주장하고, 그런 자기주장에 대한 반대론을 언급한 뒤 그것에 다시 반론하고서, 오직 자신에 관련되는 행동은 처벌할 수 없다고 하며, 개인적 행동에 대한 간섭의 부당함을 지적한다.

이어 개인적 행동에 대한 간섭의 부당함을 보여주는 이슬람교의 경우, 스페인인의 경우, 오락의 금지, 미국의 사치금지법이나 노동자의 경우, 금주법의 경우, 사회적 권리, 휴일 준수법, 모르몬교의 경우와 같은 사례를 설명하고 모르몬교에 대한 탄압을 다음과 같은 이유에서 반대한다.

악법으로 고통을 겪는 사람들이 다른 사회에 구원을 요청하지 않는 이상, 그들과 완전히 무관한 사람들이 다음과 같이 요구하는 것을 나는 인정할 수 없다. 즉 이러한 사회 상태가 그것과 직접 관련되는 사람들 전부에게 만족을 주는 것처럼 보인다고 해도, 이것이 몇천 마일 밖에 떨어져 있어서 아무런 관련도 관심도 없는 사람들에게 추행으로 보인다는 이유에서 모르몬교도와 완전히 무관한 그들이 개입하여 폐지를 요구해야 한다는 것을 나는 인정할 수 없다.

이러한 밀의 자유에 대한 원리에서 본다면 우리 사회는 대단히 자유롭지 못한 사회고, 특히 우리의 법은 자유를 제한·금지하는 법임을 알 수 있다. 타인에게 해를 끼치지 않아도 도덕이나 윤리나 사회질서를 이유로 그렇게 하는 경우가 너무나 많기 때문이다. 가벼운 구류에 처해지는 경범죄처벌법에서 사형에 처해지는 국가보안법까지, 그리고 양심적 병역거부에 대한 처벌에서 사이버 표현에 대한 과도한 처벌까지 20세기는 물론 19세기 다른 나라에서도 볼 수 없는 자유의 제한이 우리가 처한 현실이다.

개인에 대한 사회적 권위의 한계

그러면 개인이 자신을 지배하는 힘의 정당한 한계는 무엇일까? 그리고 사회의 권위는 어디에서 시작하는가? 즉 인간 생활의 어떤 부분이 개인에게 속해야 하고 또 어떤 부분이 사회에 속해야 하는가?

개인과 사회가 각각 자신과 더욱 특별하게 관련되는 부분을 가진다고 할 때 양자 모두 정당한 몫을 차지하는 것이 될 것이다. 즉 생활의 부분 중에서 개인과 주로 관련되는 부분은 개인에게 속해야 하고, 사회와 주로 관련되는 부분은 사회에 속해야 한다.

비록 사회가 계약에 기초해 만들어진 것은 아니라고 해도 또한 사회적 의무의 근거를 밝히기 위해 어떤 계약이 있다고 주장하는 것이 아무 도움이 되지 않는다고 해도[96], 사회의 보호를 받는 모든 개인에게는 그 은혜에 보답할 의무가 있고, 따라서 사회 안에서 생활한다는 사실은 반드시 각자가 타인에게 일정한 행동 규칙을 지키도록 요구한다.

이러한 행동은 두 가지로 구성된다. 첫째, 서로의 이익을 침해하지 않아야 할 것, 즉 명백한 법 규정이나 암묵적인 양해에 의해 적어도 권리라고 간주되어야 할 어떤 특정 이익을 침해하지 않아야 한다는 것이다. 둘째, 사회나 그 구성원을 위해와 방해로부터 방어하고자 부과되는 노동과 희생을 각자가 자기 몫(이는 공정한 원칙에 의해 정해진다)만큼 부담한다는 것이다. 사회는 이러한 몫을 부담하려고 하지 않는 사람에게 어떤 고통을 부과해서라도 그 두 조건을 정당하게 강제할 수 있다.

사회가 할 수 있는 일은 이뿐이 아니다. 개인의 행동이 비록 타인의 법정 권리를 침해하는 데까지 이르지 않는다고 해도, 타인에게 해를 끼치거나 타인의 행복에 대한 정당한 배려가 결여된 경우가 있을 수 있다. 그럴 때 그 침해자는 법에 따른 처벌은 받지 않아도, 여론에 의해서는 정당하게 문책될 수 있다.

어떤 사람의 행동 일부가 타인의 이익에 해를 끼치면 사회는 이를 법으로 규제하게 되는데, 여기서 그러한 간섭에 의해 일반적 복지가 증진되는가 아닌가 하는 문제가 논의된다. 그러나 어떤 사람의 행동이 자신 외의 타인에게 영향을 주지 않거나, 타인이 원하지 않는 한 (여기서는 성년에 도달하여 정상적인 이해력을 갖는 사람만을 고려 대상으로 삼는다) 그들의 이익에 영향을 미칠 필요가 없는 경우, 그런 문제는 제기될 여지가 없다. 그 모든 경우에는 그러한 행동을 하고, 그러한 결과에 책임지는 완전한 법적·사회적 자유가 인정되어야 한다.

개인은 자기 행동의 절대적 주권자다

이상의 주장을 이기적 무관심이라고 가정한다면 이는 커다란 오해다. 즉 이 주장은 인간은 생활에서 타인의 행동과 완전히 무관하고 자신의 이익과 관련되지 않는 한, 상호 간의 선행이나 복지에 관여해서는 안 된다고 하는 이기적 무관심을 의도하는 것이 아니다.

도리어 타인의 이익을 증진시키기 위한 희생적인 노력을 감소시키기는커녕, 더욱 증가시킬 필요가 있다. 그러나 사람들에게 사심 없는 호의로 그들의 이익을 추구하게 하려면, 문자 그대로의 의미건 비유적인 것이건 회초리와 매질 외의 다른 수단에 의할 수 있다.

나는 자기를 존중하는 여러 덕성을 낮게 평가하지 않는다. 그러한 자기 존중의 덕성은 비록 사회적 덕성에는 미치지 못한다고 가정한다고 해도, 그것 다음으로 중요하다. 이 둘을 다 같이 육성하는 것이 교육의 임무다. 그러나 교육에서조차 강제에 의하는 것과 마찬가지로 확신과 설득에 의해서도 그 효과가 나타날 수 있다. 따라서 교육 기간이 지났을 때 자기 존중의 덕성은 확신과 설득에 의해서만 함양될 수 있을 뿐이다.

인간은 선악을 식별하고, 선을 택하고 악을 버리려고 서로 돕고 격려한다. 그들은 서로 더욱 높은 능력을 발휘하도록 하고, 어리석지 않고 현명하며 타락하지 않고 향상적인 목적과 사고에 그들의 감정과 목적을 더욱 많이 기울이도록 해야 한다.

그러나 어떤 개인도, 또는 다수라 할지라도, 다른 성년에 대해 그가 자신의 생활을 어떻게 하려고 하든 그가 자신의 이익을 위해 자신의 일을 처리해서는 안 된다고 말할 권한은 없다. 자신의 복지에 가장 많은 관심을 갖는 사람은 그 자신이다. 부자간 또는 부부간과 같이 강한 개인적 애착의 경우를 제외하고 말하면, 자신의 이익에 관한 한, 타인이 갖는 어떤 관심도 그 자신이 갖는 관심에 비하면 문제가 되지 않는다. 사회가 그에 대해 개별적으로 갖는 관심은(타인에 대한 그의 행동은 예외지만) 미미하고 또한 전적으로 간접적이다.

반면 가장 평범한 일반인도 자신의 감정이나 환경에 대해서는 어떤 타인이 갖는 것보다 월등히 뛰어난 지식의 수단을 갖는다. 오로지 그 자신만이 관련되는 사항에 대해 그의 판단과 의도를 좌우하고자 하는 사회의 간섭이란 일반적인 추정에 기인하는 것이어야 한다.

그런데 그러한 추정은 완전히 잘못된 것일 수도 있다. 또한 설령 올바른 것이라고 할지라도, 개별적 경우에는 너무나 자주 잘못 적용되기 쉽다. 왜냐하면 그 적용자는 그러한 사정에 대해 외부에서 방관할 뿐인 사람들과 별 차이 없는 지식밖에 갖지 못하기 때문이다.

따라서 이 부분에서 인간 생활의 개성은 그 적절한 활동 무대를 갖게 된다. 인류 상호 간의 행동에서, 사람들에게 그들이 과연 무엇을 기대해야 하는가를 깨닫게 하기 위해 일반적 규칙이 대체로 준수될 필요가 있다. 그러나 자신만이 관련되는 일의 경우, 그의 개인적 자발성이 자유롭게 활동할 권리가 있다.

그의 판단을 도울 고려 사항이나 그의 의지를 강화시킬 권고가 타인에 의해 그에게 부여될 수 있고 심지어 강요될 수도 있지만, 최후의 심판자는 오로지 그 자신뿐이다. 타인의 충고나 경고에 반해 그가 범하게 될 오류가 아무리 중대한 것이라고 해도, 그 오류는 타인으로 하여금 그들 자신이 그의 이익이라고 생각하는 것을 그에게 강요하는 대로 내버려두는 해악에 비하면 훨씬 가볍다.

품위의 결여를 경멸한다고 해도 이를 처벌할 수는 없다

나는 여기서 타인이 어떤 사람을 볼 때 그에게 나타내는 감정이 그의 자기 관련적인 자질이나 결점에 의해 어떤 영향을 받아서도 안 된다고 주장하는 것은 아니다. 그것은 가능하지도 않고, 바람직하지도 않다. 만일 그가 자신의 행복을 증진시키는 어떤 자질에서 매우 뛰어나다면, 그는 사람들에게 칭찬받을 만하다. 그는 그만큼 인간 본성의 완성에 접근한 것이다. 반대로 그가 그러한 자질을 크게 결여하고 있다면 칭찬과는 반대되는 감정이 따르게 될 것이다.

세상에는 어리석은 행동도 적지 않고, 저속하거나 타락된(이 표현은 적절하지 못하지만) 취향도 많다. 그런 어리석은 행동이나 저속하거나 타락된 취향을 보인다고 해서 그에게 위해를 가하는 것은 정당화될 수 없으나, 이로 인해 그는 필연적으로 또한 당연히 혐오의 대상이 되며, 극단적인 경우에는 경멸의 대상이 된다. 이러한 반대 방향의 자질을 상당히 강하게 갖는 사람이라면 누구나 그러한 감정을 갖지 않을 수 없다.

어느 누구에게도 해를 끼치지 않지만, 타인으로 하여금 자신을 어리석은 자 또는 열등 인간으로 판단하게 하거나 느끼도록 행동하는 경우가 있다. 누구나 이러한 판단이나 감정은 가능한 피하고자 할 것이므로, 사전에 이를 경고해두는 일이 그가 직면할 우려가 있는 다른 불쾌한 결과를 경고하는 것과 마찬가지로 그에게 호의를 베푸는 것이 된다.

사실 이러한 호의가 오늘날의 이른바 예의에 관한 일반적 관념이 허용하는 것보다 더욱더 자유롭게 베풀어진다면, 그리고 어떤 사람이 타인에게 타인이 틀렸다고 생각되는 점을 솔직하게 지적해도 무례하다든가 불손하다는 인상을 주지 않는다면 좋을 것이다. 또한 우리는 어떤 사람에게 갖는 좋지 못한 의견에 입각해, 그의 개성을 억압하는 것이 아니라 우리의 개성을 행사하는 의미에서 다양하게 행동할 권리를 갖는다.

가령 우리는 그와 교제할 의무가 없고 따라서 그것을 기피할 수 있는 권리를 갖는다(물론 기피한다고 떠들어대는 것은 좋지 않다). 왜냐하면 우리는 각자 교제하기에 가장 적합한 친구를 선택할 수 있는 권리를 갖기 때문이다. 만일 그의 행동이나 대화가 그와 교제하는 사람들에게 해로운 영향을 미칠 우려가 있다고 생각되면, 우리에게는 그에게 주의하도록 타인에게 말해줄 권리가 있고, 그렇게 하는 것이 의무이리라. 우리가 임의로 호의를 베풀 때, 그의 개선에 도움이 될 경우를 제외한다면 그보다 타인에게 우선권을 줄 수도 있다.

이처럼 여러 가지 방식으로 어떤 사람은 자기에게만 직접 관련되는 오류 때문에 타인에게 매우 가혹한 벌을 받을 수도 있다. 그러나 그가 이러한 벌을 받는 것은 그 벌이 오류 자체의 자연적이고 필연적이라고 할 수 있는 결과인 경우에 한정되는 것이지, 그 벌이 하나의 형벌로 그에게 고의로 가해졌기 때문이 아니다.

경솔하며, 완고하고, 자기도취에 빠지기 쉬운 사람들, 절제 있는 생활을 할 수 없는 사람들, 매우 유해한 방종 생활을 멀리할 수 없는 사람들, 감정과 지성의 즐거움을 희생시켜 육감적인 즐거움만을 추구하는 사람들은 타인에게 멸시받고 호평을 받는 기회가 적어질 것을 각오해야 한다.

그러나 이에 대해 불평할 권리는 그에게 없다. 그가 사회관계에서 특별한 우월성을 나타내기 때문에 그들의 호의를 받을 만하고, 그리하여 오직 자신과 관련되는 자기의 과실에 의해서는 영향을 받지 않는, 그들의 호의를 받을 자격을 확립하지 않았다면 말이다.

타인의 이익을 침해하는 경우에만 처벌된다

위에서 내가 주장한 것은 어떤 사람이 그의 행동과 성격 가운데 자신의 이익과 관련되고, 자신과 타인과의 관계에서는 타인의 이익에 영향을 주지 않는 부분에 대해 어떤 불편을 당해야 하는 것이라면, 그것은 타인의 비호의적인 판단으로 인한 불편이 유일하다는 것이다.

그러나 타인에게 해를 끼치는 행동에 대해서는 완전히 다른 조치를 취해야 한다. 타인의 권리에 대한 침해, 즉 자신의 권리에 의해 정당화될 수 없는 손실이나 손해를 타인에게 끼치는 경우, 타인과 거래하면서 사기나 배신을 하는 경우, 타인에 대한 자신의 유리한 위치를 부당하거나 무자비하게 이용하는 경우, 심지어 타인이 피해받지 않도록 보호하는 것을 이기적인 이유에서 단념하는 경우는 도덕적 비난의 정당한 대상이고 그것이 중대한 사례이면 도덕적 보복이나 징벌의 대상이 된다. 나아가 그러한 행동만이 아니라 그러한 행동을 낳는 성향도 당연히 부도덕하며, 증오심을 유발하게 하는 비난의 정당한 대상이 된다.

즉 잔인한 성격, 악의와 불량한 천성, 일체의 격정 중에서도 가장 반사회적이고 가장 좋지 못한 질투심, 위선과 불성실, 걸핏하면 흥분하는 기질, 사소한 일에 화를 잘 내는 성격, 남을 지배하기 좋아하는 심성, 자기의 정당한 몫 이상으로 이익을 차지하려는 욕구(즉 그리스 인들이 말한 탐욕), 남의 잘못에 만족하는 교만, 자기와 자기의 관심사를 다른 모든 것보다 중히 여기고 모든 의심스러운 문제들을 자기와 자기 관심사에 편하도록 결정하는 자기중심주의는 모두 도덕적으로 악이고 추악한 도덕적 성격으로, 이는 앞에서 말한 자기 관련적인 결점과는 다르다.

자기 관련적인 결점이란 본래 부도덕한 것이 아니고, 그것이 극단적이라고 해도 사악하다고는 말할 수 없다. 이러한 결점은 어느 정도 어리석은 행동 또는 개인적 존엄이나 자존심 결여의 증거라고는 할수 있다. 그러나 그 자기 관련적인 결점이 도덕적 비난의 대상이 되는 경우란 자신이 소중하게 하지 않으면 안 될 관계에 있는 타인에 대한 의무의 불이행을 포함하는 경우에 한정된다.

우리 자신에 대한 의무라고 하는 것은, 그것이 동시에 타인에 대한 의무가 되는 것과 같은 사태가 조성되지 않는 한, 사회적인 의무는 아니다. 자신에 대한 의무라는 말은 그것이 단순히 신중한 고려 이상의 것을 의미할 경우, 자존이나 자기발전을 뜻한다. 그리고 그 어느 것을 의미하든 아무도 이에 대해서는 그 동포에게 책임지지 않는다. 왜냐하면 그 어느 것에 관해서도 그가 동포에게 책임을 지지 않는다는 것이 인류에게는 이익이기 때문이다.

경멸과 처벌의 차이

분별력 부족이나 개인적 존엄성의 부족으로 당연히 받게 되는 경멸과 타인의 권리를 침해했기 때문에 받아야 할 비난의 차이는 단순히 명분상 구별에 그치지 않는다. 우리가 어떤 사람을 규제할 권리를 갖는다고 생각하는 사항에 대해 그가 우리를 불쾌하게 만드는가 아니면 우리가 그를 규제할 권리를 갖지 못함을 아는 사항에 대해 그가 우리를 불쾌하게 하는 것인가에 따라, 그에 대한 우리의 감정과 행동에는 커다란 차이가 생긴다.

즉 그가 우리를 불쾌하게 하면 우리는 불쾌함을 드러낼 수 있고 우리를 불쾌하게 하는 것을 가까이하지 않듯이 그런 사람을 가까이하지 않을 수 있지만, 그렇다고 해서 그의 생활까지 불쾌하게 만들어야 한다고 느낄 필요는 없다. 우리는 그가 이미 그의 오류에 대한 모든 처벌을 받고 있거나 받을 것이라는 점을 생각해볼 필요가 있다. 설령 그가 처세를 잘못해서 그의 생애를 망친다고 해도, 우리는 그것을 이유로 그의 생애를 더욱더 망치려고 할 필요는 없다. 도리어 그런 행동의 결과 그에게 닥칠 해악을 피하거나 교정받을 방법을 그에게 가르쳐서 그가 받을 벌을 덜 받도록 우리는 노력해야 한다.

그는 우리에게 연민이나 혐오의 대상이 될 수는 있으나 분노나 원한의 대상이 될 수는 없다. 따라서 우리는 그를 마치 사회의 적인 것처럼 취급해서는 안 된다. 그런 경우 우리가 정당화될 수 있다고 생각할 수 있는 가장 가혹한 처사란, 우리가 그를 위해 흥미와 관심을 가지고 호의적으로 간섭하려고 하는 것이 아닌 이상, 그가 하는 대로 내버려두는 것이다.

만일 그가 동포를 보호하는 데 필요한 규제를 개인적으로나 집단적으로 어긴 경우에는 사정이 이와 완전히 다르게 된다. 그런 경우에는 그의 행동이 초래하는 나쁜 결과는 그 자신이 아니라 타인에게 미치게 된다. 따라서 사회는 구성원 전부의 보호자로서 그에게 보복해야 한다. 명백한 징벌을 목적으로 그에게 고통을 주되, 그 고통이 충분한 효과가 있도록 주의해야 한다. 이 경우 그는 우리의 법정에서는 범인이 되고, 우리는 그를 재판할 의무가 있을 뿐 아니라, 어떤 형태로든 그에게 우리의 판결을 집행할 의무가 있다.

반면 다른 경우에는 그에게 고통을 줄 권리가 우리에게 없다. 단 그가 우리의 개입 없이 그가 자신의 일을 자유롭게 처리하는 것과 똑같이 우리도 우리의 일을 자유롭게 처리하는 데서 우연히 따르는 고통을 제외한다면 말이다.

반대론

여기서 어떤 사람의 생활에 대해, 오직 그 자신과 관련되는 생활 부분과 타인에게 관련되는 생활 부분을 구분해야 한다는 나의 주장을 받아들이기를 많은 사람이 거부할 것이다. 사회 구성원의 어떤 행동이든 그것이 어떻게 다른 구성원들에게 무관심의 대상일 수 있겠느냐는 질문이 반대론 측에서 나올 수 있다. 그 누구도 완전히 고립되어 살 수는 없다. 자신에게만 중대하거나 영속적인 재앙을 주는 일을 한다고 해도, 그 좋지 못한 영향은 적어도 근친자에게 미치게 되고 때로는 근친자를 훨씬 넘는 범위까지 영향이 미칠 수도 있다.

만일 그가 자기 재산을 잃게 되면, 직접적으로나 간접적으로 그 재산을 지원받는 사람들에게 해를 주게 되고 국가의 자원을 다소간 감소시키는 것이 보통이다. 만일 그가 자신의 심신 능력을 저하시키게 되면, 그는 자기 행복의 일부를 오직 자신에게 의존하는 모든 사람에게 해를 끼칠 뿐만 아니라 자기 동포에 대해 지는 의무도 수행할 수 없게 된다. 그 결과 그는 동포의 동정과 호의에 매달리는 귀찮은 존재가 될 수도 있다.

따라서 이러한 행동이 빈번히 반복된다면, 어떤 오류도 그 이상 사회 전체의 이익에서 많은 것을 빼앗지 못하게 될 것이다. 결국 인간이 자신의 악덕과 어리석은 행동으로 타인에게 직접 해를 끼치지는 않는다고 해도, 이러한 좋지 못한 실례를 남김으로써 세상에 해악을 끼치게 된다고 반대론 측에서는 말할 수도 있다. 따라서 그의 행동을 보거나 알게 되면 타락하거나 잘못을 저지르게 될 사람들을 위해 그가 자제하도록 강제하는 것이 당연하다고 반대론 측에서는 주장할 수 있다.

심지어 반대론 측은 다음과 같이 덧붙이리라.

"나쁜 행동의 결과가 오로지 그 부도덕하고 경솔한 개인에게만 한정된다고 해도, 사회는 분명히 사회의 구성원이 될 자격이 없는 사람들을 방임하여 제멋대로 하게 해도 좋은가? 만일 사회가 어린이나 미성년자들을 그들이 원치 않아도 보호할 수밖에 없는 것이 명백하다면, 마찬가지로 자기통제 능력이 없는 성년자도 사회가 보호해야 하는 것이 아닌가?

만일 도박, 술주정, 음란, 나태, 불결이 법으로 금지되는 행동의 대다수와 마찬가지로 사람들의 행복을 해치고 생활 개선을 방해하는 것이라면, 법은 그 실행 가능성과 사회적 편의가 허용하는 한에서 당연히 그런 것들도 금지해야 하지 않는가?

따라서 법이 불가피하게 내포하게 되는 불완전성을 보충하기 위해 적어도 여론이 그러한 악덕을 방지할 강력한 경찰기구를 구성하여, 그런 악덕을 일삼는 것으로 알려진 사람들에게 준엄한 사회적 징벌을 가해야 하지 않는가? 이때는 개성을 속박하거나 새로운 독창적인 생활방식의 시도를 저해한다는 문제는 있을 수 없다.

따라서 금지되도록 요구되는 건 오로지 이 세상의 처음부터 오늘에 이르기까지 시도되어 좋지 못하다는 낙인이 찍힌 사항들, 즉 경험을 통해 누구의 개성에도 유용하거나 적합하지 않다고 판명되는 것뿐이다. 도덕적이며 심오한 내용을 갖는 진리가 확정적인 것으로 간주되기까지는 상당한 세월이 흐르고 풍부한 경험이 쌓여야 한다. 따라서 우리는 조상을 오직 죽음의 길로 인도한 절벽에서 자자손손이 다시는 떨어지지 않기를 바랄 뿐이다."

반대론에 대한 비판

어떤 사람이 스스로 저지르는 악행이 그와 친근한 관계를 갖는 사람들의 동정과 이해관계를 통해 그들에게 중대한 영향을 미칠 수 있고, 또 그 정도는 작아도 일반 사회에도 영향을 미칠 수 있음을 나도 충분히 인정한다. 지금 어떤 사람이 그러한 행동에 의해 타인에 대한 명백한 의무를 이행하지 못하면, 그 경우 자기와 관련된 행동의 범위를 벗어나 본래적 의미에서 도덕적 비난을 받게 된다.

가령 어떤 사람이 무절제나 방탕으로 인해 빚을 갚을 수 없게 되거나 가족에 대한 도덕적 책임을 지면서도 역시 같은 이유로 그들을 부양하고 교육할 수 없게 되었다면, 그는 당연히 비난을 받고 설령 처벌을 받는다고 해도 부당하지 않으리라. 그러나 그것은 그가 가족이나 채권자에 대한 의무를 태만히 한 탓이지 그의 방탕 때문인 것은 아니다. 비록 가족이나 채권자에게 돌아가야 할 돈이 그들에게 돌아가지 않고 지극히 타산적인 투자에 돌려졌다고 해도 그것이 도덕적 죄악이라는 점에서는 마찬가지다.

조지 반웰George Barnwell[97]은 애인에게 줄 돈을 마련하려고 자기 숙부를 살해했다. 그러나 그가 상업으로 입신하기 위해 그런 짓을 했다고 해도 역시 사형에 처해졌으리라. 또한 흔한 일로 고약한 버릇에 빠져 가족을 울리는 사람은 몰인정함과 배은망덕을 이유로 비난받음이 당연하다.

그러나 그 자체로서는 나쁘지 않은 버릇이 함양되는 경우에도, 그것이 그와 동거하는 사람들이나 혈육 관계로 인해 그에게 생계를 의탁하는 사람들한테 고통을 준다면 역시 그런 비난을 받을 수 있다. 도저히 피치 못할 의무로 강요되거나 부득이한 사정이 있다고 변명할 수 있는 경우는 예외라고 해도, 적어도 타인의 이해관계와 감정에 대해 보통 이상의 고려도 하지 않는다면, 누구나 도덕적 비난의 대상이 될 수 있다.

그러나 그렇게 고려를 하지 못한 원인이나 또는 더욱 먼 원인이 되었을지도 모르는 잘못, 즉 완전히 자신과 관련된 잘못 때문에 비난을 받는 것은 아니다. 마찬가지로 어떤 사람이 순수하게 오로지 자신과 관련되는 행동으로 자신을 파멸로 이끌었을 때, 그는 분명히 공중에 대한 의무를 이행할 수 없게 될 것이므로 그 사회에 죄를 범하게 된다. 누구도 오로지 술에 취했다는 이유만으로는 벌을 받지 않지만, 군인이나 경찰관이 집무 중에 술에 취한다면 마땅히 벌을 받는다. 요 컨대 개인이나 공중에게 명백한 손해를 끼치거나 손해를 끼칠 위험이 있는 경우, 그 문제는 즉시 자유의 범위를 넘어 도덕이나 법의 문제에 속하게 된다.

오직 자신에 관련되는 행동은 처벌할 수 없다

그러나 사회에 대한 어떤 특별한 의무를 이행하지 않는 것도 아니고 또 자신 이외의 특정 개인에게 명백한 침해를 가하는 것도 아닌 행동에 의해 어떤 사람이 사회에 미치게 되는 오로지 우발적이거나 추정적인 손해의 경우, 그것에서 발생하는 불편은 인류의 자유라고 하는 더욱 큰 이익을 위해 사회가 충분히 참을 수 있는 불편이다.

만일 성년자가 자신을 적절하게 돌보지 않았다고 해서 처벌을 받아야 한다면, 그것은 그들 자신을 위해서 행해져야 하지 그들이 사회에 혜택 ─ 사회가 그들에게 강요할 권리가 있다고 주장하지도 않는 혜택 ─ 을 줄 능력을 손상되지 않게 방지한다는 구실에서 행해지지 않아야 한다고 생각한다.

그러나 나는 마치 사회가 허약한 구성원들을 합리적 행동의 수준까지 끌어올리는 아무런 수단도 갖지 않고서, 다만 그들이 무엇인가 불합리한 짓을 할 때까지 기다려서 그다음에 법적으로나 도덕적으로 그들을 처벌하는 것 외에는 별도리가 없다는 듯이 문제 삼는 것에는 찬성할 수 없다. 사회는 그들 허약한 구성원들의 생애 초기부터 일생 동안 절대적인 권력을 행사해왔다. 즉 사회는 그들의 유년기와 미성년기 전부를 소유해왔기 때문에, 그동안 사회는 그들을 인간 생활에서 이성적 행동을 할 수 있도록 시험해볼 충분한 시간을 가졌을 것이리라.

현세대는 차세대 사람들의 훈육과 환경을 자유롭게 좌우할 수 있다. 물론 현세대는 스스로 개탄할 정도로 선과 지성이 결여되어 있으므로 차세대 사람들을 완전히 현명하게 하고 선량하게 만들 수는 없다. 나아가 현세대가 최선의 노력을 경주한다고 해도 개별적인 경우 항상 최대의 성공을 거두는 것은 아니다. 그러나 청년층 사람들을 총체적으로 자신들과 동등하거나 자기들보다 낮게 만들 수는 있다.

만일 사회가 그 구성원 대다수를 순수한 유아 상태로 내버려두어 원대한 동기를 갖고 합리적으로 스스로 행동할 수 없게 한다면, 사회 전체가 그러한 결과에 책임을 져야 한다. 사회는 이미 교육의 전권을 장악하고 있을 뿐 아니라 독자적인 판단 능력이 없는 사람들에게 일반적으로 시인된 여론의 권위가 항상 휘두르는 저 막강한 힘까지 장악하고 있으며, 또 **천벌** ― 즉 자신을 아는 사람들 사이에서 혐오나 경멸을 야기하는 사람들에게 반드시 내려진다고 하는 천벌 ― 의 도움도 받는다. 그러므로 사회로 하여금 그 밖에 다시금 각 개인의 사적인 일까지 명령을 내려 복종을 강요하는 권력이 필요하다고 주장하게 해서도 안 된다.

각 개인의 사적인 일의 결정권은 정의와 정책에 관한 모든 원칙에 비추어 스스로 책임을 지는 당사자들에게 남아 있어야 한다. 그리고 만일 나쁜 행동으로 이끄는 방법을 한번 사용하게 되면 어떤 좋은 방법도 도저히 믿을 수 없는 무력한 것이 될 것이다. 만일 심사숙고와 절제 생활을 강요당하는 사람들 사이에 불굴의 독립적 성격을 형성할 수 있는 바탕이 조금이라도 있다면, 그들은 틀림없이 그러한 속박에 반항할 것이다. 그들은 '남이 하는 일을 지배하려고 할 때 그들이 제지하듯이 내가 하는 일을 남이 지배할 권리는 없다'고 느낄 것이다.

따라서 그와 같이 불법적으로 가로챈 권력을 휘두르는 자에 대항하여 그 명령에 반하는 일을 감행하는 것이 도리어 강한 기백과 용기의 상징으로 간주되는 분위기가 조성된다. 가령 청교도의 어느 정도 광신적인 도덕적 불관용이 널리 행해진 뒤, 이에 대한 반동으로 찰스 2세 당시의 방탕한 생활이 유행한 것이 그 본보기다.

방탕하기 그지없는 사악한 인간이 타인에게 나쁜 행동의 표본을 보이지 않도록 사회를 보호할 필요가 있다는 견해가 있는데 행동의 나쁜 실례가 사회에 해독을 끼치는 것은 사실이다. 특히 타인에게 위해를 가해도 가해자가 처벌을 면하는 경우가 더욱 그렇다. 그러나 우리는 지금 타인에게는 아무 해도 끼치지 않고, 오직 행동한 사람 자신에게만 큰 해를 끼치게 되는 경우에 대해 논의하고 있다.

나는 사악한 사람들의 나쁜 보기로부터 사회를 보호해야 한다고 믿는 사람들이 그 보기가 대체로 유해하기보다는 유익한 것임을 왜 깨닫지 못하는지 이해할 수 없다. 왜냐하면 만일 세상 사람들에게 그러한 보기를 보이는 경우, 그들에게 정당하게 비난받아 마침내 그러한 나쁜 행동의 보기라는 명예롭지 못한 행동의 결과가 어떤지 낱낱이 드러나게 되기 때문이다.

개인적 행동에 대한 간섭의 부당함

그러나 오직 순수하게 개인적인 행동에 대한 공중의 간섭에 반대하는 모든 논의 중에서 가장 강력한 것은 만일 그런 간섭을 하게 되면 그 간섭 자체가 전적으로 부당하고, 또한 간섭해서는 안 될 일에 간섭했다는 비난을 면할 수 없다는 것이다. 사회 도덕과 타인에 대한 의무에 관한 문제에 대해 공중, 즉 지배적 다수의 의견이라는 것은 종종 틀릴 수도 있지만 옳은 경우가 더 많은 것 같다. 왜냐하면 이러한 문제에 대해 그들은 오직 그들 자신의 이해관계에서, 또는 어떤 행동방식이 실행될 때 그들 자신에게 미칠 영향이라는 관점에서 판단하기 때문이다.

그러나 동일한 다수자의 의견이 오직 행동하는 사람 자신과 관련되는 문제에서 소수자에게 법으로 부과되는 경우, 옳을 수도 있고 틀릴 수도 있다. 왜냐하면 그러한 경우에 여론이란 기껏해야 일부 사람들이 타인의 이해관계에 갖는 의견에 불과하기 때문이다. 더욱이 그 정도의 것도 의미하지 않는 경우가 아주 흔하다. 왜냐하면 일반인은 극단적인 무관심으로 그들이 비난하는 행동을 저지른 자의 의향과 편의 등을 완전히 간과하고 오로지 자신이 좋아하는 일만을 추구하기 때문이다.

세상에는 자기가 좋아하지 않는 행동이라면 무엇이든 자기에게 해를 주는 것이라고 보고, 마치 자기 감정에 대한 모욕인 것처럼 싫어하는 사람들이 많다. 가령 완고한 종교인의 경우가 그렇다. 그런 사람은 타인의 종교적 감정을 무시한다는 비난을 받게 되면 도리어 상대방이야말로 지긋지긋한 예배 형식이나 신조를 고집하여 자기감정을 무시한다고 대드는 것이 보통이다.

그러나 어떤 사람이 자신의 의견을 지지하는 감정과 그가 그의 의견을 지지하는 것에 분노를 느끼는 타인의 감정에는 커다란 차이가 있다. 이는 마치 타인의 돈지갑을 훔치려는 도둑의 욕망과 그 정당한 소유자가 그것을 뺏기지 않으려고 하는 감정이 완전히 다른 것과 같다. 사람의 취향이라는 것도 그의 의견이나 돈지갑과 마찬가지로 그 자신의 특수한 관심사다.

모든 불확실한 일을 개인의 자유로운 선택에 방임해도 무관하고 다만 일반인의 경험에 의해 나쁘다고 단정되어온 여러 행동만을 못하게 하도록 요구하는 사회를 누구나 쉽게 상상할 수 있다. 그러나 자체의 감독권에 그러한 제한을 가하려는 사회가 일찍이 존재했을까? 또한 공중이 일반적 경험에 대해 스스로 살펴보게 되는 때는 언제일까?

개인적인 행동에 간섭하는 경우, 공중은 대체로 자신과 다르게 행동하거나 다른 감정을 갖는 것을 범죄라고만 생각한다. 그리고 이러한 판단의 표준이 조잡하게 변장되어 도덕가와 철학자 대부분에 의해 철학과 종교의 교훈으로 인류에게 제시된다. 그들은 사물이 옳은 것은 그 사물이 옳기 때문에, 즉 우리가 그 사물을 옳다고 생각하기 때문이라고 가르쳤다. 또 그들은 우리 자신은 물론 타인도 구속할 수 있는 행동의 규범을 찾으라고 한다. 불쌍한 공중은 그 지시를 적용해서 선악에 대한 자신들의 개인적 감정을 (그들이 거의 일치한다면) 모든 세상 사람에게 하나의 의무로 뒤집어쓰게 하는 것 외에 다른 아무 일도 할 수 없다.

개인적 행동에 대한 간섭의 부당함을 보여주는 이슬람교의 사례

위에서 지적한 폐해는 단순히 이론적인 것에 그치지 않는다. 따라서 아마도 독자들은 오늘날 영국 공중이 부당하게 자신의 기호에 도덕이라는 옷을 입히고 있는 구체적인 사례를 열거하리라 기대할지도 모른다. 그러나 지금 나는 현대인의 도덕 감정의 탈선에 대한 에세이를 쓰고 있는 것은 아니다. 이 문제는 매우 중대하므로 단순히 삽화적으로 또는 예증적으로 논의될 성질이 아니다.

그러나 내가 주장하는 원리가 실제로 매우 중대하다는 것과 내가 실재하지도 않는 폐해에 대해 장벽을 쌓아올리려고 하는 것이 아님을 증명하려면 실례를 들 필요가 있다. 더욱이 도덕적 경찰권이라고 할 수 있는 것의 범위를 넓혀 가장 합법적으로 행사되는 개인의 자유를 침해하는 것이 인간의 성질 중에서 가장 보편적인 것의 하나임을 풍부한 실례를 들어 설명하기란 어려운 일이 아니다.

첫 번째 예로 자신과 다른 종교적 의견을 갖는 사람들이 자기와 동일한 종교적 의례, 특히 종교적 금욕을 지키지 않는다는 정도의 이유만으로 사람들이 품게 되는 여러 반감을 생각해보자. 아주 사소한 보기지만, 기독교도의 신조와 의식 가운데 그들이 돼지고기를 먹는다는 것만큼 이슬람교도의 증오를 사는 일은 없다. 이러한 독특한 식욕 충족 방법에 이슬람교도가 보여주는 혐오감은 너무나 자연스러워서, 이슬람교도가 기독교도와 유럽인에게 그보다 더 자연스러운 혐오감을 보여줄 수 있는 경우는 거의 없다.

무엇보다도 돼지고기를 먹는다는 것은 이슬람교의 교리에 어긋난다. 그러나 이렇게 말하는 것만으로는 그들이 돼지고기를 먹는 데에

품는 혐오감의 정도와 종류가 분명하게 나타나지는 않는다. 왜냐하면 이슬람교에서는 포도주를 마시는 일도 금지하는데, 그것을 마시는 것은 모든 이슬람교도에게 나쁜 일로 되어 있기는 하지만, 혐오할 정도의 것이라고는 생각되지 않기 때문이다.

이처럼 이 불결한 짐승의 고기를 먹는 데 대한 그들의 혐오감은 포도주의 경우와는 매우 다르게 특수한 성격을 갖는다. 즉 불결하다는 관념이 일단 감정에 깊이 뿌리박히면, 평소 습관이 그렇게 엄격하게 청결을 지키는 것과 거리가 먼 사람들까지도 그 불결이라는 관념에 자극을 받아 본능적으로 반감을 갖는 것과 흡사하다. 이러한 종류의 반감 중에서 가장 뚜렷한 예는 종교적 불결의 감정이고, 이는 특히 힌두교도에게 강렬하게 나타난다.

그런데 이슬람교도가 대다수를 차지하는 나라에서 그들이 국내에서 돼지고기 먹는 것을 금지해야 한다고 주장한다고 가정해보자. 이슬람교 나라에서 그런 일은 결코 드물지 않다.[98]

그러나 이것이 여론의 도덕적 권위를 정당하게 행사한 것일까? 만일 그렇지 않다고 하면 그 이유는 무엇일까? 돼지고기를 먹는다는 것은 그들 공중에게 정말 혐오되는 대상이다. 또한 그들은 돼지고기를 먹는다는 것을 신이 금지하고 혐오하는 것이라고 진심으로 생각한다.

따라서 돼지고기를 먹는 것을 금지한다는 것을 종교적 박해라고 비난할 수 없다. 물론 그 기원은 종교적이었으리라. 그러나 적어도 어떤 종교든 돼지고기를 먹는 것을 의무로 삼지 않는 이상, 이를 종교적 박해라고는 할 수 없다. 따라서 이러한 금지가 옳지 않다고 주장할 수 있는 유일한 근거는 각 개인의 취향과 사적인 일에 사회는 간섭할 권리가 없다는 데 있다.

스페인인의 경우

이제 더욱 비근한 예를 들어보도록 하자. 스페인인 대다수에게는 로마 가톨릭이 시인하는 의식 외의 방법으로 절대자를 예배하는 것이 너무나 불경스러운 일이다. 뿐만 아니라, 그들은 이를 신에 대한 최대의 모욕이라고 생각한다. 따라서 스페인 국내에서는 그 밖의 어떤 형식의 예배도 공인받지 못한다. 또한 유럽 남부 사람들은 결혼한 사제를 신앙심이 없는 불경한 자로 볼 뿐만 아니라 부정하며 음탕하고 비열하여 혐오해야 할 존재로 간주한다.

이처럼 굳은 신념과 이를 가톨릭교도가 아닌 사람들에게까지 강제하려는 시도를 신교도들은 어떻게 생각할까? 또한 만일 인류에게 타인의 이해관계와 무관한 사항에 대해 서로 개인의 자유에 간섭할 수 있는 권한이 부여되어 있다면, 어떤 원리에 의해 그것을 배제할 수 있겠는가?

또 사람들이 어떤 일을 신과 인간에 대한 추행이라고 자의적으로 간주하고 그것을 억압하려고 할 때, 누가 그들을 비난할 수 있을까? 개인적 부도덕이라고 간주되는 어떤 행동을 금지하기 위해 제시되는 주장 가운데 돼지고기를 먹는 것, 비가톨릭적인 예배, 사제의 결혼과 같은 관습을 불경하다고 간주하는 사람들이 주장하는 것만큼 강력한 것은 없다.

따라서 우리가 스스로 그들 박해자들의 논리를 채택하려 하지 않는 한, 그리고 우리가 옳기 때문에 타인을 박해할 수 있고 타인은 옳지 않기 때문에 우리를 박해할 수 없다고 단언하고자 우리가 원하지 않는 한, 우리는 우리 자신에 대한 적용이 매우 불공정하다고 분노

할 정도의 원리를 타인에게 강요하지 않도록 각별히 주의할 필요가
있다.

오락 금지

이상의 사례는 그것들이 영국에서는 있을 수 없는 우발적인 사건에
서 인용한 것이라는 점에서 조금은 불합리하다는 지적이 있을 수 있
다. 적어도 영국에서는 육식을 금하거나 사람들이 각자의 신조와 성
향에 따라 예배를 보거나 결혼을 하거나 독신을 유지하는 것에 간섭
하지 않기 때문이다. 그렇지만 이번에는 영국인 스스로가 완전한 침
범의 위협에서 벗어났다고 볼 수 없는 자유에 대한 침범 사례를 들
어보자.

　미국의 뉴잉글랜드[99]와 공화국 시대[100]의 영국에서처럼 청교도 세
력이 강했던 곳에서는 청교도가 모든 공중 오락과 심지어 사적인 오
락까지 금지하고자 했고, 그것은 상당히 성공하기도 했다. 특히 음
악, 춤, 공개 경기, 정신 위안을 목적으로 하는 여러 집회와 연극이 금
지되었다. 영국에는 지금도 그 오락을 비난받을 것으로 간주하는 도
덕적·종교적 의견을 가진 사람들의 대집단이 있다.

　그런데 주로 중산계급에 속하는 그들은 현재 영국의 사회적·정치
적 상태에서 우세한 세력을 이루므로 언젠가는 그들이 의회 다수 세
력을 차지할 수도 있다. 영국 국민의 나머지가 당연히 그들에게 허용
해야 할 오락을 준엄한 칼뱅교도와 감리교도Methodists[101]의 종교적·
도덕적 감정에 의해 규제받는 것을 감수할까? 도리어 그들은 매우

단호한 태도로 간섭하기 좋아하는 사람들에게 자기 일이나 충실히 할 것을 요구하지 않을까?

자기들이 좋지 않다고 생각하는 쾌락은 어느 누구도 누려서는 안 된다고 주장하는 모든 국가와 공중에 대해서도 같은 말을 하지 않을 수 없다. 만일 이와 같이 함부로 주장되는 원리가 허용된다면, 이 원리가 어느 나라의 대중이나 다른 우세한 계급의 판단에 따라 실행되는 것에 대해 아무도 정당한 근거를 들어 반대할 수 없게 된다.

따라서 만일 뉴잉글랜드 초기 식민자들의 신앙과 같은 종교적 신앙이 그 상실한 세력을 다시 만회하게 된다면 — 몰락한 것처럼 보였던 종교가 다시 융성하게 되는 것은 흔히 보는 일이므로 — 모든 사람은 과거에 그 식민자들이 생각했던 것과 같은 기독교 공화국의 이상에 순응할 각오를 해야 한다.

미국의 사치금지법이나 노동자의 경우

앞에서 말한 것보다 더욱더 실현 가능성이 있는 우발적 사건을 상상해보자. 현대 세계에는 일반의 정치적 제도 속에 구현되어 있거나 없거나 간에, 명백히 민주적 사회기구를 지향하는 경향이 강렬하게 나타난다. 이러한 경향이 가장 완전하게 실현되어 있는 나라, 즉 사회와 국가가 다 같이 민주적인 미국에서는 보통 이상으로 화려하고 값비싼 것이어서 도저히 따를 수 없는 생활방식이 나타나면, 이에 불쾌감을 갖는 다수자의 감정이 상당히 유효한 사치금지법으로 작용되는 것이 사실이고 또 미국 내의 많은 지방에서는 고소득자가 세상의 비난을 받지 않을 정도의 수입의 소비 방법을 찾기란 매우 어렵다고 한다.

이것 자체는 하나의 실제 사실을 설명하기에 상당히 과장된 것이기는 하지만, 그것이 의미하는 사회 실정은 민주적 감정을 품게 된 결과로 충분히 상상할 수 있고 또한 이는 실제로도 있을 수 있는 일이다. 더욱이 민주적 감정이 공중이 개개인의 자기 소득 소비 방법에 대한 거부권까지 행사할 권리가 있다는 관념과 결합되면, 참으로 그럴듯하게 생각된다.

나아가 사회주의적 견해가 널리 퍼진 경우를 상상해보자. 그 경우, 일정한 금액 이상의 재산을 소유한다는 것 또 그 다소에 관계없이 육체노동이 아닌 방법으로 수입을 얻는 것은 다수자의 견지에서 아마도 명예롭지 못한 것이 될 것이다. 이러한 사회주의적 의견과 원리에 유사한 의견이 이미 노동자계급 사이에서는 널리 유포되어 있고, 그런 의견은 주로 노동자계급의 여론에 순종하는 사람들, 즉 그 계급의 구성원들을 강하게 위압한다. 내가 듣기로는 각종 산업에서 노동자 다수를 차지하는 미숙련공들은 다음과 같은 의견을 확고하게 가진다.

즉 그들도 숙련공과 동일한 임금을 받아야 하고, 어느 누구도 성과급 제도에 의하건 다른 방법에 의하건 고도의 숙련이나 근면을 이용하여 그렇지 못한 처지의 노동자들이 벌 수 있는 이상의 임금을 받을 수 있도록 허용해서는 안 된다는 것이다. 그래서 그들은 도덕적 제재 방법이나 때로는 폭력적인 제재 방법을 행사하여 더욱 유용한 노동에 대해 더욱 높은 임금을 숙련공이 받거나 사용자가 주는 것을 억제하려고 한다.

만일 공중이 개인의 사적 일에 간섭할 수 있는 권리를 갖는다고 하면, 이들 미숙련공이 옳지 않다고 말할 수 없을 것이다. 또 어떤 개인이 속하는 특정 집단이 그 개인의 사적인 행동에 집단이 일반인에 대해 주장하는 것과 동일한 권위를 주장하는 것도 비난할 수 없을 것이다.

금주법의 경우

그러나 가상의 경우에 대해 길게 논의할 것도 없다. 현대에는 사생활의 자유에 대한 침범이 실제로 행해지고 있고 또한 더욱 극심한 침범이 성공리에 행해질 가능성을 보이면서 위협을 가한다. 그리고 공중은 스스로 나쁘다고 생각하는 모든 것을 법으로 금지할 무제한의 권리를 가질 뿐 아니라, 공중 스스로 나쁘다고 생각하는 것을 잡아내기 위해 공중 스스로 나쁘지 않다고 생각하는 많은 것까지도 법으로 금지할 무제한의 권리를 가진다는 의견이 대두한다.

무절제한 음주를 저지한다는 명분 아래, 어느 영국 식민지 주민과 미국 여러 주의 거의 반수에 달하는 주민들에게 모든 발효성 음료를 의료 이외의 목적에 사용하는 것을 법으로 금지하고 있다. 왜냐하면 판매 금지는 본래 의도와 같이 사실상 발효성 음료의 사용을 금지하는 것이기 때문이다. 이 금주법을 채택한 주들 가운데 몇몇 주는 그 법의 실시가 불가능하여 폐기했다. 그중에는 금주법이라는 명칭의 발상지인 주[102]도 포함되어 있다.

이러한 실정임에도 영국에서는 같은 법을 요구하는 운동이 시작되어 이른바 자선가라는 사람들 대다수가 상당한 열의를 가지고 이를 추진하고 있다. 그러한 목적을 위해 설립된 단체, 즉 그들 스스로 '동맹Alliance[103]'이라고 부른 조직이 최근 세상 사람들 주목을 끄는 것은 정치가의 의견이란 당연히 원리에 입각해야 한다고 주장하는 극소수 영국인 가운데 한 사람인 스탠리Henry Stanley[104] 경과 그 협회 이사가 주고받은 편지가 공개되었기 때문이다.

이를 보면, 스탠리 경의 공적 활동에서 볼 수 있는 자질은 유감스럽게도 그 당시 정계에서 명성을 얻은 사람 중에서는 좀처럼 찾아볼 수 없는 것이라는 사실을 아는 사람들이 일찍이 그에게 가졌던 신망을 더욱 강화하리라고 짐작된다. 동맹의 대표자인 이사는 "편협과 박해를 정당화하기 위해, 왜곡해 이용할 수 있는 어떤 원칙이 인정된다는 것을 매우 유감스럽게 생각"하고, 그러한 원리와 자신의 원리 사이에 "도저히 넘을 수 없는 장벽"이 가로놓여 있음을 지적한다.

즉 "사상, 의견, 양심에 관한 모든 사항은 입법 사항의 범위 밖에 있는 것이고, 사회적인 행동, 관습, 인간관계에 관련된 모든 것은 개인에 대해서가 아니라 국가 그 자체에 부여된 재량권에만 속하며, 입법 사항의 범위 내의 것이라고 나는 생각한다"고 한다. 여기에는 그 어느 것과도 다른 제3의 종류, 즉 사회적이지 않은 개인적 행동과 습관에 대해서는 아무런 언급이 없는데, 발효성 음료를 마신다는 행동은 바로 그것에 속한다. 한편 발효성 음료를 판매한다는 것은 상업 행동이고 그것은 분명히 하나의 사회적 행동이다.

그러나 스탠리 경이 이의를 제기한 침범이라고 하는 것은 판매자의 자유에 대한 것이 아니라 구매자와 소비자의 자유에 대한 것이다. 왜냐하면 국가가 고의로 개인의 주류 구매를 불가능하게 만들고, 이는 바로 음주를 금지하는 것이 되기 때문이다. 그 이사는 이에 대해 "나는 한 시민으로서 나의 사회적인 권리[105]가 타인의 사회적 행동에 의해 침해될 때 언제나 입법의 권리를 요구한다"고 말한다.

사회적인 권리의 문제

그러면 여기서 말하는 사회적인 권리란 무엇인지 그의 말을 들어보도록 하자. "만일 나의 사회적인 권리를 침해하는 무엇이 있다면 발효성 음료의 매매야말로 바로 그것이다. 이러한 매매는 항상 사회적인 무질서를 조성하고 격화시킴으로써 나의 안전에 대한 기본적 권리를 침해한다. 이러한 매매는 나의 세금으로 구제해야 할 빈곤층을 낳고 그 과정에서 이익을 얻기 때문에 나의 평등권을 침해한다. 이러한 매매는 나의 진로를 위태롭게 함으로써 또한 내가 서로의 지원 및 소통을 요청할 권리를 갖는 사회를 약화시키고 타락시킴으로써 나의 자유로운 도덕적·지적 발전을 이룩할 권리를 침해한다."

이것이 그가 설명하는 '사회적인 권리'의 정의인데, 이 같은 주장으로서는 명백하게 언어로 표명된 최초의 것이리라. 이와 비슷한 것으로 다음과 비슷한 주장이 있다. 즉 "모든 타인에게 어떤 점에서도 내가 행동해야 하는 것과 꼭 같이 행동하게 하는 것은 각자가 가진 절대적이고 사회적인 권리다. 따라서 이를 조금이라도 실행하지 못하는 자는 누구라도 나의 사회적인 권리를 침해하는 자이고, 따라서 나는 그 피해의 제거를 입법부에 호소할 자격을 부여받게 된다."

그러나 이러한 괴상하기 짝이 없는 원리야말로 다른 어떤 개별 자유에 대한 침해보다도 훨씬 위험하다. 어떤 자유에 대한 침해라고 해도 이 원리에 비추어보면 정당하지 않은 것이 없다. 이 원리는 아마도 자기의 의견을 가슴속 깊이 간직하고 이를 일절 입 밖에 내지 않는다는 자유만을 제외하고는 어떤 자유에 대한 권리도 인정하지 않는다.

왜냐하면 내가 유해하다고 보는 의견이 어떤 사람의 입에서 나오자마자 이 동맹이 나에게 부여한 모든 '사회적인 권리'는 침해를 당하기 때문이다. 이러한 주장에 따르면, 인간은 서로 다른 사람의 도덕적·지적·육체적 안전에 간섭할 수 있는 기득권을 가지고서 각각의 권리자가 자기의 표준에 비추어 그것을 한정할 수 있게 된다.

휴일 준수법

개인의 자유에 대한 부당한 간섭의 또 다른 중대한 사례로 휴일 준수법이라는 것이 있다. 이는 단지 앞으로 실시될 우려가 있음에 그치지 않고, 상당히 오래전부터 당당히 실시되어왔다.

의심할 여지없이, 적어도 생활의 필요가 허용하는 한, 일주일에 하루 일상적 업무를 쉰다는 것은 유대인 이외의 어느 누구에게도 그것이 종교적 의무는 아니어도 매우 유익한 습관임에 틀림없다. 사실상 노동자계급 사람들 사이에 일주일에 하루를 휴식한다는 일반적 협정이 성립되지 않고서는 좀처럼 준수될 수 없는 탓으로 일부 사람들이 휴일에 일을 하게 되면 다른 사람들도 일을 하지 않을 수 없기 때문에, 법에 의해 어떤 특정일에 대규모로 조업을 중지시켜 각 개인에 대해 다른 사람들의 휴일 준수를 보증하는 것은 허용될 수 있고, 또한 이는 타당하다.

그러나 여기서 타당하다고 하는 것은 이러한 관습을 준수함으로써 발생하는 다른 개인의 직접적인 이해관계에 그 근거를 둔다. 따라서 각자가 자신의 여가 시간을 활용하기에 적당하다고 생각하여 스스로 선택한 업무에 대해서까지 그 관습을 적용하는 것은 옳지 못하다. 또한 휴일의 오락을 법으로 금지하려는 태도에도 적용될 수 없다.

물론 일부 사람들의 오락이 타인에게는 하루의 노동이 될 것이다. 그러나 다수자의 오락은 ─ 반드시 유익한 것일 필요는 없어도 ─ 소수자에게는 그들이 노동을 제공할 만한 가치를 갖는 것이라고 할 수 있다. 다만 그 전제조건은 그 노동이 자유로운 선택에 의한 것이고, 자유롭게 중지할 수도 있는 것이라야 한다는 것이다.

만일 모든 사람이 일요일에도 일을 한다면, 육 일분의 임금을 받고서 칠 일분의 일을 하게 되는 것이 아니냐고 하는 노동자들의 생각은 지극히 타당하다. 그러나 업무가 대규모로 일시 중지되는 경우, 다수자의 오락을 위해 쉬지 않고 일해야 하는 소수자는 그것에 상응하는 여분의 임금을 더 받게 되며, 만일 그 소수자가 임금보다 휴식을 원한다면 계속 그 일을 하도록 구속받을 필요는 없게 된다. 그 밖에 또 다른 어떤 특별한 조치가 요구된다면 그러한 특수 계층의 사람들을 위해서 주의 다른 날을 공휴일로 하는 관습을 확정할 수도 있다.

이렇게 생각하면, 일요일의 오락 금지를 변호하는 유일한 논거는 일요일 오락이 종교에 의해 금지된다는 것에 불과하다. 그러므로 그러한 동기에서 법을 제정하는 것에 대해서는 얼마든지 항의해도 좋다고 생각한다. "신이 받은 침해에 대해서는 신이 보복한다." '전능자'인 신에 대해 유죄라고 가정되어도 우리 동포에 대해서는 해악이 되지 않는 행동에 사회나 사회 간부 중 누군가가 보복을 가할 사명을 신에게 부여받았는지 여부는 아직 증명되지 않은 채 남아 있다.

타인을 종교 계율에 복종하게 하는 것이 인간의 의무라고 보는 사상이야말로 옛날부터 끝없이 이어진 종교적 박해의 기반이었고, 만일 그것이 승인되었다면 종교적 박해는 충분히 정당화되었으리라. 물론 일요일의 철도 여행을 금지하려는 여러 차례의 시도나 일요일의 박물관 개관을 반대하는 운동이나 기타 이와 유사한 움직임 속에 나타나는 감정은 그것이 비록 옛날의 박해자들이 보여준 잔인성을 갖지 않는다고 해도, 그 감정에 나타나는 정신 상태는 근본적으로 동일하다.

이는 박해자의 종교가 허용하지 않는다는 이유에서 타인들의 종교에서는 완전히 허용되는 일까지도 하지 못하게 하려는 결의다. 또한 이는 신이 이교도의 행동을 미워할 뿐 아니라 만일 우리가 이교도를 방임한다면 신은 우리를 무죄라고 생각하지 않을 것이라는 신앙이기도 하다.

모르몬교의 경우

이상은 인간의 자유가 일반적으로 거의 중시되지 않았음을 보여주는 사례인데, 여기서 나는 또 하나의 사례를 추가하지 않을 수 없다. 즉 영국 신문이 모르몬교라고 하는 이상한 현상에 대해 주의를 환기하고자 할 때 언제나 분출시키는 노골적인 박해의 언사다. 이른바 새로운 계시와 그것에 기반을 둔 하나의 종파, 즉 명백한 사기의 소산으로 그 시조의 이례적 자질에 대한 명성으로 지지되지도 않는 그 종파가 신문, 기차, 전신이 있는 이 시대에 몇십만 명에게 추앙받고 마침내 한 사회의 기초가 되었다는 예상외의 의미심장한 사실에 대해 토론할 문제가 많으리라.

그러나 우리가 여기서 관심을 갖는 바는 그 종파도 다른 더욱 선한 종교에서와 같이 순교자를 배출했다는 점, 예언자이고 시조[106]인 인물이 그의 설교로 인해 폭력적인 대중에게 살해당했다는 점, 모르몬교도인 그 밖의 사람들도 역시 무법적인 폭력으로 생명을 잃었다는 점, 모르몬교도들이 고향에서 집단적으로 추방당했다는 점, 그리고 그들이 사막 한복판의 고립된 벽지에 쫓겨 들어가자 모르몬교도를 타도하기 위해 원정군을 파견하여 그들이 타인의 의견을 따르도록 폭력으로 강요하는 것이 옳다(그것에 따르는 불편을 도외시한다면)고 공언하는 사람들이 영국 사람들 가운데서도 한둘이 아니었다는 점이다.

모르몬교의 교의 중에서 이처럼 종교적 자유의 일반적 제약을 깨뜨리는 반감을 도발시키는 것은 일부다처제의 허용이다. 일부다처제는 이슬람교도, 힌두교도, 중국인에게는 허용되지만, 영어를 상용하고 기독교도라고 자처하는 사람들에게는 억누를 수 없는 증오감을 도발시키는 듯이 보인다. 물론 나도 이 모르몬교의 제도를 배격한다. 그 이유는 여러 가지지만, 특히 그 제도가 자유의 원리에 의해 조금이라도 지지되기는커녕 정면에서 그 원리를 침범하기 때문이다.

즉 이 제도가 그 집단의 반인 여성을 속박하고, 다른 반인 남성을 여성에 대한 상호 의무에서 벗어나 우대받게 하기 때문이다. 그러나 여기서 유의해야 할 점은 일부다처 관계는 그것과 관련되고 그 수난자들이라고 볼 수 있는 여성 측이 자발적으로 만든 것이므로, 이 점은 다른 모든 형태의 결혼제도와 동일하다는 점이다.

이 사실은 언뜻 보아 놀라운 것으로 보일지라도, 세상 사람들이 일반적으로 갖는 관념과 관습으로 설명될 수 있다. 왜냐하면 세상 사람들이 일반적으로 갖는 관념과 관습은 여성에게 결혼을 하나의 필수 사항으로 가르쳐왔으므로, 여성이 타인의 처가 되지 않는 것보다는 다처 가운데 한 사람이라도 되는 편이 더 낫다고 생각하도록 만들었기 때문이다.

다른 여러 나라에서는 그러한 결혼제도를 인정하도록 요구하지도 않고 또 모르몬교와 같은 견해를 갖는다고 해서 주민 일부를 자기 나라 법에서 배제할 것을 요구하지도 않는다. 그런데 모르몬교도는 다른 사람들의 적대적인 감정에 필요 이상으로 양보하며, 자기들의 교의가 받아들여지지 않는 것을 알게 되자 곧 그 나라를 떠나 멀리 떨어진 낯선 땅 한구석에 정주하여 그곳을 처음으로 인간이 살 만한 땅으로 개척했다.

또한 그들은 다른 나라를 침략한 적도 없고, 자기들의 풍습에 불만을 갖는 사람들에게는 마음대로 그것을 버릴 수 있는 자유까지 인정했다. 모르몬교도가 이렇게 한 이상, 그들이 좋아하는 법 밑에서 사는 것을 금지할 원리가 압제의 원리 외에 달리 있을 수 있겠는가?

최근에 상당한 공로를 인정받은 어느 저술가가 이 일부다처 사회에 '십자군'이 아닌 이른바 '문명군'을 보내어, 문명의 퇴보로 간주된 것을 박멸해야 한다고 주장한다. 나에게도 그렇게 생각되는 점이 없

지 않지만, 나는 어떤 사회에게도 다른 사회에게 문명화를 강요할 권리가 있다고는 생각하지 않는다.[107]

악법으로 고통을 겪는 사람들이 다른 사회에 구원을 요청하지 않는 이상, 그들과 완전히 무관한 사람들이 다음과 같이 요구하는 것을 나는 인정할 수 없다. 즉 이러한 사회 상태가 그것과 직접 관련되는 사람들 전부에게 만족을 주는 것처럼 보인다고 해도, 이것이 몇천 마일 밖에 떨어져 있어서 아무런 관련도 관심도 없는 사람들에게 추행으로 보인다는 이유에서 모르몬교도와 완전히 무관한 그들이 개입하여 폐지를 요구해야 한다는 것을 나는 인정할 수 없다.

그들은 원한다면 선교사를 파견하여 그 사회제도에 반대하는 교의를 설파하는 한편, 공정한 수단(모르몬교 선교사의 언론을 억압한다면 공정하지 않다)을 사용해 그들 자신의 사회에 같은 교의가 만연하는 것을 방지하도록 함이 좋으리라.

야만이 전 세계를 지배하던 당시 문명이 야만을 이겨낸 이상, 야만이 상당히 억압당한 뒤에 다시 세력을 만회하여 문명을 정복하지 않을까 우려한다는 건 기우에 불과하다. 일단 정복한 적에게 그렇게 항복하는 문명이라면, 그 선출된 사제나 선교사나 기타 어떤 사람도 문명을 수호할 능력도 없고 그렇게 노력하려는 의사도 결여되었을 정도로 타락해버린 것임에 틀림없다. 그렇다면, 그런 문명은 조속히 퇴거 명령을 받는 것이 좋다. 그런 문명은 야만인의 손에 의해 멸망한 서로마제국처럼 재구성될 때까지 악화에 악화를 거듭하여 멸망하지 않을 수 없다.

밀은 4장에서 내린 결론을 5장에서 두 개의 원칙으로 정리한다. 첫째 "개인은 자신의 행동이 자신 외의 타인의 이해관계에 영향을 미치지 않는 한 사회에 책임질 필요가 없다"는 것이고, 둘째 "개인은 타인의 이익에 손해를 끼치는 행동에 책임을 져야 하고 만일 사회가 사회적 문책이나 법적 형벌 가운데 하나를 사회 보호를 위해 필요하다고 인정하는 한, 개인은 그러한 처벌을 받을 수 있게 된다"는 것이다.

이어 밀은 사회의 간섭이 정당화되는 경우로 독약의 판매 규제를 설명하고, 자기 관련 행동에 대한 사회적 간섭 금지 원리의 한계를 음주의 경우로 설명한다. 이어 교사教唆 및 권유 행동의 보기로 매춘이나 도박은 원칙적으로 허용될 수밖에 없으나, 포주가 되거나 도박장 경영주가 되는 것은 두 가지 원칙(개인의 자유와 사회의 복지) 사이의 경계선에 놓인 것이어서 애매하다고 하면서도 최소한의 규제를 주장한다. 그리고 국가에 의한 유해 행동의 간접적 억제 문제로서 음주 절제를 위한 주류 과세는 절대적 금주의 경우에만 인정되어야 하고, 노동계급의 술집 규제는 부당하다고 주장한다. 이어 자유를 포기할 자유는 없다고 하고 이를 특별한 계약행동(노예계약과 결혼계약)의 사례에 비추어 설명한다. 나아가 자유에 대한 제한의 필요, 자유의 원칙과 예외를 위 원칙을 적용하여 설명한다.

밀에 의하면 인간은 누구나 자신만이 관련되는 한 하고 싶은 대로 행동할 자유를 가져야 한다. 그러나 타인을 위해 행동하는 경우, 타인의 일이 전적으로 자기 일이라는 구실 아래 자기 멋대로 행동하는 자유는 허용될 수 없다. 특히 국가는 개인만 관련되는 일에 각자의 자유를 존중해야 하지만, 그가 타인에게 행사할 어떤 권리를 개인에게 부여하는 경우 그 권리에 한해 국가가 충분히 감독할 의무를 진다. 그리고 그 사례로 가정에서의 아내와 자녀의 자유가 제한되고 있음을 지적한다. 밀은 국민 교육의 전부나 대부분을 국가가 장악하는 것을 강력하게 반대하면서, 교육의 다양성을 주장한다.

전체적 국가 교육은 오직 국민을 틀에 집어넣어 서로 너무나 흡사하게 만들려는 수단에 불과하다. 국가가 국민을 정형화하는 틀은 결국 국가권력을 장악한 우월한 세력 — 군주건, 사제계급이건, 귀족계급이건, 현재 대중의 다수파이건 — 이 좋아하는 것이기 때문에 그 교육이 효과와 성공을 거두면 거둘수록 국민 정신에 대한 압제가 확립되며, 그 압제는 자연적 추세로서 국민의 육체에 대한 압제를 유발한다.

나아가 밀은 배심재판(정치적이지 않은 소송의 경우-), 자유롭고 민중적인 지방자치제도의 중요성을 강조한다.

만일 도시와 지방자치단체가 지금 위임받는 모든 것을 중앙 행정기관에 위임하여 그것의 단순한 하부기관이 되고 만다면, 또 그러한 여러 사업에 종사하는 사람들이 직접 국가에 의해 임명되어 급여를 받으며 출세의 모든 기회를 국가에 기대하게 된다면, 언론·출판의 자유와 민주적인 의회제도가 아무리 인정된다고 해도 우리 영국은 물론 다른 어떤 나라도 명목 이상의 자유국이 될 수 없으리라. 그러한 행정기구가 효율적이고 과학적으로 구성되면 될수록, 즉 행정기구를 움직이는 탁월한 수완과 두뇌를 확보하는 장치가 교묘할수록, 폐해는 더욱더 클 것이다.

결론으로 밀은 국가가 개인이나 단체에 활동과 능력을 촉구하기보다 도리어 그것을 자신의 활동으로 대체하고자 할 때나 정보와 조언을 제공하지 않고 필요에 따른 비난도 하지 않은 채 국가가 개인에게 억압적으로 일을 시키거나 그들을 제쳐놓고 그들을 대신해 그들의 일을 할 때 해악이 생긴다면서, 국가의 간섭은 당연히 제한되어야 한다고 주장한다. 이는 국가의 간섭에 의해 국가권력이 불필요하게 커져서, 관료제와 같은 더 큰 폐해가 초래될 수 있다고 보았기 때문이다. 밀은 관료제의 폐해를 극복하려면 권력을 최대한 분산시켜야 하고, 관료와 동등한 능력을 갖는 재야인의 끝없는 비판이 필요하다고 주장한다.

국가의 가치란 궁극적으로 국가를 구성하는 개인들의 가치다. 개인의 정신적 발달과 향상이라는 이익을 뒤로 돌리고, 세부의 사소한 사무를 처리하는 행정 기능 또는 경험에서 얻게 되는 사이비 재능을 조금이라도 더 늘리기 원하는 국가 또한 국민을 위축시켜 국가가 마음대로 좌우할 수 있는 온순한 꼭두각시로 만들고자 하는 (비록 그것이 국민의 이익을 위해 행해지는 것이라고 해도) 국가는 머지않아 다음을 알게 될 것이다.

즉 국민이 위축되면 어떤 위대한 일도 실제로 성취할 수 없고 또 국가가 모든 것을 희생하여 완전한 기구를 만들었다고 해도, 그 기구를 더욱 원활하게 운영하려고 한 나머지 스스로 배제한 바로 그 구성원의 활력 결여로 인해 결국은 그러한 기구가 쓸모없게 되어버린다는 것을 알게 될 것이다.

두 개의 원칙

여기서 주장된 원리는 세부 사항을 토론하기 위한 기초로서 더욱 일반적으로 승인되어야 한다. 그 뒤에야 비로소 이러한 원리를 정치·도덕의 다양한 부문 모두에 일관성 있게 적용하여 다소나마 효과를 기대하도록 시도할 수 있으리라.

지금부터 내가 세부 문제에 대해 제안하는 약간의 관찰은 원리를 좇아 결말에까지 이른다기보다도, 도리어 원리를 예로 들어 증명하는 데 목적이 있다. 나는 수많은 적용 예를 제시하지 않고 한두 가지 견본만을 제시한다. 그 견본은 이 에세이의 모든 교의를 구성하는 두 원칙의 의의와 한계를 더욱 명료하게 하는 데 도움이 되고 또한 두 원칙 중 어느 것이 적용되어야 할지 의심스러워 보이는 경우에 어느 것을 결정하기 위한 판단을 돕는 데 도움이 될 것이다.

두 개의 원칙 가운데 첫째는, 개인은 자신의 행동이 자신 외의 타인의 이해관계에 영향을 미치지 않는 한 사회에 책임질 필요가 없다는 것이다. 이 경우 사회가 그 개인의 행동에 혐오나 반발의 감정을 가질 때 사회가 그것을 정당하게 표현할 수 있는 수단이란 오직 충고, 교훈, 설득 또는 타인이 자신의 이익을 위해 필요하다고 생각하는 경우 그의 행동을 회피하는 것뿐이다.

둘째는, 개인은 타인의 이익에 손해를 끼치는 행동에 책임을 져야 하고 만일 사회가 사회적 문책이나 법적 형벌 가운데 하나를 사회 보호를 위해 필요하다고 인정하는 한, 개인은 그러한 처벌을 받을 수 있게 된다는 것이다.

사회의 간섭이 정당화되는 경우

먼저 타인의 이익에 대한 침해나 침해 가능성만이 사회의 간섭을 정당화할 수 있다고 해서, 그러한 침해나 침해 가능성이 어떤 경우에도 항상 사회의 간섭을 정당화한다고 보아서는 안 된다. 개인이 정당한 목적을 추구할 때 필연적으로, 따라서 합법적으로 타인에게 고통과 손해를 주는 경우가 있는가 하면, 타인이 정당한 이유를 가지고 얻으려고 하는 이익을 중도에서 박탈해버리는 경우도 적지 않다.

이러한 개인 사이의 이익 충돌은 종종 불완전한 사회제도로 인해 생기는데, 그러한 불완전한 사회제도가 존속되는 한 충돌은 피할 수 없고 충돌의 일부는 어떤 사회제도에서도 피할 수 없다. 사람이 넘쳐나는 직종이나 경쟁 시험에 성공하는 사람들은 누구나 남에게 손실을 끼치고, 남의 노력을 헛되게 하며, 남을 실망시켜서 이익을 얻는다.

그러나 각자가 이러한 결과에 굴히지 않고 목적을 추구한다는 것은 인류의 일반적 이익을 위해서 좋은 일이라는 점을 누구나 인정한다. 다시 말하면, 사회는 경쟁에 진 사람들이 그러한 참담한 결과에 빠지지 않도록 보장할 것을 요구하는 법적·도덕적 권리를 절대로 인정하지 않는다. 사회가 간섭할 필요를 느끼는 것은 오직 성공을 위해 사용된 수단이 사기, 배신, 폭력 등 사회의 일반적 이익에 위배되는 경우에 한정된다.

다시 말하지만, 거래는 하나의 사회적 행동이다. 어떤 종류의 물품을 공중에게 팔고자 하는 사람들은 모두 타인과 사회 일반의 이익과 관련된 일을 하는 것이므로, 그러한 행동은 원칙적으로 사회의 통제 범위에 들게 된다. 따라서 과거에는 중대사라고 간주된 모든 경우에, 물품 가격을 정하고 제조 과정을 규제하는 것이 국가의 의무로 주장되었다.[108]

그러나 오랜 투쟁을 겪은 뒤 지금은 생산자와 판매자에게 완전한 자유를 허용하고, 고객에게도 어떤 상점에서나 자유롭게 구입할 수 있게 함으로써 생산자와 판매자를 억제하도록 하면 값싸고 품질 좋은 물품이 가장 원활하게 공급된다고 인정된다. 이것이 이른바 자유 거래의 교의다. 이를 이 에세이에서 주장하는 개인적 자유의 원리와 비교하면 견실하다는 점에서는 마찬가지지만, 그 의존 근거는 다르다.

거래 제한이나 거래를 목적으로 하는 생산에 대한 제한은 물론 속박이다. 그리고 모든 속박은 그것이 속박인 한 악이다. 그러나 여기서 말하는 속박이란 인간 행동 중 사회가 당연히 속박할 권한을 갖는 부분에만 관련되는 것이고, 따라서 그러한 속박은 오로지 그 속박에 의해 이루려고 한 결과가 실제로 이루어지지 못한 경우에만 잘못된 것이 된다.

개인적 자유의 원리는 그것이 자유 거래의 교의 속에 포함되지 않는 것과 마찬가지로, 자유 거래 교의의 한계와 관련해 제기되는 문제 속에도 대부분의 경우 포함되지 않는다. 그 문제란 가령 불량품 제조에 의한 사기를 방지하는 데 어느 정도의 공공적 통제를 가할 것인가, 위험 작업에 종사하는 노동자들을 보호하기 위한 위생 시설과 보호 설비를 어느 정도까지 사용자에게 강요할 것인가 하는 등의 문제다. 이러한 문제는 다른 사정이 동일할 때, 사람들을 자유롭게 방임하는 쪽이 그들을 통제하기보다 언제나 좋은 결과를 가져오는 한에서만 자유에 관한 고려를 포함한다.

그러나 그들이 그러한 여러 목적을 위해 합법적으로 통제될 수 있다는 것은 원칙적으로 부정할 수 없다. 또한 거래 간섭에 관한 문제로서 본질적으로는 개인의 자유 문제인 것이 있다. 가령 앞에서 설명한 메인주 금주법이나 중국으로의 아편 수입 금지라든가 독약 판매의 금지 등이 그것이다. 요컨대 어떤 특정 물품의 확보를 불가능하게 하거나 곤란하게 하는 것을 간섭의 목적으로 삼는 모든 경우를 말한다. 그러한 간섭은 그런 물품의 생산자와 판매자의 자유를 침범하기때문이 아니라 구매자의 자유를 침범한다는 의미에서 부당하다.

독약 판매의 경우

이러한 여러 사례 가운데 하나인 독약 판매의 예는 새로운 문제를 제기한다. 즉 경찰권이라는 것의 정당한 한계 문제, 범죄나 사고 방지를 위해 어느 정도까지 합법적으로 개인의 자유를 속박할 수 있는가 하는 문제다. 이미 저질러진 범죄를 수사해서 처벌함은 물론, 사전에 예방 조치를 강구하는 것도 분명히 국가가 갖는 직권 가운데 하나다.

그러나 국가의 예방적 기능은 처벌적 기능의 경우보다 더욱 남용되어 개인의 자유를 침해하기 쉽다. 왜냐하면 인간의 정당한 자유행동 중에는 보기에 따라 어떤 형태건 범죄를 유발한다고 주장될 여지(그것도 상당한 정도로)를 남기지 않는 것은 거의 없기 때문이다.

그러나 당국은 물론 사인私人조차, 만일 어떤 사람이 명백히 범죄를 계획하고 있음을 안다면, 그 범죄가 저질러질 때까지 수수방관할 필요는 없고 즉각 간섭해서 이를 방지해도 무방하다. 만약 독약이 살인을 저지르는 것 이외의 목적을 위해 구입되거나 사용되지 않는다면, 독약의 제조와 판매를 금지함은 옳은 일이리라. 그러나 독약은 무해한 목적이나 유익한 목적에 사용되기도 한다. 따라서 살인을 목적으로 하는 경우에 부과되는 금지는 유익한 목적을 위해 사용하는 경우에도 영향을 미치지 않을 수 없게 된다.

또한 사고 예방도 공적 당국의 정당한 직무다. 가령 어떤 사람이 위험한 것으로 확인된 다리를 건너려는 것을 공무원이나 다른 누군가가 목격했는데 그에게 위험하다고 경고할 시간적 여유가 없을 때, 그들이 그를 붙잡아 뒤에서 잡아당겨도 조금도 그의 자유를 실질적으로 침해하는 것이 되지 않는다. 왜냐하면 자유란 사람이 자기가 하고 싶은 대로 하는 것인데 그 경우 그는 강물에 떨어지는 것을 원하지 않기 때문이다.

그러나 확실한 위해가 있는 것도 아니고 오로지 위해의 가능성만 있는 경우, 그 위험을 감행하게 하는 동기에 대해서는 당사자만이 판단을 내릴 수 있을 뿐이다. 따라서 그러한 경우(적어도 그가 어린이거나 광인이 아니고 또 사고 능력을 충분히 발휘할 수 없을 정도로 흥분 상태나 방심 상태에 빠지지 않는 한) 그에게 그 위험을 경고하는 것으로 충분하므로, 그가 위험한 행동을 감행하는 것을 무리하게 금지할 성질의 것은 아니라고 생각한다.

이와 같은 생각이 독약 판매와 같은 문제에 적용될 때, 가능한 여러 규제 방식 가운데 자유의 원리에 저촉되는 것이 어떤 것이고 저촉되지 않는 것이 어떤 것인가를 우리가 결정할 수 있게 되리라. 가령 독약에 그 위험성을 경고하는 말을 담은 딱지라도 붙이는 정도의 예방 조치는 자유를 침해하지 않고 강제될 수 있다. 왜냐하면 독약 구매자가 스스로 소유하는 물품에 유해한 성질이 있음을 모르기 바랄 리 없기 때문이다.

그러나 독약을 구입할 때 언제나 의사의 증명이 필요하다면 그것을 사용하고자 할 때 확보할 수 없게 될 우려가 있고, 비록 확보할 수 있다고 해도 비싼 값을 지불해야 하리라. 독약 사용에 의한 범죄를 매우 어렵게 만드는 동시에 독약을 합법적인 다른 목적에 사용하고자 하는 사람들의 자유도 그다지 침범하지 않게 할 묘안은 꼭 하나 있는 듯하다. 그것은 벤담의 적당한 표현을 빌리면 '미리 지정된 증거'라는 것이다.

이는 계약을 맺는 경우 누구나 잘 아는 방법이다. 계약을 맺을 때 법이 계약 이행을 강제하는 조건으로 계약자의 서명, 입회인의 증명 등 일정한 형식에 따르는 것이 보통이고 이는 당연한 일이기도 하다. 이는 뒤에 말썽이 생길 경우, 그 계약이 합법적으로 체결되었고 계약 당시 그 계약을 법적으로 무효화할 사정이 전혀 없었음을 입증할 증거로 삼기 위한 것이다.

바로 이러한 방법을 통해 허위 계약이나 만일 그것이 폭로된 경우 그 계약의 효력을 무효화시키는 것과 같은 사정 아래 맺어지는 계약의 발생을 크게 어렵게 만들 수 있다. 이와 같은 성질의 예방책이 범죄 수단이 되기 쉬운 물품 판매의 경우에도 실시될 수 있다. 가령 판매자에게 물품을 매매한 정확한 시간, 구매자의 성명과 주소, 매각한 물품의 품질과 수량을 상세히 기록하게 하고, 나아가 그 물품 구입의 목적을 물어 이에 대한 구매자의 대답도 기록하도록 요구할 수 있으리라.

만일 구매자가 의사의 처방전을 갖고 있지 않은 경우, 제3자의 입회를 요구하여 뒤에 그 물품이 범죄 목적으로 사용되었다고 믿을 만한 이유가 생긴 경우, 구매자의 구입 사실을 입증하는 데 도움을 줄 수 있다. 이러한 여러 규제는 일반적으로 그 물품을 확보하는 데 큰 지장을 초래하지는 않지만, 남의 눈을 속여 그 물품을 악용하려고 할 때는 매우 큰 장애물이 되리라.

자기 관련 행동에 대한 사회적 간섭 금지 원리의 한계

사회가 사회 자체에 대한 범죄를 미연에 방지할 수 있는 고유한 권리를 갖는 이상, 순수하게 자기에게만 관련되는 비행이 금지나 형벌 형식으로 사회의 간섭을 받는 것은 부당하다는 원칙에는 명백한 한계가 있다고 할 수 있다. 가령 보통의 경우에는 술에 취한다고 해서 법의 간섭을 받지 않으나, 그전에 술에 취해 남에게 폭행을 가한 적이 있는 사람이 다시 술에 취해 폭행을 가했을 때 그를 특별하게 제재하는 것은 전적으로 정당하다. 따라서 뒤에 다시 술에 취한다면 그는 처벌을 받으리라는 점, 만일 그런 상태에서 다시 죄를 범한다면 그가 그 죄로 인해 받아야 할 벌이 더욱 무겁게 되리라는 점도 정당하다.

술에 취하면 남에게 위해를 가하는 사람의 경우, 술에 취한다는 것은 타인에 대한 범죄다. 게으름의 경우도 마찬가지다. 아무리 게으른 사람이라고 해도, 그가 공공의 부조를 받는 경우나 게으름이 계약의 파기 요인을 구성하는 경우를 제외하고 게으름 자체를 법적 처벌의 대상으로 삼는 것은 압제다. 그러나 만일 게으름 때문에 또는 도저히 피할 수 없는 원인 때문에, 타인에 대한 정당한 의무(가령 어린이 부양) 이행을 게을리했을 때, 그 밖의 다른 방법이 없는 한 강제로 그 의무를 이행하게 함은 결코 압제라고 볼 수 없다.

또한 직접적으로는 행동자 자신에게만 해를 끼치는 경우에 그가 법으로 금지당하는 것은 부당하지만, 그것이 공중 앞에서 행해지는 경우에는 미풍양속을 해치게 된다. 따라서 타인에 대한 범죄를 구성하기 때문에 당연히 금지되어야 할 행동은 얼마든지 있다. 그중 하나가 외설죄다. 이에 대해서는 여기서 상세히 논의할 필요가 없다. 이는 우리의 논제와 직접 관련되지 않기 때문에 더욱 그렇다. 그리고 행동 자체는 비난받을 만한 것이 아니고 또 그렇게 생각되지 않는 것이라고 해도, 그것이 공개적으로 행해질 때 강한 반대를 불러일으키는 사례는 비일비재하다.

교사敎唆의 경우

지금까지 설명한 여러 원리와 모순되지 않는 답이 발견되어야 할 또 하나의 문제가 있다. 어떤 사람이 분명히 비난받을 만한 행동을 했음에도 그 행동으로 직접 생기는 해악이 오직 그 행동자에게만 미친다는 이유에서 자유 침해를 너무 염려한 나머지, 사회가 그것을 금지하여 처벌할 수 있는 권리를 갖지 못하는 경우가 있다. 이 경우 그 행동자가 자유롭게 할 수 있는 행동을 다른 사람도 마찬가지로 자유롭게 권장하며 교사할 자유가 있을까 하는 의문이 생긴다.

이 문제는 쉽지 않다. 어떤 행동을 하도록 타인에게 간청하는 경우는 엄밀하게 말해 자기 관련 행동이 아니다. 어떤 사람에게 충고하거나 권유하는 것은 사회적 행동이고, 따라서 타인에게 영향을 미치는 행동 일반의 경우와 마찬가지로 사회적 통제를 마땅히 받아야 한다고 생각될 수도 있다.

그러나 조금만 더 생각해보면, 그런 최초의 인상이 잘못된 것임을 알 수 있다. 왜냐하면 그러한 행동은 엄밀하게 말해 개인적 자유의 범위에 속하지 않는다고 해도, 개인적 자유의 원리가 근거하는 이론이 그 경우에도 적용될 수 있음이 분명하기 때문이다.

만일 사람이 자신만이 관련되는 모든 일에서 자신의 위험 부담으로 자신이 가장 좋다고 생각하는 바에 따라 행동하는 것이 당연히 허용되어야 한다면, 어떤 행동을 하는 것이 과연 적당한가에 대해 서로 의견을 교환하며 암시를 주고받는 것도 마찬가지로 자유로워야 한다. 즉 어떤 일이라도 행동하는 것이 허용되어 있는 한, 그 일을 행동하도록 충고하는 것도 허용되어야 한다.

그러나 그 권유자가 그 충고에 의해 자신의 사리사욕을 채울 때, 즉 그가 생계나 돈벌이를 위해 사회와 국가가 유해하다고 인정하는 것을 장려하여 자신의 이익을 추구하려 할 때는 의문이 생기게 된다. 여기에 사실상 새롭고 복잡한 요소가 섞인다. 즉 사회의 복지라고 간주되는 것과는 상반된 이해관계를 가지며, 사회의 복지와 반대되는 것에 기초한 생활방식을 갖는 사람들로 이뤄진 계층의 존재가 그것이다.

그러한 사람들의 생활방식에 간섭해야 하는 것인가? 가령 매춘이나 도박은 허용될 수밖에 없다. 그러나 그렇다고 해서 포주가 되거나 도박장 경영주가 되는 것이 자유롭게 인정되어도 좋은가? 이러한 문제는 두 가지 원칙(개인의 자유와 사회의 복지) 사이의 경계선에 놓인 것이어서 그것이 둘 중 어느 것에 속하는 것이 정당한지는 언뜻 보아 분명하지 않다.

교사에 대한 두 가지 주장

이에 대해서는 쌍방 모두에게 할 말이 있다. 이를 관용하라고 주장하는 쪽(즉 개인적 자유)은 다음과 같이 말하리라. "무슨 일이든 그것을 직업으로 삼지 않는 한 허용해야 한다면, 이를 하나의 직업으로 삼아 생계를 유지하며 돈을 번다고 해도 이를 범죄로 볼 수는 없다. 따라서 그러한 행동은 철저히 허용하거나 지속적으로 금지해야 한다. 또한 우리가 지금까지 옹호한 원칙이 진리라고 하면, 사회는 사회인 한 오직 개인만이 관련되는 일은 무엇이나 잘못이라고 단정할 권리를 갖지 못한다. 즉 사회는 충고 이상을 할 수 없다. 마찬가지로 개인에게도 남에게 충고할 수 있는 자유가 있듯이 설득할 수 있는 자유가 있어야 한다."

한편 이에 반대하는 쪽(즉 사회의 복지)에서는 다음과 같이 말하리라. "오로지 개인의 이해관계만이 관련되는 어떤 행동에 대해 금지나 징벌 목적으로 그 선악을 권위 있게 단정할 수 있는 권리는 사회나 국가에 없다. 그러나 적어도 국가나 사회가 이를 나쁘다고 생각하는 경우, 그 행동의 선악에 대해 최소한 토론할 만한 문제라고 가정하는 것은 충분히 정당화될 수 있다.

그러한 경우, 사심이 없지 않은 권유의 영향, 즉 아마도 공평무사할 수 없는 교사자의 권유가 미치는 영향을 국가나 사회가 배척하고자 하는 것도 잘못된 행동일 수 없다. 그러한 교사자는 한편으로는 국가가 나쁘다고 믿는 측에서 직접적인 자기 이익을 도모하고 있을 뿐 아니라 또한 그러한 행동을 오로지 자기 이익을 위하여 공공연히 장려하고자 한다. 사람들이 자기 하고 싶은 대로 선택(그것이 현명한 선택이든 어리석은 선택이든)할 수 있도록 하기 위해, 오로지 자신의 사적인 목적 달성을 위해 사람들을 선동하거나 자극하는 자들의 술책에서 되도록이면 멀어지게 한다면, 확실히 어떤 손해도 생기지 않을 뿐 아니라 이익도 희생되지 않을 것이다.

따라서 비록 불법적인 유흥을 규제하는 법에 대한 변호의 여지가 전혀 없다고 해도, 즉 사람들이 그들 자신의 집이나 타인의 집에서 또는 그들의 돈으로 세워 회원과 방문객에게만 출입을 허용하는 장소에서 도박을 하는 일은 자유롭게 인정되어야 한다고 해도, 공개 도박장만은 허용해서는 안 된다.

물론 그렇게 금지한다고 해도 그것이 유효하지 못한 것이 사실이며, 또 경찰에 어떤 절대권을 부여해도 도박장은 언제나 그 밖의 여러 가지 구실하에 유지될 수 있음도 사실이다. 그러나 그러한 금지로 인해 도박장에서 어느 정도까지는 사람들의 눈을 피해 은밀하게 영업을 하지 않을 수 없게 되고, 따라서 도박을 하려는 자가 아닌 한 누구도 그러한 도박 장소를 모르게 될 것이다. 그리고 그 이상을 사회가 요구함은 무리가 아닐 수 없다."

이러한 주장에는 상당한 설득력이 있다. 그러나 주범이 자유롭게 방임되어 있고, 그것이 당연하다고 인정되는 경우, 종범만을 처벌한다는 도덕적 변칙을 변호할 때 그런 주장으로 충분한지 쉽게 단정을 내릴 생각이 없다. 그 변칙이란 포주는 과료나 금고에 처하면서도 매춘 행동자는 처벌하지 않고, 도박장 주인은 처벌하면서도 도박자는 처벌하지 않는 것을 말한다.

나아가 마찬가지 이유로 일반적인 매매 행동에 간섭하는 경우, 더욱더 용납할 수 없다. 매매되는 모든 물건은 대부분 과도하게 소비될 수 있고, 판매자는 그 과도한 소비를 장려하여 돈을 벌게 된다. 그러나 그렇다고 해서 가령 메인주의 금주법을 옹호하는 주장 같은 것이 성립될 수는 없다. 왜냐하면 주류 판매자들이 술의 과도한 소비로 인해 이익을 본다고 해도, 그것이 술의 합법적 사용을 위해서는 불가결하기 때문이다.

그러나 주류 판매자가 음주를 장려하여 이익을 챙기는 것은 명백한 해악이다. 따라서 그런 경우 국가가 그들에게 제한을 가하고 보증을 요구하는 것은 당연하지만, 그런 경우가 아니라면 그것은 합법적 자유에 대한 침해가 될 것이다.

국가에 의한 유해 행동의 간접적 억제 문제

또 하나의 문제는 국가가 행위자의 최상의 이익에 상반된다고 보는 행동을 허용하면서도 그것을 간접적으로 억제하는 권리를 갖는가 하는 것이다. 가령 술값을 올려서 만취하는 방법을 더욱 어렵게 만들거나 주류 판매소 수를 제한하여 주류 확보를 더욱 곤란하게 만드는 방법을 강구해도 좋은가 하는 것이다.

여기서는 다른 대부분의 실제 문제와 마찬가지로 여러 가지로 구별할 필요가 있다. 주류의 확보를 더욱 곤란하게 만든다는 것을 유일한 목표로 삼아 주류에 과세함은 절대적인 금주와 정도를 달리하는 것에 불과한 것이므로, 오로지 절대적인 금주가 인정되는 경우에만 허용해야 정당화될 것이다.

모든 가격 인상은 그 인상된 가격만큼 수입이 증가하지 못한 사람에게는 금지 조치가 되고, 수입이 증가한 사람들에게는 음주라고 하는 특별한 취향을 만족시키는 데 부과되는 벌금이 된다. 사람들이 국가와 개인에 대한 법적·도덕적 의무를 완수한 이상, 그들의 쾌락 선택 문제나 그들 수입의 지출 방법 문제는 그들 자신에 관한 문제고 따라서 그들 자신의 판단에 맡겨야 할 문제다.

이러한 생각은 언뜻 보아 국가가 세입을 증대시키고자 주류를 특별 과세 대상으로 선택하는 것을 비난하는 것으로 보일지 모른다. 그러나 재정상 목적을 위한 과세는 절대로 불가피하고, 대부분의 나라에서 과세는 간접적이기 마련이며, 따라서 국가는 어떤 소비품의 사용에 대해 벌금(경우에 따라서는 금지)을 부과하지 않을 수 없다는 점을 기억해야 한다.

따라서 국가는 과세를 하는 경우, 소비자들이 최대한 갖지 않을 수 있는 물품 또한 적당량을 초과해 사용하게 되면 분명히 유해할 것으로 생각되는 물품을 **특별히** 선정해야 한다. 따라서 과세는 최대한

의 세입(과세에 의해 생기는 모든 세입이 국가에 필요하다고 가정하여)을 올리는 점까지 허용되어야 할 뿐 아니라, 이는 도리어 장려되어야 한다.

이러한 물품 판매를 어느 정도 독점적인 특권으로 만들 수 있는가 하는 문제는 판매 제한에 기대되는 목적에 따라 다르게 해결해야 한다. 모든 공중 오락장엔 경찰의 감독이 필요하고, 특히 술집과 같은 장소가 그렇다. 왜냐하면 사회에 유해한 범죄가 그런 곳에서 발생하기 쉽기 때문이다.

따라서 그러한 물품(적어도 그 자리에서 소비할 수 있는 물품) 판매권을 이미 정평이 나 있거나 품행이 단정한 사람들에게만 맡기는 동시에 상점 개폐 시간에 대한 규정을 만들어 공중의 감시를 받도록 하고, 또한 상점 경영자의 묵인이나 무능으로 치안 방해 행동이 자주 발생하거나 그 장소가 법을 위반하는 범죄를 계획하며 준비하는 밀회 장소가 되는 경우에는 허가를 취소하는 것이 당연하다.

노동계급의 술집 규제 문제

그러나 그 이상의 규제는 원칙적으로 정당화될 수 없다고 생각한다. 가령 맥줏집 출입을 어렵게 하여 음주에 유혹될 기회를 줄인다는 명백한 목적으로 그러한 곳의 수를 제한하는 것은 술집 출입을 악용할 일부 사람들이 있다는 이유에서 모든 사람에게 불편을 주게 되는 것이다. 뿐만 아니라, 그것은 노동계급을 공개적으로 어린이나 야만인같이 취급하는 것으로 장래에 그들이 자유의 특권을 누릴 수 있는 자격을 갖추기 위해 현재 억압적인 교육을 받게 하는 사회 상태에서만 적합하다고 할 수 있다.

어떤 자유국가에서도 노동계급을 공공연히 지배하는 것은 이러한 원칙이 아니다. 자유를 존중하는 사람이라면 누구도 노동계급이 그렇게 취급되는 데 동의하지 않으리라. 노동계급에게 자유를 교육하고 그들을 자유인으로 다스릴 수 있도록 하는 모든 노력을 다한 뒤에도 어린이로 다스릴 수밖에 없다는 것이 분명히 증명되어야만 노동계급을 그렇게 취급할 수 있다. 따라서 노동계급을 그렇게 다스려야 한다고 주장함은 마치 여기서 생각할 필요가 있는 모든 경우에 그러한 노력이 충분히 행해진 것처럼 가정하는 어리석음을 보여준다.

그 이유는 오로지 영국의 제도가 모순의 집합체이기 때문이다. 즉 전제정치나 부권정치라는 체제에 속하는 관행이 행해지는 한편, 여러 제도에서는 자유가 보편적으로 중시되어 도덕교육의 실질적 효과를 억제에 의해 거두기에 필요한 통제를 할 수 없는 것이다.

자유를 포기할 자유는 없다

나는 이 에세이의 앞부분에서, 오로지 자신과 관련되는 일에 대해서 개인이 자유을 가진다는 것이 여러 개인이 공통적으로 관련되고 그들 외에는 아무런 관련이 없는 사항을 그들의 상호 합의에 따라 그들이 원하는 바대로 처리하는 자유를 가지는 것을 함축한다고 말했다.

이러한 문제는 모든 관련자의 의사가 변하지 않는 한 아무런 문제도 낳지 않는다. 그러나 그러한 의사는 변할 수 있으므로 그들만이 관련되는 사항에 대해서도 종종 계약을 할 필요가 있고, 일단 계약이 체결되면 그 계약을 일반 원칙으로 이행하는 것이 정당하다.

그런데 거의 모든 나라에서 법의 원칙에 대한 예외를 인정한다. 즉 누구나 제3자의 권리를 침해하는 계약을 이행할 의무가 없을 뿐만 아니라, 그 계약이 계약자 자신에게 유해하다는 점이 그들이 계약을 파기할 충분한 이유가 되는 경우도 종종 있다.

가령 영국을 비롯한 대부분의 문명국에서는 자신을 노예로 파는 계약이나 자신이 노예로 팔리는 것을 허용하는 계약은 당연히 무효고, 그런 계약은 법은 물론 여론으로도 강제할 수 없다. 인간이 자신의 운명을 임의로 처리할 수 있는 권리를 이와 같이 제한하는 이유는 명백하며, 특히 그런 극단적인 사례에서 더욱 분명하게 드러난다.

다른 사람의 이익과 관련되지 않는 한 개인의 자유로운 행동에 간섭하지 않는 이유는 그 자유를 존중하기 때문이다. 사람이 자유롭게 무엇을 선택한다는 것은 그가 선택한 것이 바람직한 것이거나 최소한 어떤 경우에도 참을 수 있는 것이라는 증거고, 따라서 개인의 이익은 대체로 그것을 추구하는 자유로운 행동이 허용될 때 가장 많이 확보된다.

그러나 사람이 자신을 노예로 판다는 것은 그의 자유를 포기하는 것이다. 왜냐하면 그는 자신을 노예로 파는 단 하나의 행동을 제외하면 앞으로 영원히 자유의 행사를 포기하게 되기 때문이다. 즉 그는 개인에게 자유를 허용하는 논거가 되는 목적을 스스로 파기하게 된다. 그는 더는 자유롭지 못하고, 그 뒤에 그가 놓이는 위치는 그가 스스로 선택한 위치에 있을 때 허용되는 '나는 만족한다'는 가정조차 할 수 없게 하는 것이다.

자유의 원칙에 따르면, 자유를 포기하는 자유는 요구할 수 없다. 자유로부터 단절을 허용하는 것은 자유가 아니다. 이 특별한 경우에 뚜렷하게 드러나는 원칙은 훨씬 더 광범하게 응용될 수 있음에 틀림없다.

자유에 대한 제한의 필요

그러나 여러 가지 생활상의 필요에 의해 실제로 자유를 단념하는 정도는 아니라고 해도, 자유에 대한 여러 가지 제한에 복종해야 할 일이 항상 일어나기 때문에, 위에서 말한 이유에는 그 어떤 경우를 막론하고 제한이 가해지기 마련이다.

그러나 오로지 행동자 자신만이 관련된 모든 일에 절대적인 자유를 요구하는 원칙은, 제3자와 무관한 사항으로 서로 계약을 맺는 경우, 필요에 따라 자유롭게 그 계약에서 벗어나야 한다는 것을 요구한다. 그리고 설령 이러한 계약 이탈의 자유가 허용되지 않는다고 해도, 해약의 자유를 전혀 허용할 수 없다고 단언할 수 있는 약속이나 계약은 금전이나 금전적 가치에 관한 것을 제외하고는 존재하지 않는다.

빌헬름 폰 훔볼트 남작은 앞서 인용한 그의 탁월한 에세이에서 다음과 같이 말한다. "개인 사이의 관계나 의무를 포함한 계약에는 일정 기간 외에 법적인 효과가 없다. 그러한 종류의 계약 가운데 가장 중요한 결혼은 계약 양 당사자의 감정이 결혼과 조화되지 않을 때 계약의 목적이 파기된다는 특성을 갖기 때문에, 그 계약을 해제하려면 어느 한쪽이 결혼을 철회할 의사를 표명하는 것만으로 충분하다."

이 문제는 매우 중요하고 복잡하기 때문에 여기서 상세히 논의할 수 없다. 따라서 나는 오로지 예증에 도움이 되는 한에서 약간만 언급하고자 한다. 훔볼트 남작의 주장이 간결하고 일반적이어서 그는 문제의 전제를 설명하지 않고 결론부터 선언할 수밖에 없었다. 만일 그렇지 않았다면 그는 의심할 여지없이 그가 의거한 단순한 논거로는 도저히 이 문제를 해결할 수 없다는 것을 인정했을 것이다.

어떤 사람이 명확한 약속이나 행동을 통해서 장차 자기가 일정한 일을 계속하리라는 걸 타인이 믿게 하고 타인이 기대와 타산을 갖게 하여 그의 인생 계획 일부를 그 가정에 걸게 한다면, 그 타인에 대한 새로운 도덕적 의무가 생겨나고 그 의무는 파기할 수는 있어도 무시할 수는 없다.

더욱이 양 당사자 사이의 관계가 제3자에게 영향을 미치는 결과를 초래하면, 즉 그것이 제3자를 특수한 위치에 놓이게 하거나 또는 결혼의 경우처럼 제3자(어린이)를 새로 출현시키게 되는 경우에는, 계약 당사자 쌍방은 모두 제3자에 대해 의무를 져야 한다. 이러한 경우에, 본래의 계약 당사자 간의 관계가 그대로 유지되는가 단절되는가에 따라 그 의무의 이행 또는 적어도 그 이행 방식은 커다란 영향을 받지 않을 수 없다.

물론 이러한 의무를 확대하여, 계약자의 의사에 반하여 그 행복까지 희생시켜가며 계약 이행을 요구할 권리가 있다는 주장은 나올 수 없고, 나도 이를 인정할 수 없다. 그러나 그 의무는 그 문제의 필요 요소가 아닐 수 없다. 훔볼트가 주장하듯이 그러한 의무는 계약자가 마음대로 계약을 이탈하도록 하게 하는 **법적** 자유에는 아무런 영향을 미치지 않는다고 해도(나 역시 그러한 의무는 **커다란** 영향을 미쳐서는 안 된다고 생각하지만), **도덕적** 자유에는 반드시 큰 영향을 미치게 된다.

따라서 사람은 타인의 그처럼 중요한 이익에 영향을 미칠 일보를 내딛는 결의를 하기 전에 반드시 모든 사정을 고려해야 한다. 만일 그가 그 이익을 적절하게 존중하지 않는다면, 그는 그것으로 인해 도덕적 책임을 지게 된다. 내가 지금 너무나도 당연한 이야기를 새삼스럽게 하는 이유는 자유의 일반 원칙을 더욱더 잘 설명하기 위해서지, 결혼과 같은 특수 문제에 대해 그런 견해를 제시할 필요가 있기 때문은 아니다. 즉 위에서 주장한 것과 정반대로 보통은 제3자인 어린이의 이해관계가 전부고, 계약자인 성인의 이해관계는 전혀 없는 것처럼 논의하는 것에 의견을 제시하려는 것이 아니다.

자유의 원칙과 예외

앞에서 살펴보았듯이 자유에 대한 공인된 일반 원리가 없기 때문에 자유는 종종 그것이 허용되어서는 안 되는 경우에 허용되고, 그것이 허용되어야 하는 경우에 허용되지 않는다. 현대 유럽에서 자유에 대한 감정이 가장 강력하긴 해도 완전히 부당하게 허용되는 경우도 있다고 나는 생각한다.

인간은 누구나 자신만이 관련되는 한 하고 싶은 대로 행동할 자유를 가져야 한다. 그러나 타인을 위해 행동하는 경우, 타인의 일이 전적으로 자기 일이라는 구실 아래 자기 멋대로 행동하는 자유는 허용될 수 없다. 특히 국가는 개인만이 관련되는 일에 대해 각자의 자유를 존중해야 하지만, 그가 타인에게 행사할 어떤 권리를 개인에게 부여하는 경우 그 권리에 한해 충분히 감독할 의무를 진다.

이러한 의무는 가족관계에서 거의 무시되는데, 이는 인간의 행복에 직접적인 영향을 미친다는 점에서 다른 모든 것을 합친 경우보다 더욱 중대하다. 아내에 대한 남편의 거의 전제적인 권리에 대해서는 길게 설명할 것도 없다. 왜냐하면 그러한 폐단을 완전히 제거하려면 아내에게 다른 모든 사람과 동등한 권리를 부여하고, 다른 모든 사람과 동등하게 법적 보호를 받게 하는 것만으로 충분하기 때문이다. 또한 이에 대해 아내에 대한 남편의 절대권을 옹호하는 사람들이 자유의 항변에 대해서는 조금도 귀를 기울이지 않고, 도리어 공공연히 권력의 투사로 이에 맞서는 실정이기 때문이다.

자유의 오용된 관념이 국가의 의무 수행을 참으로 방해하는 경우가 특히 자녀에 대한 것이다. 보통 자녀는 비유가 아니라 문자 그대로 부모의 일부로 생각된다. 따라서 자녀에 대한 개인의 절대적이고도 배타적인 지배권에 대해 법이 조금이라도 간섭하면 여론의 반박을 받게 된다. 그 반박은 자기 행동의 자유에 대한 거의 어떤 법적 간섭의 경우에 대한 것보다도 단호하다. 그만큼 사람들은 자유보다 권력을 더 존중한다.

교육의 경우

그 보기로 교육을 들어보자. 국민으로 태어난 모든 사람의 교육을 국가가 어느 정도까지 요구하고 강제할 권리가 있음은 자명한 명제다.

그러나 그러한 진리를 인정하고 주장하는 것을 두려워하지 않는 사람이 과연 얼마나 있을까?

사실 누구나 한 사람을 이 세상에 태어나게 한 이상, 그 사람의 인생에서 타인에 대한 또 자신에 대한 직분을 완수할 수 있도록 교육하는 것이 부모(현재의 법과 관습에 의하면 아버지)의 가장 신성한 의무의 하나임을 누구도 부정하지 않는다.

그러나 그것이 아버지의 의무라는 점에 의견이 일치하지만, 막상 아버지에게 그러한 의무를 수행하게끔 하면 누구도 귀를 기울이지 않는다. 아버지는 자녀의 교육을 보장하기 위해 모든 노력과 희생을 다하도록 요구당하는 것이 아니라, 교육이 무상으로 제공되는 경우에 그것을 받아들이느냐 여부를 자유롭게 결정할 선택권을 갖는 것으로 그 역할이 끝나게 된다!

비단 육체에 먹을 것을 부여할 뿐만 아니라 그 정신에 대해서도 교육과 훈련을 부여한다는 가망이 없이 자녀를 낳는다는 것은 그 불행한 자녀나 사회에 일종의 도덕적 죄악을 범하는 것이라는 것, 그리고 아버지가 그러한 의무를 이행하지 않을 경우 국가가 가급적 아버지의 비용 부담으로 이를 이행하도록 감독한다는 것은 아직 일반적으로 인정되지 않는다.

만일 국민 교육을 강제하는 의무가 일단 인정된다면, 국가가 무엇을 어떻게 가르쳐야 하느냐는 어려운 문제는 없어지리라. 지금은 그런 어려움이 있기 때문에 교육 문제를 종파와 도당의 단순한 투쟁 문제로 만들어, 오로지 교육에 투입해야 할 시간과 노력을 교육에 대한 논쟁에 낭비하는 실정이다. 만일 국가가 모든 자녀를 위해 충분한 교육을 하도록 요구할 것을 결정한다면, 국가 자체가 직접 교육하는 수고는 줄어들리라.

　국가는 교육을 부모에게 일임하여 그들이 어디서 어떻게 교육을 해도 모두 그들 자유에 맡길 수 있고, 빈민계급 자녀의 수업료를 지급하거나 수업료를 대줄 수 있는 사람이 없는 아동의 학비 전액을 지급하는 것으로 만족해야 한다.

국가 교육의 한계

국가 교육에 대해 가해지는 반대론은, 그것이 아무리 근거 있는 것이라고 해도 국가에 의한 교육의 강제에는 적용될 수 없고, 그것은 다만 국가 스스로 교육을 지도하는 경우에 적용된다. 국가가 교육을 강제하는 것과 국가 스스로 교육을 담당하는 것은 완전히 별개다. 국민 교육의 전부나 대부분을 국가가 장악하는 것에 대해서 나는 누구보다도 강력하게 반대한다. 성격상의 개성과 의견 및 행동방식의 다양성이 얼마나 중요한지 지금까지 내가 설명한 것은 역시 이루 말할 수 없이 중요한 것으로 교육의 다양성을 내포한다.

　전체적 국가 교육은 오직 국민을 틀에 집어넣어 서로 너무나 흡사하게 만들려는 수단에 불과하다. 국가가 국민을 정형화하는 틀은 결국 국가권력을 장악한 우월한 세력 — 군주건, 사제계급이건, 귀족계급이건, 현재 대중의 다수파이건 — 이 좋아하는 것이기 때문에 그 교육이 효과와 성공을 거두면 거둘수록 국민 정신에 대한 압제가 확립되며, 그 압제는 자연적 추세로서 국민의 육체에 대한 압제를 유발한다.

국가에 의해 수립되고 지배되는 교육이란, 만일 그런 것이 실제로 존재한다면, 그것은 다른 교육을 높은 수준에 도달하게 하려는 시범이거나 자극할 목적으로 행해지는 수많은 경쟁적 실험 가운데 하나여야 한다. 물론 사회 일반이 매우 뒤떨어진 상태에 있고 그로 인해 국가 스스로 교육 자체를 떠맡지 않는 한 사회가 스스로 아무런 교육시설을 갖출 수 없다거나 또는 그것을 갖추려는 의욕이 없는 경우, 국가 스스로 교육을 맡아 주관하는 일이 국민에게 교육을 전혀 시키지 않는 것보다는 폐해가 적기 때문에 초등학교부터 대학교에 이르는 교육 사업을 맡을 수 있다.

이는 마치 거대한 산업을 수행하기에 적합한 사기업이 없는 경우 국가 스스로 주식회사를 떠맡는 것과 같다. 그러나 일반적으로 국내에 국가의 보호 아래 교육을 할 수 있는 자격을 갖춘 사람들이 충분히 있다면, 그들은 교육을 의무화하는 법에 의해 규정된 보수의 보장과 교육비를 지급할 수 없는 자들에 대한 국가의 지원이 마련되는 한, 스스로의 창의에 의해 국가에 의한 교육에 못지않은 훌륭한 교육을 실시할 수 있고 또 실시하고자 할 것이다.

시험과 학위

교육을 의무화하는 법을 실시하는 수단으로는 모든 아동을 대상으로 어릴 때부터 시행하는 국가 시험밖에 없다. 모든 남녀 아동의 독서력 유무를 시험해야 할 연령을 정하는 것이 좋다. 만일 그 시험에 합격하지 못하는 아동이 있으면 그의 아버지는 충분한 변명의 근거를 갖지 않는 한 일정한 과료를 물리거나 부득이한 경우에는 노동을 시켜 변상하게 하고, 아동은 아버지의 비용으로 취학하게 하는 것이 좋다.

그 시험은 매년 한 번씩 실시하고, 학과의 범위를 점차 넓혀 국민 전체가 최소한의 일반 지식을 습득하여 평생 간직하게 사실상 강제되도록 운영되어야 한다. 그리고 최소한을 넘어서는 모든 학과에 걸쳐 자유롭게 시험에 응하게 하여, 그 시험에서 일정한 학력에 도달하면 증명서를 청구할 수 있게 해야 한다.

국가가 이 제도를 이용하여 여론에 부당한 영향을 미치는 일이 없도록 하기 위해, 국가 시험에 통과하는 데 필요한 지식은 비교적 상급 시험에서도 전적으로 사실과 실증과학에 한정해야 한다. 종교나 정치와 같이 논의가 구구할 수 있는 문제에 대한 시험은 여러 가지 의견의 진위 여하가 아니라, 어떤 의견이 어떤 이유로 어떤 학자나 학파 또는 교회의 지지를 받는다는 사실에 근거해야 한다. 이러한 제도하에서 미래의 사람들인 젊은이들은 모든 논쟁적 진리에 관한 한 오늘의 그들보다 큰 혼란에 부딪히지 않을 것이다. 즉 그들은 현재와 마찬가지로 영국 국교도로 자라게 되거나 비국교도로 자랄 것이고, 국가는 오로지 그들 각자가 그렇게 교육되도록 돌보면 될 테니까 말이다.

만일 아동의 부모가 원한다면, 그 아동이 종교 외의 다른 학과를 배우는 동일한 학교에서 종교를 배우는 것도 자유롭게 행해질 수 있다. 서로 다른 의견이 있는 문제에 국가가 국민의 의견을 편파적으로 기울게 하는 시도는 절대로 허용될 수 없는 나쁜 짓이다. 그러나 어떤 사람이 어떤 문제에 자신의 결론을 유도하는 데 필요한 경청할 만한 지식을 갖는지를 국가가 확인하고 보증하는 것은 정당하다.

가령 철학 전공자가 로크나 칸트 중 어느 학설에 찬성하거나 또는 그 어느 것에 찬성하지 않는다고 해도, 그가 그 두 철학자의 학설에 관한 시험에 합격한다면 그것만으로도 의의 있는 일이리라. 또 무신론자에게 기독교 증거론을 강요하지 않는 한, 그 증거론에 대한 시험을 부과해도 반대할 이유가 없다. 그러나 고도의 지식에 속하는 시험은 전적으로 자율에 맡겨야 한다.

만일 국가가 이른바 자격의 결여라는 이유로 어떤 사람을 직업(심지어 교육자)에서 배제하는 권리를 갖는다면 이는 국가에 너무나도 위험한 권력을 부여하는 것이 된다. 그래서 나는 빌헬름 폰 훔볼트와 더불어 다음과 같이 생각한다. 즉 학위나 과학적 또는 직업적 지식에 대한 공적 증명은 스스로 시험에 응시하여 합격한 자 모두에게 부여되어야 하지만, 그 증명은 여론에 의해 부여되는 존중에 그쳐야 하지 경쟁자들과 다른 이익을 부여하는 것이 되어서는 안 된다.

아동과 결혼에 대한 제한

자유에 대한 부당한 관념 때문에 언제나 가장 강력한 근거로 인정되어야 할 부모의 도덕적 의무가 인정되지 않고, 많은 경우 가장 강력한 근거로 부과되어야 할 부모의 법적 의무가 부과되지 않는 경우는 교육 문제에서만 나타나는 것이 아니다. 하나의 생명을 새로 출현시킨다는 사실 자체가 인간 생활 속에서 책임이 가장 중한 행동 가운데 하나다. 이러한 책임을 진다는 것, 즉 저주받을 신세가 될지 축복받을 신세가 될지 도무지 알 수 없는 하나의 생명을 낳는 일은 생명을 부여받는 존재가 적어도 인간다운 생활을 할 수 있는 일반적 기회를 갖지 못하는 한, 그 존재에게 죄악을 범하는 것이 된다. 따라서 인구 과잉의 나라나 인구 과잉 우려가 있는 나라에서는 극소수 이상으로 아이를 낳음으로써 그들의 경쟁에 의해 임금 저하를 초래한다는 건 노동에 따른 보수로 생활해가는 모든 사람에게 죄악을 범하는 일이 된다.

유럽 대륙의 많은 나라에서는 결혼 당사자가 장래 가정을 유지할 만한 경제력이 있음을 증명할 수 없는 한 결혼을 금지하는 법을 두는데, 이는 국가의 정당한 권리에서 벗어나는 것이 아니다. 그러한 법이 편리하든 불편하든(이는 주로 그 지역 사정과 그 지역인의 감정에 따르는 문제다), 자유를 침해하는 것은 아니다. 이러한 법은 유해한 행동 — 비록 법에 따른 처벌을 가할 필요가 있다고까지는 생각되지 않아도 세상 사람들에게 비난받고 사회적 오명의 낙인이 찍힐 정도로 타인에게 유해한 행동 — 을 금지하기 위한 국가의 간섭이다.

그러나 자유에 대한 현대의 관념은 개인 자신만이 관련되는 사항에 대해 개인의 자유가 실제로 침해되는 경우에는 저항 없이 복종하면서도, 자신의 성향에 사로잡힌 결과 그 자손이 비참하고 타락한 생애(1인 또는 1인 이상의)를 보내게 할 뿐 아니라 어떤 형태로든 그 자손들의 행동의 영향권 안에 있는 사람들이 여러 가지 해악을 입게 된다고 할 때, 그런 성향에 어떤 구속을 가하려는 데에는 크게 반대하는 것이 보통이다.

이처럼 인류가 갖는 자유에 대한 기이한 존경과 자유에 대한 존경의 기이한 결여를 비교해보면 인간이란 타인에게 해를 끼칠 불가결한 권리를 갖지만, 누구에게도 고통을 주지 않고서 스스로 행복해질 권리는 전혀 갖고 있지 않다고 생각되기까지 한다.

국가 간섭의 한계

나는 마지막 지면을 국가 간섭의 범위에 관한 중요한 문제들을 다루고자 남겨두었다. 그것들은 이 에세이의 주제와 밀접하게 관련되지만, 엄밀하게 말하면 그러한 주제에 속하지는 않는다. 이는 국가의 간섭에 반대하는 이유가 자유의 원리에 의하지 않는 경우다. 즉 개인의 자유로운 행동을 구속하는 문제가 아니라 도리어 그 행동을 돕는 것에 대한 문제다. 다시 말하면, 개인이 단독으로 또는 다수자의 자발적인 협력을 통해 행동하는 것을 허락하지 않고, 국가가 그들의 이익을 위해 어떤 일을 하고 또는 하게 하는 것이 과연 정당한가 하는 문제다. 국가의 간섭이 개인의 자유를 침해하는 것이 아닐 때, 그 간섭에 대한 반대론으로는 다음 세 가지를 들 수 있다.

첫째, 행해져야 할 일이 국가에 의해 행해지기보다는 개인들에 의해 행해지는 편이 더 좋을 듯이 생각되는 경우다. 일반적으로 말해, 어떤 일을 누가 해야 하는지를 결정할 수 있는 최적임자는 그 일과 직접 이해관계를 갖는 사람들이다. 이 원리에 따르면, 일반 산업의 생산과정에 대한, 종전에 당연한 것으로 간주된 의회와 행정부 관리의 간섭은 부당하다. 그러나 이 문제는 종래 경제학자들에 의해 충분히 논의되어왔고 또 이 에세이의 원칙과는 특별히 관련되지 않는 것이다.

정신 교육의 수단인 개인 활동

둘째의 반대론은 우리의 문제와 더욱 밀접하게 관련된다. 대체로 개인은 어떤 특정한 일을 할 때, 물론 국가 관리처럼 훌륭하게 하지 못할 수 있지만, 그럼에도 국가에게 일임하는 것보다는 개인들에게 일임하는 것이 그들 자신의 정신 교육의 한 수단으로서 바람직하다. 즉 이것이 그들의 활동 능력을 왕성하게 하고 그들의 판단력을 단련시켜, 그들에게 맡겨진 과제에 대해 살아 있는 지식을 얻게 하는 수단이라는 것이다.

이것이 배심재판(정치적이지 않은 소송의 경우), 자유롭고 민중적인 지방자치제도, 유지有志 집단에 의한 산업과 자선사업의 경영을 장려하게 되는 이유다(유일한 이유는 아니지만). 그러나 이는 자유의 문제는 아니고, 다만 자유와 어느 정도로 관련될 뿐이며, 도리어 발전의 문제라고 할 수 있다.

이를 국민 교육의 일부로 자세히 설명하는 것은 다른 기회로 미루겠다. 왜냐하면 이는 사실 시민에 대한 특별한 훈련이자 자유로운 인민을 정치적으로 교육하는 실천 부분이고, 또 국민을 개인적 이기주의라는 좁은 범주에서 이끌어내 연대책임에 대한 이해와 더불어 협동사업을 경영하는 데 익숙하게 되도록 만드는 것이며, 나아가 그들에게 공공적·준공공적 동기에서 행동하는 습관을 갖도록 하고 그들을 서로 갈라놓지 않고 단결시킬 목적에 의해 행동하는 습관을 갖게 하는 것이다. 이러한 습관과 능력이 결여된다면, 하나의 자유제도는 운영될 수 없고 유지될 수도 없다.

이는 비록 정치적 자유가 있다고 해도 그것이 지역적 차원에서의 자유라는 충분한 기초 위에 서 있지 않은 나라에서는 그 정치적 자유가 일시적인 성격을 띠는 경우가 허다하다는 사실에 비추어볼 때, 명백한 일이다. 순수한 지역적 사업이 지역민에 의해 경영되고, 대

기업체가 자발적으로 투자한 사람들에 의해 경영된다는 것은 이 에세이에서 강조한 발전하는 개성과 행동방식의 다양성이라는 이익을 낳게 하는 것이므로 더욱더 장려될 필요가 있다.

국가의 사업은 전반적으로 단일화되는 경향이 있다. 반대로 개인이나 자발적인 협동체에 의한 운영의 경우에는 각종 실험을 할 수 있고 무한하게 다양한 경험을 얻을 수 있다. 국가가 효과적으로 일할 수 있는 길은 스스로 수많은 시도의 결과로 얻게 되는 경험의 중앙저장소가 되는 동시에 그 전달자와 보급자로 활동하는 것이다. 국가의 직분은 국가 자신의 실험 이외의 모든 실험을 배척하는 데 있는 것이 아니라 모든 실험자에게 타인의 실험을 이용할 수 있게 하는 데 있다.

국가권력의 부당한 확대

셋째, 국가의 간섭을 제한하는 가장 유력한 이유는 국가권력의 부당한 확대로 인한 커다란 해악이다. 국가가 이미 행사하고 있는 여러 직권 외에 다시 여러 가지 직권이 더해지면 그때마다 국민의 희망과 공포를 지배하는 세력이 더욱더 확대될 뿐 아니라, 일반 공중 속의 일부 활동적이고 야심만만한 자들을 더욱더 국가나 정권을 잡으려고 호시탐탐 노리는 어떤 당파의 앞잡이로 만들게 된다.

만일 도로, 철도, 은행, 보험회사, 거대 주식회사, 대학, 공공 자선단체 등이 모두 하나같이 국가의 지점처럼 되어버린다면, 또 만일 도시와 지방자치단체가 지금 위임받는 모든 것을 중앙 행정기관에 위임하여 그것의 단순한 하부기관이 되고 만다면, 또 그러한 여러 사업에 종사하는 사람들이 직접 국가에 의해 임명되어 급여를 받으며 출세의 모든 기회를 국가에 기대하게 된다면, 언론·출판의 자유와 민주적인 의회제도가 아무리 인정된다고 해도 우리 영국은 물론 다른 어떤 나라도 명목 이상의 자유국이 될 수 없으리라. 그러한 행정기구가 효율적이고 과학적으로 구성되면 될수록, 즉 행정기구를 움직이는 탁월한 수완과 두뇌를 확보하는 장치가 교묘할수록 폐해는 더욱 더 클 것이다.

관료제의 폐해

최근 영국에 국가의 모든 공무원을 경쟁 시험에 의해 채용해야 한다는 안이 제출되었다. 이는 직무를 위해 되도록이면 가장 총명하고 학식 있는 인재를 확보하고자 하는 것인데, 이에 대해 구두나 문서로 찬반양론이 비등했다. 반대쪽의 가장 강경한 주장 가운데 하나는, 국가의 종신 공무원이라는 직업은 최고의 재능을 갖는 인재를 끌어들일 만한 보수와 지위의 전망을 제시하지 못하고, 그런 재능의 소유자들은 지적인 전문직이나 다른 공공단체 직무에서 언제나 더욱더 보람 있는 입신의 길을 찾을 수 있다는 것이었다.

그 주장이 도리어 찬성 측에 의해 그 안의 중요한 난점에 대한 답으로 이용되었다고 해도 아무도 놀라지 않았으리라. 이와 반대로 그것이 반대쪽에서 나왔으니 매우 이상하다. 반대론으로 주장된 것이 제안된 제도의 안전판인 것이다.

만일 국가의 유능한 인재들이 모두 국가에서 근무하게 된다면, 그런 결과를 초래하고자 의도하는 안이야말로 도리어 불안을 불러일으키는 것이라고 할 수 있다. 만일 조직적인 협력과 광범하고 포괄적인 식견을 필요로 하는 사회의 모든 사업 부분이 국가의 수중에 들어간다면, 그리고 국가의 어떤 직장도 예외 없이 가장 유능한 인재로 가득 차 있다면, 순수하게 사색적인 인물을 제외한 국가의 모든 인물, 즉 폭넓은 교양과 많은 경험을 쌓은 지혜의 소유자들은 한군데로 집중되어 방대한 인원의 관료제를 이루게 될 것이다.

그리하여 남은 재야 사람들은 오로지 관료제에 기대를 걸게 될 것이고, 일반 대중은 그들이 해야 할 모든 일에 관료의 지도와 명령을 받고자 할 것이며, 능력 있는 야심가는 관료제에 기대어 개인적인 영달을 꾀하려 할 것이다. 이러한 관료 국가의 대열에 끼고 이어 그 대열 속에서 출세한다는 것이 야심의 유일한 표적이 될 것이리라.

그러한 제도 아래의 재야 민중은 실제 경험이 결여되기 때문에 관료제의 조작방식을 비판하거나 통제할 능력을 갖지 못한다. 뿐만 아니라 비록 전제적 제도하에서는 우발적인 사례로서, 또 민중적 제도하에서는 자연스러운 작용의 사례로서 개혁적 성향을 갖는 하나 또는 그 이상의 지배자를 받드는 일이 종종 있다고 해도, 관료제하에서는 그 이익에 위배되는 어떤 개혁도 실현될 수 없다.

러시아 관료제 등의 폐해

바로 그런 것이 러시아제국의 우울한 상태다. 이는 그 나라를 충분히 관찰할 기회를 가졌던 사람들의 보고를 보면 명백하다. 차르 자신도 관료 집단에 대해서는 무력하다. 그는 그들 누구라도 시베리아로 보낼 수 있지만, 그 집단 없이는 또는 그 집단에 반해서는 지배할 수 없다. 관료들은 차르가 내리는 모든 칙령의 시행을 단지 회피하는 것만으로도 암묵적인 거부권을 행사한다.

러시아제국보다 더 앞선 문명과 더 반항적인 기질을 갖는 여러 나라에서 공중은 국가가 그들을 위해 모든 것을 해주리라는 기대에 젖어, 또는 최소한 국가의 허가를 받지 않고는 무엇을 하느냐 하는 것과 심지어 하는 방법조차 알지 못하고 그들 스스로 아무것도 하지 않는 버릇을 가지고 있기 때문에, 그들이 당하는 모든 해악을 당연히 국가 책임이라고 간주한다.

그리고 그 해악이 그들의 인내 한계를 넘어서면 그들은 국가에 대항해 궐기하여 이른바 혁명을 일으키게 된다. 여기서 다른 어떤 사람이 국민의 정당한 승인을 받거나 또는 그런 승인 없이 홀연히 권좌에 앉아서 관료 집단에 명령을 내리면, 모든 것은 종래와 거의 마찬가지로 진행된다. 이는 관료제가 종전과 다름없이 거의 그대로고 또 누구도 그것을 대신할 수 없기 때문이다.

프랑스와 미국 자유민의 경우

자기 일을 자기 스스로 하는 국민의 경우에는 이와 명백히 다르다. 프랑스에서는 국민 대부분이 군에 복무하여 적어도 하사관 정도는 지낸 자가 많기 때문에, 민중이 폭동을 일으킬 때마다 그들을 지휘하고 즉석에서 상당한 작전 계획을 세울 만한 능력을 갖춘 인물이 상당수 등장한다.

프랑스의 군사 상황과 같은 것은 미국의 모든 비군사적 상황에서 볼 수 있다. 미국인을 국가 없이 방치한다고 해보자. 그러면 그 어떤 단체도 즉시 국가를 조직하여 통치를 비롯한 모든 공공 업무를 충분한 지성과 질서와 결단을 가지고 수행할 수 있다. 이것이야말로 모든 자유 국민이 모범으로 삼아야 할 것이다. 또한 그만한 일을 할 수 있는 국민은 반드시 자유를 누리기 마련이다.

어떤 개인이나 집단이 중앙국가라는 고삐를 빼앗아 그것을 휘두를 수 있다고 해도 그러한 인민은 결코 그들에게 노예로 취급당하는 것을 감수하지는 않으리라. 어떤 관료제라고 해도 국민에게 그들이 좋아하지 않는 어떤 일을 하게 하거나 그 일을 감수하도록 기대할 수 없다.

관료제 국가의 경우

그러나 모든 것이 관료제를 통해 행해지는 곳에서는 관료제가 진정으로 반대하는 일은 도저히 행해질 수 없다. 그러한 여러 나라의 국가 조직은 국내의 경험 있고 실제적인 재능이 있는 사람들을 조직하여 나머지 국민을 통치하기 위한 규율 있는 단체로 만든 것이다. 따라서 그 조직화 자체가 완벽하면 완벽할수록, 국민의 모든 계층에서 가장 유능한 인재를 조직에 흡수하여 그 조직을 위해 교육하는 데 성공하면 성공할수록, 관료제의 구성원을 포함한 모든 사람에 대한 속박은 더욱더 완전하게 된다. 왜냐하면 피지배자가 지배자의 노예인 것과 마찬가지로, 지배자는 그가 만든 집단과 규율의 노예이기 때문이다.

중국의 관리는 가장 비천한 경작자와 마찬가지로 전제정치의 앞잡이요 주구다. 제수이트Jesuit[109]파 사제단 자체는 구성원의 집단적인 힘과 권위를 위해 존재하지만, 개별 신도는 더는 비굴할 수 없을 정도로 사제단의 노예가 되어 있다.

또한 국내의 모든 유능한 인재를 지배 집단에 흡수한다는 것은 조만간 집단 자체의 정신적 활동과 진보에 치명적 영향을 미친다는 점을 잊어서는 안 된다. 관료 집단은 단결은 하지만, 모든 조직과 마찬가지로 대부분 필연적으로 고정된 규칙에 따라 움직이기 마련이다. 따라서 그들은 끝없이 게으른 인습의 노예가 되기 쉽다. 설령 가끔은 마치 기계적으로 일정한 코스를 도는 방아 찧는 말의 굴레와 같은 단조로운 생활에서 벗어난다고 해도, 이는 그 단체를 이끌 만한 지위에 있는 일부 사람들이 때때로 마음 내키는 대로 생각해낸 불확실한 사상을 거의 음미하지도 않고 따라가는 데 불과하다.

관료제를 막기 위한 재야 비판의 필요성

표면상으로는 반대되는 것처럼 보이지만 실질적으로는 밀접하게 관련되어 있는 이 두 가지 경향을 억제할 수 있는 유일한 길, 즉 관료 집단 자신의 능력을 높은 수준까지 끌어올릴 수 있는 유일한 자극은 관료 집단 못지않은 재능을 갖는 재야 인사의 빈틈없는 비판을 끝없이 받게 하는 것이다. 따라서 그러한 재능을 양성하고, 중대한 실제

문제를 정확하게 판단하는 데 필요한 기회와 경험을 부여하는 수단
이 관료 집단과 독립하여 존재하는 것이 필수 불가결하다.

만일 우리가 유능하고 능률적인 관료 집단, 특히 진보를 추구하고
그것을 스스로 채택할 능력이 있는 집단을 영구히 갖기를 원한다면,
또 만일 우리가 우리의 관료제를 공리공론의 정치로 타락시키기를
원하지 않는다면, 인류를 다스리는 데 필요한 여러 능력을 형성하고
배양하는 모든 사업을 관료 집단이 독점하게 해서는 안 된다.

인류의 자유와 진보에 대한 너무나도 두려운 해악이 시작되는 시
점은 언제인가? 또는 도리어 사회복지를 저해하는 장애물을 제거하
기 위하여 사회가 인정하는 수뇌들의 지도 아래 사회의 힘이 집합적
으로 적용되는 때 생기는 이익이 그 해악에 압도당하기 시작하는 시
점은 언제인가? 이런 것들을 결정하고 또한 사회 일반 활동력의 너
무나도 많은 부분이 국가에 흘러들도록 하지 않고 중앙집중화된 권
력과 지력智力의 이익을 최대한 확보한다는 것은 통치 기술에서 가
장 어렵고도 복잡한 문제의 하나다.

이는 대체로 세부적인 문제로, 수많은 다양한 고찰이 필요한 것이
므로 어떤 절대적인 기준을 세울 수는 없다. 그러나 안전 제일주의를
표방하는 실천의 원칙, 언제나 마음속에 간직해야 할 이상 그리고 어
려움을 극복하기 위한 여러 가지 수단을 검증할 수 있는 기준은 다
음과 같은 말, 즉 "국가의 능률을 방해하지 않을 정도로 인재를 가능
한 분산시키되, 중앙국가에는 되도록이면 최대한 정보를 집중하게
하여 그 지식을 널리 보급하게 한다"는 말에 포괄할 수 있다고 생각
한다.

지방자치의 중요성

따라서 지방자치 행정에서는 뉴잉글랜드에서와 같이 직접적인 이해 관계를 갖는 사람들에게 맡기지 않는 편이 좋은 모든 사무를 그 지역 주민이 선출하는 개별 공무원에게 세분하여 부과시키는 것이 좋다. 그러나 이것만으로는 충분하지 못하다.

지방 사무를 맡는 각 부서에는 중앙 감독기관을 두어 그들로 하여금 중앙국가의 지부 구실을 하게 할 필요가 있다. 이러한 감독기관은 모든 지방의 공공 업무 분야의 일에서 또한 여러 외국에서 행해지는 모든 유사한 일에서 그리고 정치학의 일반 원리에서 각각 추출할 수 있는 여러 가지 정보와 경험을 마치 초점을 맞추듯이 하나의 점에 집중시키는 역할을 하게 될 것이다.

또한 그 기관은 사회에서 행해지는 모든 것을 알 권리를 가져야 하고, 특히 중대한 임무는 어느 하나의 지방에서 얻은 지식을 다른 여러 지방에서 이용하도록 해야 한다. 따라서 그 기관은 모든 것을 내려다볼 수 있는 높은 위치를 차지하며 관찰 범위가 광범하고도 포괄적이기 때문에, 지방기관에서 보는 바와 같은 사소한 편견이나 단견을 가질 수 없고 기관이 내리는 충고는 자연스레 커다란 권위를 갖게 된다.

그러나 영속적인 제도로서 이 기관이 갖는 실제 권력은 지방 공무원을 지도하기 위해 제정된 법에 그들을 강제하여 복종시키는 것에 한정되어야 한다고 생각한다. 그리고 일반 규칙에 의해 제정되어 있지 않은 모든 사항에 대해서는 지방 공무원이 그 선거권자에 대한 책임에 근거하여 자신의 판단에 따르도록 허용되어야 한다. 그들은 규칙을 어기면 법의 제재를 받아야 하고, 규칙 자체는 입법부에 의해 제정되어야 한다.

중앙국가는 오로지 그러한 규칙의 집행을 감독하고, 만일 그것이 정당하게 실시되지 않으면 사정에 따라 법원에 제소하여 법을 적용하거나 선거민에게 호소하여 법에 의거해 일반 규칙을 실시하지 않은 공무원을 파면해야 한다.

구빈법위원회Poor Law Board[110]가 전국적으로 구빈세 징수자들에게 실시하려 한 중앙 감독제는 대체로 그런 것이었다. 일부 지방만이 아니라 전국적으로 막대한 영향을 미치는 사항에 부패의 악폐가 뿌리 깊어 시정이 절실하게 요구되는 특별한 경우, 위원회가 한계를 넘어 어떤 권력을 행사한다고 해도 그것은 모두 필요하고 정당한 것으로 간주된다.

왜냐하면 어떤 지방이라도 부패하여 그 지방을 빈민 소굴로 만들고, 따라서 빈민들이 다른 여러 지방으로 반드시 흘러 들어가지 않을 수 없게 함으로써 전국 노동사회의 정신적·육체적 상태에 손해를 끼칠 수 있는 도덕적 권리를 갖지 못하기 때문이다.

구빈법위원회가 갖는 행정적 강제권과 그것에 따른 입법권(그러나 권력은 이 문제에 대한 여론의 추세로 인해 거의 예외적으로만 행해진다)은 최우선의 중대성을 갖는 국가적 이해관계가 있는 경우에는 완전히 정당화될 수 있다고 해도, 순전히 지방적인 이해관계에 대한 감독의 경우에는 전혀 정당하지 않다. 그러나 모든 지방을 위해 정보와 지도를 제공하는 중앙기관은 행정의 모든 부분에 똑같이 유효한 존재이리라.

결론

개인의 노력과 발전을 저지하지 않고 북돋우며 자극하는 활동에 관한 한, 국가가 아무리 활발하게 활동한다고 해도 결코 지나치다고 볼 수 없다. 국가가 개인이나 집단의 활동과 힘을 환기시키지 않고 국가 스스로 그들의 활동을 대신하게 되면, 또 국가가 개인이나 집단에 정보와 충고를 주거나 때로는 책망하는 대신 그들에게 속박을 가한 채로 일을 하게 하거나 그들을 밀어제치고 국가가 그 일을 대신할 때 폐해가 발생하기 시작한다.

국가의 가치란 궁극적으로 국가를 구성하는 개인들의 가치다. 개인의 정신적 발달과 향상이라는 이익을 뒤로 돌리고, 세부의 사소한 사무를 처리하는 행정 기능 또는 경험에서 얻게 되는 사이비 재능을 조금이라도 더 늘리기 원하는 국가 또한 국민을 위축시켜 국가가 마음대로 좌우할 수 있는 온순한 꼭두각시로 만들고자 하는 (비록 그것이 국민의 이익을 위해 행해지는 것이라고 해도) 국가는 머지않아 다음을 알게 될 것이다.

즉 국민이 위축되면 어떤 위대한 일도 실제로 성취할 수 없고 또 국가가 모든 것을 희생하여 완전한 기구를 만들었다고 해도, 그 기구를 더욱 원활하게 운영하려고 한 나머지 스스로 배제한 바로 그 구성원의 활력 결여로 인해 결국은 그러한 기구가 쓸모없게 되어버린다는 것을 알게 될 것이다.

1. 지금 여기서 왜《자유론》이 문제인가?

《자유론》 번역의 역사

밀의《자유론》은 무엇보다도 사상의 자유를 말한다. 1859년에 쓰인 《자유론》이 이미 한 세기 반도 전에 사상의 자유, 그것도 완전한 사상의 자유를 부르짖었는데 그 후 160여 년이 지난 지금 우리에게는 아직도 완전한 사상의 자유가 없다. 혹시 우리가 밀의《자유론》을 한 세기 반 앞서 읽었다면 사정이 달라졌을까?

그러나 우리말 번역은 원저가 나온 지 100여 년 뒤인 1956년에 처음 나왔다. 반면 일본에서는 원저가 나온 지 십여 년 뒤인 1872년에 첫 번역이 나왔다. 원저가 나온 지 십삼 년 뒤였고, 밀이 죽기 일 년 전이었다. 이어 일본에서는 십여 년에 걸쳐 밀의 저서 대부분이 그야말로 대단히 왕성하게 소개되었다.

당시 일본의 밀 번역자들은 후쿠자와 유키치福澤諭吉(1835~1901)를 비롯한 일본 최고의 유학자들이자 유럽에 유학한 대학자들로 뒤에 도쿄대학을 비롯한 여러 대학의 교수나 국회의원을 지낸 사람들이었다. 그들은 메이지유신 이후 일본에 밀을 소개할 필요가 있다고 절실하게 느꼈음에 틀림없다. 반면 당대의 조선 지식인들은 전혀 또는 거의 그렇지 못했던 것으로 짐작된다. 한말에 서양 책들이 다수 번역되었으나 밀의 책은 없었다. 어쩌면 이는 당연했으리라. 민족의 '독립'이 절대적으로 문제 되는 위기인데 개인의 '자유', 특히 사상의 자유 '따위'가 눈에 들어올 리 없었다. 일제 때도 마찬가지였으리라.

그런데 해방 직후 우리나라 학계(라는 것이 있었다면)에 새로운 번역 움직임이 조금이라도 나타났을 때는, 이미 밀의 시대는 지난 듯했다. 왜냐하면 영국의 정치사상으로서는 밀의 한참 후학인 래스키 Harold Laski(1893~1950)[111] 등의 책이 왕성하게 소개되기는 했으나 밀의 번역은 찾아볼 수 없었기 때문이다. 이러한 래스키 붐은 당시 일본에서 래스키 붐이 일어났던 것과도 무관하지 않았으리라고 생각되는데, 여하튼 그 후 미국 정치학 붐이 일면서 래스키 붐도 일시적인 것으로 끝났다. 학문이란 것이 이처럼 외국의 유행을 타는 것은 참으로 불행한 일이지만, 어쩌면 그것은 지금까지도 변하지 않고 있는 우리 '사상(정확하게 말하자면 '무사상')'의 체질 같은 것인지도 모른다.

그나마 다행스럽게도 1956년에 와서 밀의 《자유론》이 우리나라에서 아마도 최초로 번역되었고, 다시 번역되었다. 《자유론》이 열 번 이상이나 번역된 사실이 의미하는 것은 무엇일까? 우리의 고질적인 상업주의나 사대주의 탓이 아니라면 자유민주주의라고 하는 우리의 정치 이념, 특히 북한에 대해 언제나 주장하는 '자유'에 대한 고전적 논의가 《자유론》이라고 할 수 있기 때문이리라. 즉 1950년대 말에 그런 문제가 절실하게 의식되었기 때문에 《자유론》을 번역할 필요성을 느끼게 된 것이 아닐까? 물론 이는 꿈보다 해몽이 좋은 이야기

일 수는 있다.

그러나 그《자유론》이 우리에게 제대로 수용되었는지는 지극히 의심스럽다. 1950년대는 물론이고, 1960~1970년대의 가난 속에서 '자유'가 무엇이었겠는가? 그리고 가난을 겨우 벗어난 1980~1990년 대의 우리는 마치 '벼락부자'라도 된 양 온갖 유치하고 저질적인 속물 짓에 젖었고, 지금도 마찬가지다. 그런 판국에 '자유'가 무엇인가? 무슨 수를 '자유롭게' 쓰더라도 부자가 되고, 내가 아무리 유치하고 저질적인 속물로 살아도 되는 '자유'라는 것 외에 자유라는 말에 무슨 의미가 있는가?

물론 어떤 고전도— 서양 것만이 아니라 동양 것이나 우리 전통도— 완벽하게 수용될 수는 없겠지만, 적어도 지난 반세기 동안 자유민주주의를 표방해오면서 우리는 밀《자유론》에 나타난 '자유'의 의미를 제대로 수용했다고 할 수 없다. 특히《자유론》이 자유의 구체적 의미를 확정하는 데 이용된 적도 없다. 말하자면 우리의 자유란《자유론》의 자유가 아니라는 것이다.

'자유'의 뜻

도대체 '자유'란 무엇인가? 국어사전에서는 "남에게 구속받거나 무엇에 얽매이지 아니하고 마음대로 행동하는 일"이라고 한다. 이러한 풀이 자체가 부정확한 것은 아니나 그것은 무엇이든 '내 마음대로 행동한다'라는 부정적인 방종放縱의 의미를 가질 수도 있다. 사실 자유라는 한자어는 본래 그런 뜻으로도 사용되었다. 가령《후한서後漢書》

에는 도적이 자신들이 옹립한 왕을 아이로 보고 '백사자유百事自由'로
했다는 기록이 나온다. 모든 일을 제멋대로 했다는 것이다. 반면 불
교에서는 '자유해탈自由解脫'이라는 말을 선의 경지를 표현하는 말로
도 사용했다. 그러나 우리의 전통사회에서 자유란 말이 일반적으로
어떻게 사용되었는지는 알 수 없다.

한편 영어에서는 자유를 뜻하는 말로 liberty 말고도 freedom이 있
다. 반면 프랑스어에는 liberty에 해당하는 liberté뿐이고 독일어에
는 freedom에 해당하는 Freiheit뿐이다. freedom은 높은 정신적 자유,
liberty는 낮은 신체적 자유로 구별되기도 하지만 이는 반드시 적절
한 것이 아니다. 더욱이 이러한 구별로부터 프랑스에서는 정신적 자
유를 이해하지 못하고 독일인은 신체적 자유를 이해하지 못한다고
보는 견해도 부당하다. 그런데 영국의 자유주의는 주로 최소 국가를
주장하는 것으로 이는 밀의 《자유론》에서도 분명히 드러난다. 즉 개
인의 자유는 국가에 맞서서 방위해야 하는 것이라는 주장으로, 이는
루소 이래 대륙에서 자유를 자치라고 보고 인민이 자치하면 자유롭
다고 주장한 것과 다르다.

freedom은 철학적이거나 일반적인 문맥, liberty는 법이나 정치의
문맥에서 사용된다는 정도의 구별이 가능할 뿐 두 말은 같은 뜻이
다. freedom에는 free라는 형용사가 있으나 liberty에는 형용사가 없
다는 차이뿐이다. 프랑스어에는 libre라는 형용사가 있으나 이는 영
어의 liberal과는 다르고, 자유주의자나 자유사상가를 뜻하는 영어의
liberal에 해당하는 프랑스어는 libertin이다. 이는 영어의 liberal처럼
라틴어 libertinus(자유인)에서 나온 말이다. 프랑스의 자유인은 종교
에서 해방된 자를 뜻했다. 가령 칼뱅은 자기에 대한 반대파를 그렇게

불렀다.

liberty란 말은 liberal과 관련되었는데, 이는 라틴어 liber에서 비롯되어 자유롭지 않은 인간과 구별되는 자유민이라는 계급을 나타내는 특수한 사회적 구분을 뜻했다. 가령 오늘날 교양학과를 뜻하는 liberal arts란 말은 14세기 영어에서 계급적인 의미를 담은 말로 하층 계급의 기술과 직업과 달리 독립된 자산과 안정된 사회적 지위를 갖는 사람들의 기술과 직업, 즉 문법, 예술, 물리, 천문 등을 뜻했다. 그 뒤 15세기에는 liberty란 freedom의 자유라는 뜻과 함께 정식 허가나 특권을 뜻하기도 했다. 그러나 현대 영어에도 남아 있는 liberties of subject(피지배자의 자유)라는 표현에서 보듯이 그것은 특정 통치권에 대한 절대적 복종의 범위 안에서 부여된 일정한 권리를 뜻했다. 이러한 '억제되지 않는'이라는 의미는 16세기에 '방종'이라는 뜻으로 변모했고, 18세기에는 '엄하지 않은', '규율이 없는' 등의 의미로도 사용되었다. 동시에 liberal은 18세기 와서 '마음이 넓은'이라는 뜻이나 '정통이 아닌'이라는 뜻으로도 사용되었고, 19세기에는 보수 세력이 진보 세력을 과격파라고 비난하는 말로도 사용되었다. 당시의 liberalism이라는 말에는 14세기부터 관용을 뜻한 liberality라는 의미도 포함되었다.

19세기에 서양어 liberty나 freedom의 번역으로 중국에서는 자주, 자유, 자전自專, 자득, 자약自若, 자주재自主宰, 임의, 관용, 종용이라는 말이 채택되었고, 일본에서도 자주, 자유, 자재, 불패不覊, 관홍寬弘 등이 채택되었으나 그 말들이 모두 적절하지 않다는 주장, 특히 자유라는 말이 적절하지 않다는 주장이 당연히 제기되었다(불행히도 나는 19세기 조선에서 어떤 번역어가 채택되었는지 알 수 없다). 사실 자유自由

라는 말 자체에는 어떤 구체적인 의미가 없다. 유由란 '말미암아'나 '까닭'이라는 뜻으로 사유事由나 유래由來와 같은 말에 쓰일 뿐 달리 쓰이는 경우가 거의 없다. 따라서 자유라는 말 자체는 '자신에게 유래한다', '나에게서 나온다'는 정도의 뜻에 불과하다. 여하튼 자유란 말에는 나에게서 비롯된다는 의미가 있음은 분명하나, 그것이 내 마음대로 한다는 뜻으로 이해되었기에 번역어로서 부정적으로 인식되었는지도 모른다.

앞에서 보았듯이 당시 동양 지식인들이 liberty나 freedom의 번역을 매우 신중하게 고려한 것을 충분히 이해할 수 있다. 위의 여러 번역어로 보면 그 의미를 적극적인 의미와 소극적인 의미라고 하는 두 가지 차원에서 고려했음을 알 수 있다. 적극적인 의미란 자주, 자유, 자전, 자득, 자약, 자주재, 임의, 자재, 불패의 경우이고, 소극적인 의미란 관용, 종용, 관홍의 경우다. 즉 스스로 주인으로서 행동한다는 적극적인 의미와 타인에 대해서는 그 역시 주인으로 행동하는 존재이니 너그럽게 대한다는 소극적인 의미가 동시에 포함된 것이라고 볼 수도 있다. 또는 전자는 스스로 행동을 한다는 적극적인 의미, 후자는 어떤 행동을 하는 것을 허용받는다는 소극적인 의미였는지도 모른다. 이러한 두 가지 의미는 사실 영어에서 엄밀하게 말해 freedom이 주어진 상황 속에서 어떤 행동을 하는 능력을, liberty가 국가에 의해 어떤 행동을 해도 좋다는 허용을 뜻하는 것에 각각 대응한다고 볼 수도 있으나 이러한 엄밀한 구분은 영어에서도 일반적이지 못하다.

여하튼 이 두 가지 의미를 동시에 담을 수 있는 한자어는 없었고, 결국은 자유라는 말로 남게 된 것은 그것이 19세기 일본이나 중국에서 당시 대중에게 가장 어필했기 때문이었다고 할 수 있으리라. 그러나 그러한 자유라는 말은 방종, 즉 함부로 놀아먹음이라는 《후한서》의 전통적 의미와 곧잘 혼동될 수 있는 여지를 남겼고, 사실 당시 대중에게도 그것이 가장 필요한 것이었는지도 모른다.

여기서 나는 아쉬움을 갖는다. 가령 자유가 아닌 차라리 관용이라는 번역어가 채택되었다면 조금은 달라지지 않았을까? 지금은 관용이라는 말이 자유와는 다른 뜻, 즉 '너그럽게 받아들이거나 용서함'으로 사용되는 만큼 지금 자유라는 말 대신 관용이라는 말을 채택한다는 것은 있을 수 없다고 생각될 수도 있고, 특히 그 뜻이 소극적이고 수동적이라는 의미에서 문제가 없는 것도 아니겠지만, 적어도 그런 의미가 포함된다는 것을 이해할 필요는 있지 않을까?

왜냐하면 우리 사회는 자유의 사회이기는커녕 그 전제가 되는 관용의 사회도 아니기 때문이다. 우리 전통사회의 가치를 부정하고 싶은 생각은 추호도 없지만, 적어도 사상의 자유를 비롯한 자유는 이 세상 어떤 시대, 어떤 나라의 경우보다 철저히 탄압되었다고 하지 않을 수 없다. 불행히도 그 사상의 희생자들을 우리는 가톨릭의 경우처럼 '성인'으로 추앙하기는커녕 그 이름조차 잊고 살아 사상의 자유문제를 짐작조차 못 하지만, 적어도 19세기 조선의 유례없이 많은 성인을 낳은 가톨릭 박해만을 보아도 우리 전통사회의 사상 탄압이 얼마나 극심했는지를 충분히 미루어 짐작할 수 있다.

동시에 실학을 포함한 전통 학문 어디에 사상의 자유에 대한 언급이 나오는가? 심지어 한말이나 대한제국 시대의 이른바 계몽 시대라도 사상의 자유에 대한 언급이 있는가? 심지어 일제하 독립운동 어느 언저리에 사상의 자유, 사상의 독립이 문제되는가? 이런 나의 반문에 어이없어할 분이 계시리라. 물론 나도 그 점을 알고 있고, 느끼고 있다. 조선 시대를 통해 수많은 피비린내 나는 권력다툼이 이어졌고, 한말에도 그랬지만 그 어느 것도 사상의 자유를 지키기 위한 싸움은 아니었다. 물론 사상의 자유 자체만을 지키기 위한 싸움은 없었다. 우리 가톨릭의 '성인'도 사상의 자유는커녕 종교의 자유 자체를 지키기 위한 투쟁은 아니었다. 그들은 오로지 가톨릭을 믿은 자유의 수호성인이었다. 우리는 그 가톨릭이 오랫동안 전통 종교와 대립해 전통 종교의 '자유'를 부정했음을 잘 안다. 어쩌면 그 '성인'은 가톨릭과 전통사회 사이의 권력투쟁의 결과인지도 모른다.

우리는 권력투쟁 속에서 살아왔다. 좁은 땅에 수많은 인구가 살았기에 4·19니 6·25니 5·18이니 뭐니 어쩌면 모두 권력투쟁으로 보아야 할지도 모르는 역사 속에 살아왔다. 그러니 멋대로 욕망하는 방종으로서의 '자유'는 있어도 남을 포용하는 '관용'으로서의 '자유'는 없었다.

밀의 '자유'

19세기 중국과 일본의 지성인들은 freedom이나 liberty의 어쩌면 모순된 내용이나 의미에 대해 심각하게 고뇌했을지도 모른다. 특히 남을 포용하는 '관용'의 의미를 어떻게 담아야 하는지 고뇌했으리라. '자유'라고만 번역하면 그런 뜻이 전혀 담기지 못하기 때문이다. 게다가 그들은 멋대로 욕망하는 방종으로서의 '자유'만큼은 인정하고 싶지 않았으리라. 그러나 자유라는 말만이 남은 것은 역시 동양의 자유 부재 전통 탓이라고 해야 할까? 아니면 자유가 없는 전통과 현실에서 갑자기 자유가 주어졌기에 그런 방종으로 흘렀을까?

밀이《자유론》에서 자유를 '자신만이 관련되는 영역'이라고 할 때, 그것은 위에서 말한 국어사전의 정의와도 통하는 것이다. 그러나 밀은 그 자유를 세 가지, 즉 사상과 양심의 자유, 취미와 탐구의 자유, 결사의 자유라고 한다. 밀은 이를 반드시 법적인 의미로 사용하지는 않으나 우리는 이를 법적인 의미라고 생각하기 쉽다. 국어사전에서도 이런 의미에서 자유를 "법의 테두리 안에서 완전한 권리·의무를 가지는 자율적인 활동"이라고 하면서 그 보기로 언론의 자유를 들고 있다.

그러나 밀은《자유론》의 어디에서도 자유에 대해 '법의 테두리 안'이라는 조건을 붙이고 있지 않다. 사실 법 이론에서는 자유를 이른바 절대적 자유와 상대적 자유로 구분하고, 후자만을 '법의 테두리 안'의 것이라고 보고 있다. 그렇게 본다면 국어사전의 법적 정의는 반드시 옳은 것이 아니라고도 할 수 있다. 그러나 법 이론에서 절대적 자유를 인정한다고 해도 실제의 우리나라 법에서는 여전히 '법의 테두리 안'이라는 조건이 붙어 있으므로 국어사전의 정의는 반드시 틀렸다고도 할 수 없다.

밀이《자유론》에서 말하듯이 과거 서양에서 "자유란 정치적 지배자의 전제에 대항한 보호", 즉 부당한 정치권력으로부터의 자유였으나 소수의 전제가 사라진 19세기 중반에는 그런 보호의 필요가 없어졌고 도리어 다수의 전제, 즉 사회적 관습이나 도덕이 문제가 되었다. 그러나 19세기 중반의 일본이나 조선에서는 사정이 분명히 달랐다. 20세기 전반(남한의 경우는 1980년대까지, 북한의 경우는 지금까지)

까지 밀이 말한 과거 서양의, 정치적 지배자의 전제에 대항하는 자유가 여전히 문제되었다. 따라서 밀의《자유론》은 1980년대 이후의 남한에서 비로소 의미를 갖는 것이 아닐까? 아니 그때라도 의미를 가졌어야 했으나 그렇지 못했다. 지금도 우리는 국가보안법을 비롯한 각종 자유 금지법을 가지고 있다.

지금 여기 우리는 자유로운가?

이 책을 번역하기 시작한 2005년 10월, 강정구 교수가 '학문의 자유'를 침해당했다고 주장해 한국 사회를 뒤흔든 사건[112]은 그달 말의 보궐선거 승리를 위한 이른바 색깔 논쟁용으로 야당이 만든 것이라거나 또는 반대로 수세에 몰린 진보 세력이 그 힘을 다시 결집하기 위하여 만든 것이라는 둥 이런저런 이야기가 있었다. 그리고 보궐선거후 그 이야기가 정말로, 별안간 사라졌다.

만일 정말 그 어느 것이 사실이라면, 적어도 둘 중 어느 하나라면, 그 교수의 견해가 학문 차원에서 논의되기도 전에 정치적으로 이용당했을 뿐만 아니라 이를 두고 교수들이나 사람들이 그런 정치적 저의와 관계없이 갑론을박했다 해도 결국은 이용당한 것이 아닌가? 학문의 자유라고 하는 인권이 이렇게 정치적으로 악용당해도 좋은가?

게다가 그 교수에게 배운 학생들의 취업에 불이익을 주어야 한다고 주장한 대한상공회의소 부회장이나, 그 교수에게 유감을 표시하고 사법당국의 처리에 따르겠다고 하고서 결국 강의를 못 하게 하는 처분을 내린 대학 당국을 우리는 어떻게 이해해야 하는가? 과연 우리에게 학문의 자유라는 게 존재하는가? 아니 우리에게 자유라는 게 존재하는가?

나는 6·25가 통일전쟁이라는 주장 자체에는 반대한다. 그러나 동시에 그를 처벌하는 것도 반대한다. 나는 그 교수의 주장에 찬성하지 않지만 그것을 용인해야 한다고 생각한다. 나는 그의 의견을 존경하지는 않지만, 도리어 멸시하지만, 그래도 그가 그런 주장을 하는 태도 자체는 용납해야 한다고 생각한다. 그것이 자유이고, 자유주의의 원리이기 때문이다. 아니, 인간다운 세상의 원칙이기 때문이다. 그러한 관용이 없다면 이성적 비판이 불가능해지고 진리를 찾는 어떤 시도도 불가능해진다. 따라서 우리는 어떤 희생을 치르더라도 이성과 관용을 위해 싸워야 한다. 억압 아래 침묵은 진리도 허위도 선도 악도 파괴한다. 그야말로 집단적인 정신적 자살과 매한가지다.

이 책의 번역을 마친 2009년의 1월의 미네르바 사건[113]도 마찬가지다. 한국에 표현의 자유가 있는지 의심스럽게 만든 이 사건은 자유에 대해 우리가 무엇을 생각하는지 의문을 갖게 했다.

이른바 민주화가 된 지, 21세기가 된 지 벌써 수십 년이 지났는데도 여전히 이런 천박한 시대에 산다는 것이 참으로 창피하고 부끄럽다. 물론 나 자신도 그런 천박함에서 예외가 아니다. 이 천박함이 우리 시대의 본질이자 분위기이니 누구 하나 예외가 있을 수 없다. 스스로 예외라고 생각하는 것조차 천박하다. 그 천박함을 욕해보아도 결국은 스스로 천박하게 될 뿐 아무런 의미도 없을 뿐만 아니라, 심지어 형사처벌까지 받을 수도 있는 천박한 세상이다.

그러나 가장 불쌍한 것은 저 아이들이다. 이미 천박할 대로 천박해진 내 세대야 도저히 더는 어쩔 수 없다고 해도, 저 아이들이 다시 천

박해지는 것을 그냥 보고 있을 수는 없지 않은가? 그래서 이 책을 새삼 번역한다. 아이들아, 제발 너희들은 자유롭게 살아라.

그러나 어린 시절부터 집에 데려온 자녀의 친구에게 아버지 직업을 묻고, 아버지가 부자가 아니면 그 친구와 놀지 말라고 자녀에게 말하는 우리 세대 부모의 천박성 때문에 아이들도 어려서부터 썩고 있다. 아이들아, 그 부모의 말이 틀려먹은 것을 아느냐? 안다면 이 책을 읽어라. 모른다면 이 책을 읽지 마라. 소용없기 때문이다.

연고와 물질의 사회에서 자유란 무엇인가?

우리나라는 연고와 물질의 사회다. 족보라고 하는 사실상 대부분 거짓인 고문서에 근거한 씨족사회를 밑바탕으로 가족, 지역, 학교, 군대, 직장, 종교 등등 온갖 연고로 얽히고설킨 인간관계 속에서 일하며 놀며 웃으며 울며 살다 죽는다. 정치, 경제, 사회, 문화도 다 그런 관계 속에서 물질의 추구로 이루어진다. 따라서 그 속에는 이념도, 사상도, 토론도, 주의 주장도, 아무것도 없다. 있다면 연고 집단의 권력과 재산의 극대화 추구와 그 속에서 안일을 누리는 것뿐이다. 오직 "부자 되세요", "끼리끼리 잘 먹고 잘 사세요"가 우리의 모토다.

해방 직후 그런 연고 물질사회를 극복할 수 있는 유일한 기회였던 사상투쟁이 잠깐 벌어졌지만, 그것도 미국과 소련이라는 외세를 배경으로 한 탓인지 끔찍한 내전으로 끝났고, 그 내전의 결과 현대의 많은 나라에서 경험했던 이념투쟁이 우리나라에서는 철저히 봉쇄되었다. 그 후 몇 차례 시도를 거쳐 1980년대 학생운동과 노동운동 등으로 그런 이념투쟁이 다시 생겨난 것처럼 보였지만, 그것이 진정한 의미에서 연고와 물질을 넘어선 이념투쟁이었는지 의심스럽고, 설령 그런 이념투쟁이었다고 해도 그것이 연고와 물질의 사회를 깨뜨릴 정도의 변화까지 초래하지 못한 것은 분명하다. 지금 대학에는 출신 고등학교의 동창회 포스터 말고는 다른 포스터는 아무것도 없다. 그리고 교수들도 총학장 선거를 위해 출신 고등학교나 대학 출신별로 몰려다닐 뿐 학파나 학문의 이름으로 몰려다니지 않는다. 아마 이런 대학은 세상에 대한민국 대학밖에 없으리라. 따라서 한국의 대학에는 학벌은 있어도 학파는 생길 수 없다. 국내외 출신 대학의 동창회는 있어도 하나의 학문적 경향을 갖는 학문적 동지들의 모임은 없다.

　연고와 물질의 사회에서 개인의 정신적 자유란 있을 수 있는가? 연고로 숨 막힐 듯이 철저히 짜이고, 오로지 물질 추구를 향해 역시 숨 막힐 듯이 치열하게 짜인 경쟁사회에서 개인의 자유, 그것도 의견의 자유, 사상의 자유, 양심의 자유, 표현의 자유 같은 것이 문제가 될 여지나 있는가? 밀이 《자유론》 1~2장에서 묻는 그런 개인의 정신적 자유가 우리에게 무슨 의미가 있단 말인가? 우리에게 중요한 자유란 재산의 자유, 기업의 자유, 그리고 교육의 자유라는 이름과 하나처럼 주장되는 학교 경영의 자유 따위가 아닌가? 그게 우리가 언제나 말하는 자유주의, 자유민주주의의 자유 아닌가? 내 재산, 내 회사, 내 학교를 내 멋대로 할 수 있는 자유, 그 밖에 우리에게 자유란 무엇인가? 정당? 그것은 한 개인을 중심으로 한 사적 족벌당이지 정강이나 정책의 조직이 아니다. 따라서 언제나 이합집산하기 마련이다.

　그런 사회에서 가장 혐오스럽게 여겨지는 것은 개성이고 다양성이다. 따라서 밀이《자유론》3장에서 말하는 정신적 자유의 기본인 개성과 다양성이란 우리 사회에서 가장 혐오스럽게 여겨지는 것이고, 오로지 인간성의 획일화, 평준화, 기계화만이 존재한다. 아니다. 물질의 경우는 다르다. 적어도 지위와 재산과 학력의 우열화가 있다. 어쩌면 용모도 다르다. 얼짱과 몸짱의 우열화가 있다. 억대 스타와 몇십만 원대 엑스트라의 우열화가 있다. 사회 전반의 양극화가 있다. 그러나 그 속에 사는 사람은 누구나 정신적으로는 유사하다. 모두 연고와 물질의 노예라는 점에서 다르지 않다.

내가 어려서부터 평생 들어온 어른들의 말이란 부모에 복종하고 조상과 집안을 생각해라, 모난 사람이 되지 말고 둥글둥글 살아라, 남들이 생각하고 사는 대로 따라가라, 남들과 잘 어울리고 절대 혼자서 유별한 생각이나 행동을 하지 마라, 열심히 돈을 벌고 결혼을 해서 아이를 낳아라 등이었다. 누구는 이를 협조와 화합과 상생의 공동체 사상이라고 한다. 그리고 그 역사적 전제로 단군 이래의 단일민족이라는 동질 인간, 동질사회의 신화가 있다. 우리는 그 신화를 당연한 것이라고 믿는 야만 또는 미신의 시대에 산다. 그러나 4천 년을 살아온 수많은 사람들 그리고 지금 사는 5천만 명 이상의 사람들은 결코 동질의 하나가 아니다. 그런데도 우리는 동질사회라는 신화 속에서 동질이 아닌 사람이 동질이라고 하지 않고 이질이라고 주장하면 그를 철저히 배제한다. 그 이질자를 정말 이질자로 인정하고서는 동질사회가 유지될 수 없다고 생각하기 때문이다. 이러한 거짓 동질사회에서는 개성과 다양성이 존중되지 않고, 참된 의미에서 자유와 권리, 특히 정신적 자유가 존재하지 않는다.

연고와 물질의 사회에 자유와 권리란 없다

연고로 얽히고설키는 자연 공동체에서는 자유와 권리가 없다. 그 연고에 의한 가족이나 계급, 신분에 따라 살아야 하고, 그렇게 살지 않으면 안 되기 때문이다. 그런 사회가 싫으면 산에 들어가 산적이 되거나 절에 들어가 중이 되어야 한다. 그러나 그런 산적 사회나 절과 같은 인공 공동체에도 연고나 계급이나 신분이 없는 것은 아니다.

연고나 계급이나 신분이 일절 없는 인공 공동체야말로 유토피아이고 현실 세상에서는 있을 수 없는 것인지도 모른다. 부처는 일찍이 그런 공동체를 꿈꾸었다. 속세의 모든 인연을 끊고 수도에 정진하는 사람들의 공동체를 꿈꾸었다. 예수는 속세와 인연을 끊는다는 점에서 부처만큼 철저하지는 않았지만 그 역시 부모 형제와 인연을 끊고 그런 인공 공동체를 꿈꾸었다. 그의 제자들 역시 이념에 충실한 사람들이었다. 그래서 초기 불교도나 기독교도는 상호 간에 어떤 차별도 없이 평등하고 자유로운 인공 공동체를 만들어 소박하게 살았다. 그러나 언제부터인가 그 집단은 그 자체가 거대한 권력기구가 되고 국가권력과 결부되거나 심지어 거대 자본과 손잡았고, 그 내부도 복잡한 계급 구조를 갖게 되었다. 그래서 한 차례 종교개혁이 있었지만 아마 지금도 그런 종교개혁이 다시 필요할 정도로 기성 종교에는 문제가 많다. 16~17세기 종교개혁이 종래의 권력화되고 집단화되며 자본화된 종교를 타파하고 독립된 개인이 홀로 신을 만나는 것을 목표로 삼았다면, 지금도 다시 그런 종교개혁이 필요하다는 것이다.

이러한 종교개혁이 생긴 서양 근대사회는 농업 중심의 자연 공동체가 상공업 중심의 인공 공동체로 변하는 과정에 있었다. 여기서 중요한 것은 개인이 자연 공동체의 연고를 벗어나 인공 공동체의 일원으로서 독립된 존재가 되어 자유와 권리를 주장하게 되었으며, 단순히 물질주의의 추구에 그치지 않고 자신의 독립성을 지키기 위한 정신적 자유의 근본인 종교의 자유를 철저히 주장했다는 점이다.

물론 이러한 일반화적 설명에는 문제가 많다. 나라나 시대 또는 지역이나 개인별로도 편차가 크기 때문이다. 가령 15세기에 이미 현대인보다 독립적인 개인이 있었는가 하면 21세기에도 15세기 사람들보다 더 비독립적인 개인, 특히 공동체에서만 살 수 있다고 생각하는 개인이 있다. 아마도 대부분의 한국인은 그런 개인이 아닐까.

한국 사회에서 농업 중심의 자연 공동체가 상공업 중심의 인공 공동체로 본격적으로 변하는 과정은 20세기 후반에야 볼 수 있다. 일제가 일본인 상공업의 시장으로 식민지를 경영했으나, 조선 자체는 상공업 중심의 인공 공동체 사회로 전혀 변하지 못했다. 특히 조선은 봉건적 씨족사회의 강인한 뿌리를 가지고 있었고, 그것이 일제에 대한 민족주의적 반발과 함께 폐기되기는커녕 도리어 엄수되어야 할 전통적 고유 가치인 양 여겨졌다. 그러한 경향은 지금까지도 남아 있다.

그러나 21세기에 접어든 지금도 비록 농업은 거의 없어지고 상공업 중심으로 급변했지만 종래의 전통적인 자연 공동체가 인공 공동체로 변했는지에 대해서는 의문이 있다. 군대와 기업은 인공 공동체의 대표적인 존재지만, 그 조직의 내부적 성격이 철저히 계급적이고 물질적이라는 점에서 집단적이고 무개성적인 자연 공동체와 유사하여 한국인에게는 새로운 자연 공동체의 하나로 변했을 뿐 독립된 개인의 개성이 존중되는 풍토는 조금도 형성되지 못했다. 이러한 상황에서 밀의《자유론》은 다시 읽을 의미가 있다.

2.   밀의 생애와 사상

《존 스튜어트 밀 자서전》과 평전

우리나라에 밀의 평전은 하나도 나와 있지 않지만 그의 자서전은 이미 몇 번이나 번역되었으니 그의 생애를 아는 데는 크게 부족한 점이 없다. '자서전'이라는 걸 쓰고 난 뒤에도 오래 사는 사람이 있지만, 밀의 경우 1873년 죽은 직후 《존 스튜어트 밀 자서전Autobiography》 (이하《자서전》)[114]이 출판되어 그 책을 통해 우리는 그의 생애 대부분을 알 수 있다(밀은 죽기 전 오 년 동안 《자서전》을 썼다).

그러나《자서전》은 그의 저서 중에서 가장 유명한 것이고 대단히 흥미로운 자서전 가운데 하나지만, 이를 우리 독자가 반드시 읽어야 할 고전적인 필독서라고는 생각하지 않는다. 무엇보다도 그 책을 제대로 이해하려면 밀 당대의 정치, 경제, 사회, 특히 문화에 대한 이해와 함께 그전의 서양 고전 문화 전반에 대한 충분한 이해가 있어야 한다. 그래야만 책에 나오는 수많은 책에 대한 이야기가 이해될 수 있는데 한국의 독자로서는 그것이 거의 불가능하다.

이하 밀의 간단한 '평전'을 만들어보려고 하는데, 그중에는 《자서전》에 나오는 내용과 중복되는 것이 당연히 많을 수밖에 없고, 그런 부분을 일일이《자서전》에서 인용하지는 않았다. 지금까지 나온 밀의 평전은 대부분《자서전》과 기본적으로 크게 다르지 않아 유별난 것은 없다. 기본적인 평전 내지 개설서 열두 권만 소개하면 다음과 같다.

Ruth Borchard, *John Stuart Mill: The Man*, Watts, 1957.

Karl Brington, *John Stuart Mill*, Penguin, 1953.

Nicholas Capaldi, *John Stuart Mill*, Cambridge University Press, 2004.

Maurice Cranston, *John Stuart Mill*, Longman, 1958.

John B. Ellery, *John Stuart Mill*, Grosset & Dunlop, 1964.

Friedrich A. Hayek, *John Stuart Mill and Harriet Taylor*, Routledge & Kegan Paul.

Josephine Kamm, *John Stuart Mill in Love*, Gordon & Cremensi, 1977.

Michael St. John Packe, *The Life of John Stuart Mill*, Secker & Warburg, 1954.

Alan Ryan, *J. S. Mill*, Routledge & Kegan Paul, 1975.

John Skorupski, *John Stuart Mill*, Routledge, 1989.

John Skorupski(ed), *The Cambridge Companion to John Stuart Mill*, Cambridge University Press, 1998.

William Thomas, *Mill*, Oxford University Press, 1985.

그중 우리나라에 소개된 것은 마지막 책뿐이나 상당히 보수적인 관점에서 쓰인 것이라 문제가 있다. 이상의 문헌들을 중심으로 지금부터 밀에 대해 설명하고자 하나, 그 책들은 모두 영국에서 영국인들을 대상으로 쓰인 것이므로 한국에서 한국인들을 대상으로 한 이 책에서의 설명은 당연히 다를 수밖에 없다. 따라서 밀에 대한 설명에 반드시 등장하는 요소들, 가령 영국의 공리주의 사상과의 관련성 등에 대해서는 되도록이면 간단히 설명하도록 한다.

밀의 생애는 보통 3기로 구분된다. 즉 성장, 위기, 성숙이라는 3기다. 이는 밀 자신이 《자서전》에서 1840년대 이후를 "나의 정신적 성장의 3기"라고 부른 것에서 비롯되는 것인데, 그 앞의 두 시기는 위기가 찾아온 1826년 전후를 말한다.

밀은 육십구 년을 살았다. 위 3기에 각각 해당되는 연령대는 성장이 이십 세까지, 위기는 삼십사 세까지, 성숙은 육십구 세까지다. 성숙기가 앞의 두 시기에 비해 너무 길기는 하지만 여기서는 편의상 그런 구분에 따라 설명한다.

밀의 출생

밀은 1806년 5월 20일, 제임스 밀James Mill(1773~1836)과 해리엇 밀 Harriet Mill(1782~1854)의 장남으로 런던 부근에서 태어났다. 아버지 제임스 밀은 스코틀랜드 출신이었으며, 할아버지는 농민으로 작은 가죽공장을 경영했으나 지적이지는 않았다. 조금은 극성인 할머니는 장남인 제임스를 출세시키려고 노동 대신 공부를 시켰다. 제임스는 에든버러대학교 신학부를 졸업하고 전도사가 되었으나, 이어 목사가 되지는 않고 신학을 포기했다.

그 이유는 악에 가득한 세계가 선을 갖는 신에 의해 창조되었다고 믿을 수 없다는 것이었다. 이런 생각이 당시 기독교가 지배한 영국이나 유럽에서는 종교적으로는 물론 정치적으로도 대단히 이단적인 생각임에 틀림없다. 밀이 사상의 자유를 옹호한《자유론》을 쓸 수밖에 없는 상황이 이미 아버지 때부터 형성되었던 것이다.

제임스는 1805년 해리엇과 결혼했으나, 1819년 동인도회사에 취직하기 전까지 일정한 직업 없이 저술과 가정교사로 어렵게 살았다. 해리엇은 활발하고 사치와 대화를 즐기는 여성으로 제임스와는 성격이 매우 달라 결혼 생활은 불행했으나, 두 사람 사이에 아홉 명의 자녀가 태어났다. 밀은《자서전》에서 아버지에 대해서만 언급할 뿐 어머니에 대해서는 조금도 언급하지 않을 정도로 어머니를 싫어했다. 그러나 많은 아이를 낳고 남편과 아이들을 위해 가난 속에서도 어렵게 살림을 꾸린 보통 여성, 보통 어머니, 게다가 자신을 낳아주고 어렵게 키워준 어머니, 그래도 어머니가 아닌가?

이 책《자유론》첫머리에서 밀이 그의 아내인 해리엇에게 헌사를 쓰고 있듯이 밀은 지적인 여성을 이상적으로 생각한 듯하다. 그러나 아무리 그래도 그렇지, 아내와 어머니는 다르다고 보는 게 우리 한국인의 정서고, 나도 이 점에서는 밀에 찬성할 수 없다. 그러나 밀이 《자유론》에서 강조하듯이 이성적으로 독립된 개인이어야 자유를 누릴 수 있다는 전제에서 본다면, 밀은 자신이 이상적이라고 생각하여 존경하는 사람 말고는 누구도 그 가치를 인정하지 않았음이 분명하다. 따라서 어머니라고 해도 그런 존재가 아닌 이상 그에게는 무의미한 존재였으리라.

밀이 받은 교육

밀이 받은 천재 교육은 이른바 영재 교육의 전형으로 유명한지 모르겠으나 우선 그것은 밀 아버지의 사상적 확신에서 나온 것이고, 또 극단적인 가난 속에서도 오로지 아버지 자신이 행한 것이라는 점에서 그리고 교육의 대부분이 고전 읽기와 질의응답이었다는 점에서 우리의 천재·영재 교육과는 완전히 다르다는 점을 밝혀두고자 한다.

제임스는 밀이 태어난 지 삼 년 뒤 경제학자이자 철학자로서 공리주의의 시조인 벤담을 만나 그 후 가장 충실한 벤담 학파의 일원이 되었다. 그는 벤담이나 프랑스 유물론자와 같이 인간을 자연물로 보고, 동물학, 생물학, 물리학의 연구 방법에 따라 인류에 대한 체계적인 연구는 견고한 경험적 기초 위에서 확립될 수 있으며 또한 그렇게 되어야 한다고 생각했다. 마찬가지로 인간은 과학적·합리적으로 교육되어야 한다고 생각해, 그렇게 교육받지 않은 다른 아이들과 놀지 못하게 하고 아들 존 스튜어트 밀을 자신이 스스로 교육했다.

여기서 벤담의 백지설theory of the tabula rasa이 중요한 기여를 했다. 이는 데카르트의 고유관념설에 반대한 로크의 경험주의 인식론의 출발점으로, 인간의 태어날 때의 정신이 아무런 선입관념이나 지식을 갖지 못한 백지와 같다는 것이고, 따라서 좋은 교육을 하면 좋은 지식을 갖게 된다는 교육론을 낳았다. 그래서 삼 세부터 오 세까지 그리스어와 그리스어로 쓰인 고전, 팔 세부터 라틴어와 라틴어로 쓰인 고전, 구 세까지 대수학과 프랑스어, 십이 세까지 논리학을 습득하게 했다. 그가 그리스어를 공부하는 장면을 잠깐 보자.

즉 나는 그(아버지)가 쓰는 방의 그와 같은 책상에서 그리스어 수업
을 준비하는 전 과정을 밟았는데 그 당시 '그리스어 – 영어사전'은
아직 없었고, 아직 라틴어를 배우지 않아 '그리스어 – 라틴어사전'을
사용할 수 없었기 때문에 내가 모르는 모든 단어의 의미를 그에게
묻지 않을 수 없었다. 그는 참을성이 정말 없는 사람이면서도, 이러
한 끊임없는 방해를 참고 견디면서《영국령 인도의 역사》여러 권
과 그동안 집필해야 했던 다른 모든 책을 썼다.(《자서전》, p. 21)

아버지는 밀에게 자연과학과 고전을 중심으로 하되, 벤담이 인간
을 바보로 만든다고 본 종교나 형이상학, 특히 시는 가르치지 않았다.
밀의 아버지는 셰익스피어에 대해서도 부정적이었고 밀턴John Milton
(1608~1674)과 스콧Walter Scott(1771~1832)만을 높이 평가해 그들 작
품을 읽도록 했다. 그리고 예술로서는 유일하게 음악을 가르쳤다. 여
하튼 그 결과 밀은 십이 세에 이미 보통 삼십 세 이상에야 가능한 지
식을 습득했다. 밀 자신은 자신이 받은 교육 가운데 자신에게 가장
큰 혜택이었고, 정확한 사상가를 낳는 데 가장 중요했던 것으로 논리
학을 들었다(《자서전》, pp. 35~37). 여하튼 그는 십오 세에 경제학, 역
사학, 철학, 자연과학을 배웠고, 벤담의 저서를 읽음으로써 사물과 인
생의 목표에 대한 통일적 관념을 형성했다.

그러나 우리로서는 밀이 가장 좋아한 과목이 고대 역사, 당연히 고
대 그리스사와 로마사였다고 하는 점을 주목해야 한다. 지금도 서양
의 고대사는 물론, 세계의 고대사 부분에서 가장 중요하게 다루어지
는 그리스 로마사는 사실상 비서양 사회에 대한 서양의 침략사였다.
이는 밀이 십칠 세(1823년) 이후 오십이 세(1858년)까지 삼십오 년간

을 인도를 지배하는 행정기관인 동인도회사의 간부로 살아가는 토대가 되었다. 이 사실은 서양인의 책에서도 다음과 같이 강조되고 있는데, 지금까지 한국인은 물론 일본인이나 중국인에 의해서도 전혀 주목받지 못했음은 동양인의 서양 사대주의가 얼마나 극심한지를 잘 보여주는 사례다.

> 그의 소년기를 사로잡았던 책이 이른바 후진 민족의 정복을 다룬 역사서들이었다면, 그의 장년을 사로잡은 관심은 이들을 다루는 행정 문제가 되었던 것이다. 그 와중에서 우리는 그의 정치적 저술 전체와 그의 사상의 많은 부분을 특징짓는 후진사회와 진보사회에 대한 선입견을 엿볼 수 있다. (《토머스》[115], p. 14)

여하튼 이러한 천재 교육이 갖는 문제점은 두말할 필요도 없이 사회 교육이나 실천 교육을 결여한다는 점이고, 어쩌면 '인조인간'을 만드는 것과 다름없는 것이었다. 그러나 밀의 교육이 주입식 암기의 영재 교육이 아니라, 스스로 독서하면서 요약과 비판을 하고 아버지와의 질의응답을 통하여 이해력을 더욱 깊이 하는 방식이었던 만큼 인조 교육이라고는 할 수 없었고, 도리어 개성 교육이라는 점에서는 진취적이었다고 평가할 수도 있으리라.

여하튼 밀 자신 또는 그의 아버지도 그러한 문제점을 느꼈는지, 1819년 아버지가 동인도회사에 취직한 다음 해, 밀은 처음으로 외국에 나가서 프랑스 몽펠리에대학교에서 강의를 듣고 최초로 친구를 사귀는 등 참된 사회생활을 경험하는 변화, 특히 자유를 맛보았다.

공리주의자로 출발

영국의 공리주의를 대표하는 벤담은 밀의 아버지 제임스와도 친해
서 이미 아버지의 교육을 통해 밀에게 벤담의 공리주의가 당연히 영
향을 미쳤으리라고 생각되나, 밀 자신에게 공리주의가 명확하게 확
립된 것은 1821년 프랑스에서 돌아온 뒤부터였고 특히 1822년, 즉
십육 세 때부터 벤담의 집에서 격주로 친구들과 모여 밀 스스로 공
리주의자라고 부른 활동을 시작하고 나서부터였다.

공리주의에서 공리功利란 공명功名과 이득을 말한다. 따라서 공리
주의란 공을 세워 이름을 떨치고 이익을 얻자는 지극히 세속적이고
물질적인 삶을 지향하는 것 같아 오해를 사기 쉽다. 그것을 '최대 다
수의 최대 행복'을 추구함으로써 이기적 쾌락과 사회 전체의 행복을
조화시키고자 한다는 식으로 설명하면 조금은 나아질지 모르지만,
그래도 대단히 속물적인 느낌을 갖게 하는 것은 마찬가지다. 여하튼
공리주의에서 공리란 우리가 보통 사용하는 말이 아니고, 게다가 그
주창자들이 정말 공리를 강조했는지도 의문이다.

사실 밀에 따르면 공리주의란 스코틀랜드의 존 골트John Galt
(1779~1839)가 쓴 소설 《시골 연대기The Annals of Parish》(1821)에서
따온 말이었다. 그 소설에서 스코틀랜드 시골 목사가 프랑스 혁명의
영향을 받아 자기 교구에 이단사상이 들어오는 것을 경계하여 사람
들에게 복음에 반하는 공리주의자가 되어서는 안 된다고 한 말에서
비롯되었다. 즉 이 소설에서 공리주의란 기독교와 적대관계에 있는
무신론적 반봉건·반전제의 교양을 뜻했다. 이처럼 밀이 스스로를 공
리주의자라고 부른 것은 공리나 공명을 얻기 위해서가 아니었고, 기

독교에 반대한다는 것을 공식적으로 표명하기 위한 것이었다.

공리주의란 utilitarianism의 번역이다. utility란 효용성이나 유용성 또는 실리를 뜻한다. 특히 공리주의가 무엇보다도 실제 이익을 강조했으니 도리어 실리주의라는 말이 적합하다고 생각된다. 물론 실리주의라고 하면 고상한 철학의 일종으로 보기에는 대단히 황당할 것 같기도 하지만, 사실 철학이 뭐 별것인가? 실리주의라는 말이 싫으면 효용주의나 유용주의란 말을 써도 무방한데 역시 철학의 이름 치고는 어색할까? 여하튼 utility가 공리주의의 핵심이라는 점을 분명히 알 필요가 있다.

벤담은 인간을 신의 창조물로 보는 기독교에 반대하여 인간이 욕구하고 행동하는 유일한 근거는 오로지 '쾌락 추구와 고통 회피'고 따라서 인간은 본질적으로 이기주의자라고 보았다. 그리고 그 유용성의 원리를 사회에 적용한 것이 '최대 다수의 최대 행복'인데, 그것이 사회를 지배하는 법의 원리라고 주장했다.

벤담은 전통적인 사회계약설이 불합리하다고 비판하고, 미국과 프랑스 혁명가들이 내세운 자연법 이론을 '과장된 난센스'라고 하며 그것에 반대했다. 그는 유용성 원리에 기초한 국가는 그러한 허구가 필요하지 않다고 보면서, 국가란 지배자에 복종하는 습관을 가진 대다수 사람들로 한정된 하나의 편리한 고안품에 불과하고, 법을 지배자의 의지나 명령으로 보았다. 그리고 법적 처벌은 문제가 되는 행동이 야기한 고통에 대한 공리주의적 계산에 의해 결정된다고 보았다.

이러한 벤담의 주장은 그가 영국법의 최대 결점이라고 본 점, 즉 일관되지 못하고 변덕스러우며 전문용어들이 착취와 궤변을 위한 칸막이에 불과한 것을 시정하기 위하여, 유용성의 원칙에 따라 법을 단 한 권의 책으로 압축할 수 있고 유용성으로 무장한 시민은 법률가의 전문 지식에 의존할 필요가 없다는 것이었다. 또한 원형감옥 panopticon을 만들면 죄수를 유용하게 통제할 수 있다고 보았다.

밀도 벤담에 따라 유용성을 최대 행복이라고 했다. 즉 인간의 행동은 행복을 증진시키는 유용성의 정도에 따라야 옳다는 것이었다. 가령 사형은 그것이 사회적으로 유용한가 혹은 참된 억제력이 있는가에 따라 판단되어야지, 그 자체를 두고 옳고 그르다고 판단할 수 없다고 주장했다. 민주주의도 자연권에 대한 신념이 아니라 그것이 좋은 국가를 갖게 하는 유일하게 확실한 방법이라는 이유에서 옹호했다. 특히 공리주의자들은 군주정치보다도 귀족정치를 더욱 혐오했는데, 그 이유는 그것이 국교회와 법률가 계급에 의해 조장된다고 보았기 때문이었다.

최초의 글들

위에서 잠깐 살펴본 설명만으로 공리주의를 충분히 설명할 수 있는 것은 아니다. 또한 그것과 관련되어 십 대 후반의 밀에게 중요한 영향을 끼친 애덤 스미스 이래의 경제학과 특히 밀 당대의 리카도 경제학, 연상주의associationism 심리학에 대한 설명이 필요하나(이에 대해서는《토머스》, pp. 27~45 참조) 여기서는 십 대 후반 당시 밀과 그의 동료에게 중요했던 것은 대의제 국가와 토론의 자유에 대한 신념이었음을 강조하는 것에 그치도록 한다. 즉《자유론》의 토대는 이미 그가 십 대 때부터 형성되었다.

밀은 1822년, 즉 십육 세부터 신문과 잡지에 투고하기 시작했으니 아무리 천재 교육의 결과라고 해도 역시 놀랍다. 아니 더욱 놀라운 점은 밀이 십칠 세에 쓴 최초의 글에서부터《자유론》의 씨앗을 볼 수 있다는 점이다. 사실 그 후 삼십육 년 뒤인 쉰셋에 쓰는《자유론》, 아니 그 전후의 모든 책이 사실 자유라는 주제를 향한다고 해도 과언이 아니다.

가령 1823년 신년호 신문에 발표된 첫 번째 글 〈종교적 박해에 대하여On Religious Persecution〉에서 밀은 1819년 리처드 칼라일Richard Carlyle (1790~1843)이라는 출판업자가 토머스 페인Thomas Paine(1737~1809) 의《이성의 시대The Age of Reason》를 출판하여 기독교에 반대했다는 이유로 기소되어 삼 년간 투옥되자 이에 반대하여, 영국 왕이 우두머리인 영국 국교가 헌법에 포함되어 있는 점을 비판했다. 왜냐하면 그 때문에 국교회를 비판하면 바로 위헌이 되기 때문이었다.

이어 같은 달에 발표된 두 번째 글 〈자유로운 토론에 대하여On Free Discussion〉에서 자유로운 토론이 진리 보급에 도움이 되는 것으로 일반적으로 인식되고 있고, 따라서 특정 종교만을 공적으로 인정하고 그것에 반하는 사상은 유해하기 때문에 금지해야 한다는 영국 헌법의 법리는 그 인식에 반하며 진리를 저해하는 것이라고 주장했다. 나아가 밀은 헌법에서 누가 어떤 종교를 선택할 것인가를 판단하는 권한을 국가에 주는 것도 전제주의라고 비판했다.

이어 밀은 〈지식의 효용론Speech on the Utility of Knowledge〉(1823)에서 "지식의 유일한 효용은 좋은 것을 추구하는 방법을 가르치는 지식이다. 요컨대 인간 행복의 총체를 증가시키는 방식을 가르치는 지식이다"라고 하여 벤담의 공리주의를 명백히 전제하면서 과거에 숭배된 전제국가와 성직자 계급의 종교가 그런 지식의 목적을 방해했다고 비판하고, 특히 종교에 대해 성직자도 인간이기에 그들도 잘못을 저지를 수 있다고 주장했다. 나아가 밀은 그런 정치와 종교의 문제점을 인식시키고 스스로 그런 결함의 개선 의지를 갖게 하는 데 지식의 효용이 있다는 결론을 내렸으며, 이를 위해 특히 언론의 자유가 보장되어야 한다고 강조했다.

1824년, 벤담이 공리주의 잡지인 《웨스트민스터 리뷰*Westminster Review*》를 발간하자 밀은 더욱 많은 글을 거기에 발표했는데, 여전히 언론의 자유와 대의민주주의에 대한 무한한 신뢰의 글이 포함되었다. 즉 모든 인민이 교육을 받아 글을 읽게 되고, 모든 의견을 언론과 저술로 알게 되면 인민의 의사가 형성되며, 이어 인민의 의사를 형성하기 위해 입법부가 실현되면 그것은 계급의 이익을 대표하지 않고 일반의 이익을 목표로 하게 된다고 주장했다. 이처럼 밀은 귀족주의 정치에 반대하고 민주주의 정치의 실현에 노력했다. 또한 종교에 있어 기독교와 이신론理神論을 부정하고, 도덕에서는 일반 행복을 궁극적인 목적으로 삼는 공리성의 도덕을 주장했다.

동인도회사 근무

1823년, 십칠 세의 밀은 아버지의 소개로 아버지가 근무했던 동인도회사에 서기로 입사했다. 당시 밀의 아버지는 상당한 연봉을 받았기에 밀을 대학에 보내어 학자가 되게 하거나 자유로운 저술가로 살게 할 수도 있었으나 결핵에 걸려 있어서 만일의 경우 죽게 되면 대

가족을 부양할 수 없었기 때문에, 처음에는 밀을 법률가로 만들고 자 했다가 안정된 수입이 보장되는 동인도회사에 취업하도록 한 것이었다. 게다가 당시 그 회사의 근무 시간은 하루 여섯 시간 정도에 불과했고 그것도 세 시간은 자신의 저술을 할 수 있었다. 그 후 밀은 1858년(밀의 나이 오십이 세) 동인도회사가 폐지되기까지 그 회사에 근무했으니 무려 삼십오 년을 다닌 셈이었다.

동인도회사는 17세기 초엽 영국, 프랑스, 네덜란드 등이 동양에 대한 독점 무역권을 부여받아 동인도에 설립한 여러 회사를 말한다. 영국의 동인도회사는 1600년, 네덜란드 동인도회사는 1602년, 프랑스의 동인도회사는 1604년에 각각 설립되어 오랫동안 치열한 식민지 쟁탈 경쟁을 일삼았다. 먼저 네덜란드 동인도회사는 향신료 무역을 독점하다가 1652년부터 시작된 영국과의 전쟁에서 패배한 18세기 이후 향신료 무역이 부진해지자 식민지 경영으로 돌아섰고 1799년에는 영토를 본국에 넘기고 해산했다.

이어 18세기에는 영국과 프랑스가 격렬하게 다투다가 플라시 전투를 계기로 영국 동인도회사가 인도 무역을 독점하게 되고, 동시에 인도의 식민지화를 추진했다. 그러나 사적 독점 상업회사인 동인도회사에 대한 영국 국내의 비판과 경영난으로 인해 1773년부터 본국의 규제를 받았고, 1833년부터는 무역독점권이 폐지되었다. 밀이 거기에 취업한 것은 그 십 년 전이었다. 그리고 밀이 회사의 폐업으로 퇴직한 1858년은 인도에서 세포이 반란이 터져 인도가 영국 국왕의 직접 통치하에 들어간 해였다.

밀은 자신이 평생 근무한 동인도회사의 인도 식민지 지배를 정당화했을 뿐 아니라 영국의 제국주의 지배도 정당화했다. 그는 유럽을 진보적 세계, 비유럽을 정체된 세계로 보고 유럽-영국인을 인류 전체 진보의 선구자로 본 당시 대영제국의 역사관을 공유했다. 이러한 생각은 그의 《대의국가론》(1861)에 다음과 같이 극명하게 나타나 있다.

야만의 독립 상태에 있는 민족은 복종을 배우기까지 문명에서 어떤 진보도 사실 불가능하다. 따라서 이러한 종류의 민족에 대한 통치에 불가결한 덕은 복종을 촉구하는 것이다. 이를 위해 통치 구조는 거의 또는 전적으로 전제적이어야 한다.[116]

정신의 위기

아버지 제임스는 십 대의 밀을 완전한 합리적 존재의 완성이라고 보았으나, 밀 자신은 이십 세(1826년)가 되면서부터 정신적 위기를 경험하여 1830년경까지 집필을 중단했다. 즉 목적의 결여, 감정의 결여, 의지의 마비, 절망의 의식이었다. 그러나 위기의 시작은 더욱 빨랐다. 사실 공리주의 활동을 시작하기 전인 1821년에 이미 밀은 벤담의 사상이 퇴색하고 있다고 느꼈다. 그 후 오 년 뒤 그는 벤담에 대해 근본적으로 회의하기 시작한 것이었다. 즉 벤담 공리원리의 근거인 쾌락에 대한 부정이었다. 이는 동시에 아버지에 대한 거부, 결국 자신의 과거를 부정하는 것이었다.

그러한 위기는 이십 세 청년이면 누구나 경험할 수 있는 것이기도 했으나, 밀의 경우에는 어린 시절의 영재 교육부터 이십 세까지의 격무에서 비롯된 것임은 두말할 필요도 없었고, 동시에 아버지와 벤담에 대한 심리적 콤플렉스의 결과라고 볼 수도 있었다. 그러나 그것은 어디까지나 '정신'의 위기였고, 일상생활에서 변한 것은 아무것도 없었다. 그러나 그 정신의 위기조차《자서전》에 나오는 가장 중요한 부분임에도, 특히 어린 시절의 교육에 대한 반동으로 설명되어왔음에도 도리어 그 위기를 "혼자 힘으로 생각하도록 교육받아왔다"는 것의 증거로 볼 여지가 있다(《토머스》, p. 52).

앞에서 밀이 어린 시절 시 읽기를 금지당했다고 했다. 어쩌면 거기에서 비롯된 정신의 위기는 당연히 시와 시인과의 만남을 요구했다. 그래서 1827년 워즈워스William Wordsworth(1723~1850)와 콜리지Samuel Taylor Coleridge(1772~1834)를 만나고 그들의 시를 읽어 감정의 중요성을 깨달았다. 밀이 낭만주의에 심취함과 동시에 사랑을 하게 되는 것도 어쩌면 당연한 일이리라.

그 위기는 밀과 같은 상황에 있던 어느 작가의 회상록에 나오는 아버지의 죽음을 읽고 극복되었다. 정신적 위기를 극복한 밀은 벤담 철학의 일부를 버리고 새로운 사상을 받아들였다. 그 하나는 위기 극복에 직접적으로 도움이 된 감정을 철학의 기초로 삼아 지성과의 균형을 모색한 것이었다. 종래 벤담주의는 지적 분석을 강조하고 감정을 무시했다.

또한 행복이 행동의 규제 원칙이기는 하나, 밀은 그것이 벤담이 말하듯 행동의 직접 목적이 아니라 도리어 타인의 행복이나 인류의 진보라고 하는 다른 목적을 추구하면 자기의 행복도 당연히 주어진다고 보았다. 따라서 밀은 벤담이나 아버지가 쾌락만을 추구하고 쾌락을 추구하는 수단이 유효하다면 무엇이나 허용하는 것에는 반대했다. 밀은 인간이 동물과 다른 점은 이성을 소유한다거나 도구나 방법을 발견한 것이 아니라, 선택할 수 있는 존재라는 점이라고 보았다. 따라서 다양성, 변화, 충실한 삶을 긍정하고 편견, 획일성, 정신을 압박하는 박해, 권력과 인습이나 여론으로 개인을 억압하는 것에 반대했다.

또 질서나 평화에 대해서도 그것이 다양성을 제거하는 것이라면 반대했다. 개인은 상식적으로 품위와 공정, 정의, 자유라고 하는 것, 즉 타자의 어떤 도덕적 전제에서도 자유로워야 한다고 주장했다. 따라서 공리주의가 주장한 산업상, 재정상, 교육상의 대계획, 공중위생의 대개혁, 노동과 여가의 조직 등에는 무관심했고 대신 노동자나 여성, 식민지인들의 자유와 정의를 주장했다.

요컨대 행복이 아니라 인권, 즉 다양성, 자유, 정의, 특히 개인·집단·문명의 자발성과 독자성 그리고 변화와 충실한 생활을 주장했다. 반면 편견, 획일성, 정신적 박해, 권력과 인습과 여론에 의한 개인의 억압에 반대했다. 나아가 질서나 평화에 대해서도 그것이 정염이나 상상력을 갖는 살아 있는 인간의 다양성이나 색채를 없애는 대가를 수반하는 것이라면 반대했다.

물론 그는 여전히 공리주의자로서 합리성, 경험적 방법, 민주주의, 평등을 찬양하고, 종교, 초월주의, 몽매주의, 도그마주의, 직관적이고 논증할 수 없는 진리에 대한 신앙에 반대했다. 그것은 이성의 포기, 계급사회, 특수 권익, 자유로운 비판에 대한 불관용, 편견, 반동, 부정의, 전제, 비참함을 초래한다고 생각되었기 때문이다.

새로운 사상과의 만남과 사랑

경직된 공리주의자임을 포기한 밀은 그가 '실천적 절충주의' 또는 괴테가 '다양성'이라고 부른 새로운 관점에 따라 그전에 반대자라고 보았던 사람들과 어울리기 시작했다. 가령 밀은 당시 낭만주의를 대표한 토머스 칼라일과도 친분을 쌓았다. 그러나 밀 자신이 인정하듯이 자신의 종교적 회의주의, 공리주의, 민주주의, 논리학, 경제학 등에 칼라일은 적대적이어서 두 사람의 관계는 단기간에 끝났다. 《자유론》에서도 밀은 칼라일의 《영웅숭배론》을 비판했다.

1828년부터 밀은 프랑스 사상가 생-시몽Saint-Simon(1760~1825)파의 초기 사상인 정신적 권위주의, 즉 정신력이 뛰어난 인민(엘리트)이 열등한 인민(대중)을 지배한다는 사상 등에 공감했고, 이는 《자유론》에도 일부 나타나 있다. 이는 밀이 콜리지에게 받은 영향이기도 했다.

그러나 무엇보다도 중요한 새로운 만남은 1830년 해리엇 테일러 Harriet Taylor(1807~1858)를 만난 것이었다. 그녀는 밀과 사랑하고 뒤에 그의 부인이 되었으나 단순히 그런 대상이 아니라 밀의 사상 형성에 중요한 역할을 했다. 그들이 처음 만났을 때 해리엇은 이미 유부녀이자 두 아이의 어머니였다. 그녀의 남편은 성공한 사업가로서 진보적인 사람이어서 벤담이나 밀과 친했다. 그러나 예술에 조예가 깊은 아내를 이해하지 못해 둘의 결혼 생활은 행복하지 못했다. 반면 그녀는 1830년 당시 정신적 위기를 극복하고 감정의 중요성을 느낀 밀과 마음이 통했다. 그들은 순수한 정신적 관계를 유지했으나 그 교제를 남편이 허용했을 리 없고, 그래서 한때 헤어지기도 했으나 밀은 거의 매일 그녀의 집을 찾았다.

아버지 제임스도, 형제도, 친구도, 스승도 밀의 사랑에 반대했다. 그러나 밀은 그들과 헤어짐으로써 사랑을 지켰다. 해리엇의 경우도 마찬가지로 결국 1833년 남편 및 아이들과 별거했다. 그로 인한 정신적 고통과 함께 1836년 아버지가 죽자 밀은 가족 부양에 대한 부담까지 지게 되어 마침내 병이 들었고, 그 후 해리엇과 함께 자주 이탈리아 등으로 요양을 위한 도피 여행을 떠났다. 그녀의 남편도 죽을 때까지 그녀를 포기하지 않았으나 그는 1849년 암으로 죽었다. 그래서 십팔 년간의 삼각관계가 끝나고 남은 두 사람은 결혼을 했다. 그러나 칠 년 뒤 해리엇은 유럽 여행 도중 병사했다.

밀이 해리엇을 얼마나 찬양했는가는 《자유론》 서두의 헌사에도 나타나 있을 뿐만 아니라 《자서전》에도 자주 나타난다. 그러나 해리엇에 대한 제3자의 평가는 엇갈린다. 가령 하이에크Friedrich A. Hayek (1899~1992)는 밀에 대한 그녀의 영향력을 긍정한다.[117] 그러나 밀의 책 중에서 그녀의 영향력이 컸다는 《자유론》, 《여성의 종속The Subjection of Women》(1896), 《경제학원리》 등의 사상은 밀이 그녀를 만나기 전에 쓴 여러 글에서 비롯되었다고 볼 수도 있다.

《벤담》, 《콜리지》, 토크빌, 콩트

밀은 벤담에 대한 평가를 1838년 《벤담Bentham》에서 그리고 콜리지에 대해서는 1840년 《콜리지Coleridge》에서 발표했다. 벤담은 현재의 학설이나 제도와 대립한 새로운 진리를 인식시켰고, 콜리지는 현재의 학설이나 제도에 내재하는 진리를 식별하는 힘을 가졌다는 점에서 서로 대조되면서도 보완관계에 있다고 밀은 보았다. 그러면서도 밀은 벤담의 경우 그 편협한 방법론과 상상력의 결여 등에 문제가 있다고 비판했다. 특히 정치 이론에 대해, 밀은 첫째, 어떤 권위에 복종하는 것이 인민의 이익이 되는가, 둘째, 어떻게 인민을 그러한 권위에 복종하도록 이끄는가, 셋째, 어떤 수단에 의해 그런 권위의 남용을 억제할 수 있는가 하는 세 가지 질문을 제기하고, 벤담의 경우 셋째에 대해서만 답했는데 그것은 '다수자의 권력하에 있는 것'이라는 답이었다.

그러나 밀은 그러한 여론의 전제에 복종하는 것이 과연 인간의 좋은 상태라고 할 수 있는가를 회의했다. 그것이 전제정치나 귀족정치에 대한 공리주의적 반발에서 나온 것이기는 하지만, 다수자가 옳기 위해서는 반드시 반대자가 존재할 필요가 있다고 주장했다. 이는《자유론》2장 사상과 토론의 자유를 논의하는 과정에서도 중시되었다.

한편《콜리지》에서 밀은 벤담과 반대였던 콜리지나 독일철학의 귀족정치론에도 일면의 진리가 있음을 인정하고, 진리의 일부만을 가지고 진리 전체라고 주장함은 잘못이며, 도리어 서로 대립하는 사상이 서로의 한계를 지적하고 질의응답할 때 진리 전체를 발견할 수 있다고 주장했다. 이 점도《자유론》2장 사상과 토론의 자유를 논의하는 과정에서 중시되었다. 물론 밀은 콜리지와 독일철학이 보수적이고 종교적이며 반동적이라고 보았으나, 자신이 믿는 경험주의에 대한 반대론으로서의 존재 의의까지 부정하지는 않았다.

밀은 여론민주주의의 한계를 인정하면서도 민주주의 자체에 대한 희망을 포기한 적은 없었다. 그의 민주주의론에 결정적인 영향을 끼친 사람은 밀이 1835년에서 1840년 사이에 크게 감동한 토크빌이었다. 토크빌은 프랑스 귀족 출신으로서 1830년의 7월혁명으로 자유주의자로 알려진 루이 필리프Louis Philip(1773~1850)에 충성을 맹세하여 왕당파에게 배척당했으나, 동시에 귀족이라는 출신으로 인해 루이 필리프에게서도 신뢰를 받지 못했다.

　그는 1835년 5월부터 약 구 개월간 미국을 방문하고 1835년에는 잡지에, 1840년에는 책으로《미국의 민주주의》를 발표했다. 밀은 그 각각에 대한 평론을 썼다. 밀에 따르면 토크빌이 지적하는 민주주의의 장점은, 첫째, 다수자가 선을 초래하고, 둘째, 일반 인민은 민주주의에 기꺼이 복종하며, 셋째, 민주주의는 인민을 위해 기능할 뿐 아니라 인민에 의해 비로소 기능하기 때문에 대중의 지성을 필요로 하고 그 대중의 지성을 더욱 향상시킨다는 점에서 다른 어떤 국가보다도 우수하다는 것이다. 반면 단점은 민주주의에 의해 결정되는 정책은 경솔하고 근시안적이고, 민주주의가 초래하는 다수자의 이익은 반드시 전체의 이익이 되지는 않고 소수자에게 권력을 남용하는 경향이 있다는 점이다. 특히 그 다수가 교육의 평등으로 인해 평균적 지성을 갖는 대중이므로 정체된 정신을 가져 중국과 같은 정체된 사회를 초래하기 쉽다. 따라서 연방 차원의 민주주의 정치에 대해 지방 차원의 민주주의 제도에 인민이 참가하여 인민 자체가 성장하고, 대중교육을 통한 정치적 권리의 확대와 확산에 의해 자유의 정신을 촉진해야 한다고 밀은 주장했다.

　밀은 콩트의 영향도 받았다. 특히 콩트가 사회 현상에 실증주의적 방법을 적용하여 사회학을 수립한 점에 충격을 받았다. 그러나 자유 파괴자라는 점에서 콩트는 밀과 철저히 대립되었다.

밀의 성숙기

앞에서도 말했듯이 밀의 성숙기란 1821년부터 1826년(정신적 위기)
까지를 1기, 1827년부터 1839년까지를 2기로 보는 것에 대응된다.
1기의 밀은 벤담주의자였고, 2기의 밀은 반反벤담주의자였으나, 3기
의 밀은 다시 벤담주의자로 회귀하되 자신의 관점을 확고하게 수립
했다고 할 수 있다. 그러나 엄밀하게 말하자면 가령《콜리지》를 쓴
1840년에는 아직도 반벤담주의자였으니 3기는 1842년, 1843년경부
터 시작된다고 봄이 옳다.

성숙기는 동시에 명성을 쌓은 시기이기도 했다. 1843년의《논리
학 체계》는 방대하고도 난해한 저서였는데 베스트셀러가 되었고,
1848년의《경제학원리》도 마찬가지였다. 그의 대표작인《자유론》,
《대의국가론》,《공리주의》,《여성의 종속》, 그리고 사후 발표된《자
서전》과《사회주의Socialism》(1891) 등은 바로 성숙기인 이 시기에 쓰
였다.

그러나 성숙기는 동시에 투병기이기도 했다. 그는 평생 병약했으
며 특히 1854년부터 결핵을 앓았다. 당시 결핵은 치명적인 병이었기
때문에 밀은《자서전》을 비롯한 책들을 결사적으로 쓰기 시작했다.
1858년에는 동인도회사에서 퇴사했다. 그 한 해 앞 인도에서 터진
세포이 투쟁으로 회사의 인도 관리 능력이 문제가 되었고, 당시 수상
이 회사를 폐지하고 영국 의회가 인도 행정을 담당해야 한다고 주장
했기에 결국 1858년 회사는 없어졌다. 밀이 동인도회사 해체에 반대
한 이유는 그것이 해체된 뒤 국가가 직접 인도를 지배하게 되면 더
욱더 통치가 가혹해지리라 생각했기 때문이다.

회사로부터의 해방은 기쁨이었으나 그 기쁨을 만끽하고자 나선 프랑스 여행에서 아내가 죽었다. 그 아픔을 잊기 위해서 밀은 더욱더 저작에 열중했다. 그 후 1865년 밀은 하원의원으로 여성참정권, 비례대표제, 노동자계급의 선거권 등을 주장했으나 실현하지는 못했고, 1868년 선거에서 낙선한 뒤 1873년 프랑스 아비뇽에서 죽었다.

밀의 사회주의

1851년 해리엇과 결혼한 밀은 그녀의 영향과 함께 그때까지 신봉한 민주주의에서 사회주의로 이행하기 시작했다. "대중의 무지, 특히 이기심과 잔인함"을 우려한 탓이었다(《자서전》, p. 247). 따라서 《자유론》에서 그렇게도 강력하게 주장한 대중 여론의 횡포를 경계하면서도, 밀은 사회주의가 오는 때를 열망했다.

그러므로 궁극적 개선에 대한 이상은 민주주의를 훨씬 넘어, 결정적으로 우리를 사회주의자라는 일반적 호칭 아래 포함시키는 것이었다. 우리는 대부분의 사회주의 제도가 포함한다고 생각되는 개인에 대한 사회의 전제를 매우 열렬히 비난하는 반면, 사회가 더는 게으른 사람들이나 부지런한 사람들로 구분되지 않는 시대, 일하지 않는 자는 먹지 마라는 규칙이 빈민만이 아니라 모든 사람에게 편견 없이 적용되는 시대, 노동력의 생산물 분배가 현재 최대한 그러하듯이 출생이라는 우연에 의존하지 않고 정의가 인정되는 원리에 근거해서 강조되고 행해지는 시대, 인간이 자신만의 이익이 아니라 자신이 속하는 사회와 함께 나누는 이익을 얻기 위해 열심히 노력하는 것이 더는 불가능하지 않고 불가능하다고 생각되지도 않는 시대를 대망했다. (《자서전》, pp. 247~248)

이어 밀은 그러한 사회변혁을 위해서는 자본가와 노동자 모두의 성격이 변해야 한다고 주장했다. 즉 지금까지처럼 자기 이익이 되는 목적만이 아니라, 적어도 공공적·사회적 목적을 위해 일해야 한다는 것이다. 그리고 이는 교육과 습관 또는 사고방식의 훈련으로 가능하다고 보았다. 밀은 《자유론》에서 말하듯이 아직 충분히 발전되지 못한 사회에서는 국가에 의한 교육의 실시가 불가피하지만, 동시에 인민이 정한 자주적인 교육 내용에 의한 인민 교육을 실시해야 한다고 주장했다. 특히 《경제학원리》에서는 "강의와 질의를 위한 시설, 공통된 이익이 있는 문제에 대한 공동연구, 노동조합, 정치운동" 등을 포함한 연구 활동과 공공 활동에 참가하여 지성과 도덕적 성격을 발전시킬 수 있다고 보았다(《경제학원리》[118], p. 763).

이처럼 밀은 혁명적 사회주의자가 아니라 점진적 사회주의자로서 그 뒤 영국에서 형성된 페이비언 사회주의의 기초를 이루었다. 여하튼 밀이 《자유론》을 발표한 1859년은 이미 밀이 민주주의자가 아니라 사회주의자로 바뀐 시기이므로 이 책이 그 뒤에 쓴 책임을 우리는 주목해야 한다. 즉 밀은 우리가 흔히 믿듯이 반사회주의적인 《자유론》을 쓴 것이 아니라 사회주의적인 《자유론》을 쓴 것이다.

3.   밀의《자유론》

《자유론》의 원리 ─ 다양성

밀이《자유론》첫 부분에 인용한 "인간을 최대한 다양하게 발달하도록 하는 것이 절대적이고도 본질적으로 중요하다"는 훔볼트의 말은《자유론》의 핵심을 요약한 것이다. 훔볼트는 19세기 독일의 언어학자이자 정치가로서 유기적이고 인간적인 언어철학과 마찬가지로 정치의 목표를 인간의 개성에 따른 다양한 발전으로 보았다. "인간을 최대한 다양하게 발달하도록 하는 것"이라고 하면 흔히 교육의 목표라고 생각하기 쉬우나 훔볼트는 그것을 국가와 정치의 목표로 주장한 것이다. 사실 훔볼트나 밀에게는 교육과 정치가 일치한다. 최대한의 자유를 보장해야 한다는 점에서 그렇다.

지금 '잘 먹고 잘살자'는 물질주의만이 판을 치는 대한민국에서 인간의 개성에 따른 다양한 발전을 이루자고 주장하는 정치가가 있다면 그는 어떤 선거에서도 낙선하리라. 아마 교육감 선거에서도 낙선하고, 교장을 교사가 직선하는 경우에도 낙선하리라. (유일한 직선제인 대학 총장 선거에서 그런 구호를 외치는 자는 대한민국 어느 대학에서도 낙선하고, 교수 월급을 무조건 올리겠다는 자가 당선되는 희극이 벌어지기도 한다.) 이런 나라에서《자유론》은 무엇인가?

《자유론》의 핵심 원리는 '다양성'이다. 획일이나 통일이 아니라 다양성이다. 그러나 우리 사회는 다양성을 배격한다. 문제는 그 다양성이 대립하는 경우의 조정 원리인데, 밀은 이를 '타자 피해의 원리'로 설명한다. 즉 어떤 개인의 행동이 오로지 자기 자신과 관련되는 경우 그것은 절대적인 자유여야 하고, 그 행동이 타인에게 피해를 주는 경우에만 제한할 수 있다는 원리다. 타인에게 손해를 가하지 않는 한 누구나 좋아하는 대로 사는 게 자유라는 것이다.

따라서 타인에게 피해를 끼치지 않는 한, 개인이 아무리 위험한 사상을 가져도 자유고 어떤 악취미를 가져도 자유라는 것이다. 따라서 사회주의자도, 동성애자도 자유다. 그것이 설령 개인에게 정신적·육체적으로 나쁜 영향을 미친다고 해도 그 개인이 성인이고 그 자신에게만 고통을 준다면 자유라는 것이다. 가령 그것이 음주라든가, 끽연과 같은 기호인 경우는 물론이고 동성애나 변태적 성애라고 해도 그것을 법이나 여론으로 금지해서는 안 된다는 것이다.

설령 법에 의해 일체의 악을 박멸할 수 있는 경우에도, 그렇게 해서는 참된 도덕이 육성될 수 없으므로 그렇게 해서는 안 된다는 것이다. 도덕이란 유혹에 저항하여 선을 선택하는 것이고, 사회에 필요한 것은 법적 금지가 아니라 훌륭한 인격의 육성을 장려하는 것이기 때문이다.

물론 타인의 이익이나 행복에 해를 끼칠 수 있는 경우에는 당연히 사회의 권력이 작용한다. 그러나 권력의 근원인 다수자의 의지가 소수자의 이익이나 행복을 억압할 수도 있다. 특히 여론이라는 형태로 나타나는 다수자의 폭정은 인간의 마음을 노예화하므로 단연코 배격해야 한다. 여기서 사상과 언론의 완전한 자유가 특히 요구된다. 밀의 주장은 바로 그러한 사상의 자유를 완벽하게 주장하는 것이다.

《자유론》의 틀

《자유론》의 내용에 대해서는 본문 각 장 앞의 '해설'에서 설명했으나, 이를 조금 줄이고 그 체계를 이해하기 쉬운 형태로 바꾸어 다시 정리해보자. 즉 5장으로 구성되는 《자유론》의 체계를 바꾸어 1장에 이어 4~5장부터 설명하고, 그다음에 2~3장을 설명하는 순서로 보자. 4~5장은 1장의 '서론'에 대응하는 '결론'이지만 1장에서 설명한 원칙을 사례로 설명한다는 점에서 1장의 원칙을 이해하기 쉽게 하기 때문이다.

1장 '서론' 첫 문단에서 밀은 그가 말하는 자유란 '시민적·사회적 자유'고, 그 책의 주제란 "사회가 합법적으로 개인에게 행사할 수 있는 권력의 본질과 한계"를 밝히는 것이라고 했다. 이는 토크빌이 정치적 자유가 확보되고 민주주의가 수립된 19세기에 가장 중요한 자유 문제는 민주주의라는 '다수의 폭정'하에서 개인의 자유를 보장하는 것이라고 주장한 것[119]을 이어받은 주장이다. 그러나 우리나라에서는 그런 상황이 20세기 말에 시작됐다.

밀은 그러한 개인적 자유의 보장 원리를 인류의 자기보호라고 주장한다. 즉 "인류가 개인적으로나 집단적으로 어떤 사람의 자유에 간섭하는 것을 보장받는 유일한 근거는 자기보호"라는 것이고, 이를 "문명사회의 어느 구성원에 대해, 그의 의사에 반해 권력을 정당하게 행사할 수 있는 유일한 목적이란 타인에 대한 침해를 방지하는 경우뿐"이라고 설명한다.

나아가 밀은 "인간 자유의 본래 영역"으로 세 가지, 즉 의식의 내면적 영역(양심의 자유, 사상과 감정의 자유, 의견과 감각의 자유, 의견 표명과 언론·출판의 자유), 취향과 탐구를 위한 행동의 자유, 그리고 집회와 결사의 자유와 노동자의 단결권을 포함한 단결의 자유를 요구한다.

밀이 1장 '서론'에서 제시한 자유의 원칙은 4장 결론에서 다시 반복된다. 즉 인간의 행동을 타인의 이해관계와 관련된 부분 A, 자신에게만 한정되는 행동 부분 B로 구별한 뒤, 위 두 원칙에 근거해 A에 대해서만 '(여론에 의해) 도덕적·법적'으로 간섭할 수 있고, 따라서 그것은 개인이 책임을 져야 하는 상대적 자유의 영역이라고 보며, B에 대해서는 개인은 사회에 아무런 책임을 질 필요가 없는 절대적 자유의 영역이라고 본다.

이어 개인적 행동에 대한 간섭의 부당함을 보여주는 이슬람교의 경우, 스페인인의 경우, 오락 금지, 미국의 사치금지법이나 노동자의 경우, 금주법의 경우, 사회적 권리, 휴일 준수법, 모르몬교의 경우와 같은 사례를 설명한다. 이러한 밀의 사례를 현재 우리나라의 풍속이나 법에 비춰보면 우리나라는 자유가 극히 제한되는 나라임을 알 수 있다.

밀은 4장에서 내린 결론을 5장에서 다시 언급하고, 사회의 간섭이 정당화되는 경우로 독약 판매 규제를 설명하고, 자기 관련 행동에 대한 사회적 간섭 금지 원리의 한계를 음주의 경우로 설명한다. 이어 교사 및 권유 행동의 보기로 매춘이나 도박은 원칙적으로 허용될 수밖에 없으나(한국에서는 금지된다), 포주가 되거나 도박장 경영주가 되는 것은 두 가지 원칙(개인의 자유와 사회의 복지) 사이의 경계선에 놓인 것이어서 애매하다고 하면서도 최소한의 규제를 주장한다(한국에서는 전면 금지된다). 그리고 국가에 의한 유해 행동의 간접적 억제 문제로서 음주 절제를 위한 주류 과세는 절대적 금주의 경우에만 인정되어야 하고, 노동계급의 술집 규제는 부당하다고 주장한다(한국에 이런 문제는 없다). 이어 자유를 포기할 자유는 없다고 하고 이를 특별한 계약행동(노예계약과 결혼계약)의 사례에 비추어 설명한다. 나아가 자유에 대한 제한의 필요, 자유의 원칙과 예외를 위 원칙을 적용하여 설명한다.

밀에 따르면 인간은 누구나 자기만이 관련되는 한 하고 싶은 대로 행동할 자유를 가져야 한다. 그러나 타인을 위해 행동하는 경우, 타인의 일이 전적으로 자기 일이라는 구실 아래 자기 멋대로 행동하는 자유는 허용될 수 없다. 특히 국가는 개인만이 관련되는 일에 대해 각자의 자유를 존중해야 하지만, 그가 타인에게 행사할 어떤 권리를 개인에게 부여하는 경우 그 권리에 한해 국가가 충분히 감독할 의무를 진다. 그리고 그 사례로 가정에서의 아내와 자녀의 자유가 제한되고 있음을 지적한다. 밀은 국민 교육의 전부나 대부분을 국가가 장악하는 것에 강력하게 반대하면서 교육의 다양성을 주장한다. 나아가 밀은 배심재판(정치적이지 않은 소송의 경우), 자유롭고 민중적인 지방자치제도의 중요성을 강조한다. 이 점은 앞에서 말한 토크빌의 견해를 잇는 부분이기도 하다.

이어 《자유론》의 최종 결론으로 밀은 국가가 개인이나 단체에 활동과 능력을 촉구하기보다 도리어 그것을 자신의 활동으로 대체하고자 할 때나 정보와 조언을 제공하지 않고 필요에 따른 비난도 하지 않은 채 국가가 개인에게 억압적으로 일을 시키거나 그들을 제쳐놓고 그들을 대신해 그들의 일을 할 때 해악이 생긴다고 하면서, 국가의 간섭은 당연히 제한되어야 한다고 주장한다. 이는 국가의 간섭에 의해 국가권력이 불필요하게 커져서 관료제와 같은 더 큰 폐해가 초래될 수 있다고 보았기 때문이다. 밀은 관료제의 폐해를 극복하기 위해 권력을 최대한 분산시켜야 하고, 관료와 동등한 능력을 갖는 재야인의 끝없는 비판이 필요하다고 주장한다.

사상과 행동의 자유

밀이 사상과 토론의 자유를 설명하는 2장은《자유론》에서도 가장 뛰어난 부분으로 평가된다. 그러나 그 내용은 대단히 논리적이어서 읽기에 결코 쉽지 않다. 1장에서 밀은 자유를 세 가지로 나누고 그 첫째를 사상과 표현의 자유라고 했다. 이를 중심으로 다루는 2장에서 밀은 철학자답게 진리를 찾기 위해서는 사상과 토론의 자유가 필요하다고 하면서, 이를 다음 세 가지 경우로 나누어 논의한다. 첫째, 권력이 탄압하려는 의견이 진리인 경우(제1론)인데, 그 경우 진리를 탄압함은 인류에게 해를 끼칠 무오류라는 전제에 선 것이므로 잘못이다. 둘째, 탄압받는 의견이 진리가 아닌 오류일 경우(제2론)인데, 그 경우의 탄압은 널리 인정된 의견을 주장하는 사람들에게서 왜 그것이 진리인지를 인식하는 수단을 앗아가므로 잘못이다. 셋째, 일반적 사회 통념과 이에 반하는 의견이 모두 진리일 경우(제3론)인데, 이에 대한 탄압은 그것에 의해 한 세대가 다른 세대의 잘못으로부터 배우는 경합하는 의견들의 과정에 대한 하나의 간섭이므로 잘못이다.

제1론에서 밀은 어떤 의견에 대한 판단 오류는 무오류의 독단에서 나온다고 하고, 그것에 대한 반대론을 설명한 뒤에 그것에 대한 자신의 답을 제시한다. 이어 참된 판단을 위한 비판과 토론의 필요성을 역설하고, 무오류라는 것의 문제점을 지적한 뒤에 그 사례로 신앙의 경우, 소크라테스와 그리스도의 경우, 아우렐리우스의 경우를 들고 이에 대한 존슨 박사식의 변명을 반박한다. 또 박해받은 진리의 사례와 19세기 영국의 사례를 든 뒤, 현대 영국의 사상 부재를 지적하고, 지적 노예 상태를 극복하기 위한 사상의 자유를 역설한다. 소크라테스나 그리스도에 비교할 수 없을지는 모르지만 그 밖에도 무수한 사례가 있고, 특히 21세기의 대한민국에서는 여전히 이어지고 있다.

이어 제2론에서 밀은 토론 없는 진리란 독단이고, 진리에 도달하려면 반대론을 알아야 한다고 주장한다. 이어 그러한 자유로운 토론에 대한 반대론과 그 문제점 그리고 자유 토론의 결여로 인한 문제점을 지적하고, 그 사례로 죽은 신앙의 경우, 초기 기독교의 경우, 속담이나 격언의 경우를 들고서 소크라테스의 변증법에 대해 언급한다.

마지막 제3론에서 밀은 일반적 사회 통념과 이에 반하는 의견이 모두 진리인 경우의 사례로 루소의 경우를 언급하고, 그것에 대한 반대론으로 기독교 도덕을 설명한 뒤 공유된 진리의 판단에 반대론이 필요하다고 주장하고, 자유 토론의 한계를 설명한다. 그리고 이 세 가지 어느 경우에도 소수 의견을 발표할 자유를 존중해야 하는 원리로 다음 네 가지를 결론으로 주장한다.

첫째, 비록 어떤 의견이 침묵을 강요당할 때도 그 의견은 틀림없이 진리일 수 있다. 우리가 이를 부정함은 자신이 무오류라고 가정하는 것이다. 무오류란 오류가 없다고 하는 것이다.

둘째, 비록 침묵당한 의견이 오류라고 해도, 거기에는 진리의 일부가 포함되어 있을 수도 있고 사실 대체로 진리가 포함되어 있다. 그러므로 어떤 주제에 대한 일반적이거나 우세한 의견이라고 해도 그 전부가 진리인 경우는 드물거나 전무하기 때문에, 그 나머지 진리가 보충될 기회를 얻는 것은 서로 반대되는 의견들의 충돌에 의해서만 기대할 수 있다.

셋째, 설령 일반적으로 공인된 의견이 단순히 진실일 뿐 아니라 완전한 진리라고 해도, 그것이 활발하고 진지하게 토론되도록 허용되지 않고 실제로 토론되지 않는다면, 그것은 그 승인자의 대부분에게 그 합리적 근거를 전혀 이해하지 못하게 하거나 느끼지 못하게 하여 일종의 편견으로 신봉하는 것에 그치게 할 것이다.

넷째, 이러한 주장 자체의 의미가 상실되거나 약화되면 결국 인격과 행동에 미치는 생생한 영향력이 박탈될 위험에 직면할 것이다. 즉 독단은 전혀 효과 없는 단순한 형식적 선언에 불과해질 뿐만 아니라, 이성이나 개인적 경험에서 나오는 어떤 참된 진심의 확신이 발생할 여지를 막아 그 성장을 방해한다.

요컨대 사상의 발표와 토론은 어떤 경우에도 충분히, 완전하게, 절대적으로 보장되어야 한다는 것이다. 우리가 숙원으로 삼아온 국가보안법을 비롯한 사상 악법을 철폐하기 위한 논리로 이상의 치밀한 주장에 동의한다고 해도, 위 논리를 악법 철폐 주장의 근거로 사용할 때 얼마나 설득력을 얻을 수 있을지는 의문이다. 사실 무작정 보수를 작정하는 사람들을 설득하는 데는 그런 논리조차 통하지 않을지도 모르지만, 지적 노예 상태에서 벗어나 사상을 창조하기 위해서는 적어도 사상의 자유가 반드시 필요하다는 주장은 우리의 무사상 풍토에서 더욱 강조될 필요가 있다.

2장에서 논의한 사상의 자유에 이어 밀은 3장에서 행동의 자유에 대해 설명한다. 밀은 3장에서는 앞에서 말한 사상 활동만이 아니라 모든 정신 활동에서 개인은 그 의견에 따라 개인 자신의 방식으로 행동할 자유를 가져야 한다고 주장한다. 그 경우 특히 개인은 '그가 무엇을 하는가'라는 점에서만이 아니라 '그가 어떤 특징을 갖는 사람인가'라는 점에서도 중요하므로, 개인의 개성이 다양하게 발전되어야 한다고 주장한다. 즉 무조건 행복한 것(이것이 밀의 아버지나 벤담의 공리주의 사상이었다)이 아니라, 다양한 개성의 존중을 주장한다. 그래서 밀의 공리주의를, 그 아버지나 벤담의 양적인 것에 비해 질적인 것이라고 한다.

밀은 의견에 따른 행동의 자유를 주장한 뒤 개성에 대한 일반인의 무관심을 지적하고, 개성을 발전시키려면 두 가지 조건, 즉 자유와 생활 상황의 다양성이 필요하며, 강렬한 욕망과 충동도 필요하다고 역설한다. 이어 고대와 현대의 차이, 칼뱅파의 반대론을 설명하고, 개성 존중의 필요성을 주장한다. 그리고 천재의 독창성과 그것에 반하는 집단 속에 매몰된 현대의 개인을 설명하지만 영웅숭배론은 부정한다. 나아가 자기 생활 계획의 독자적 수립을 주장하고, 취향의 독자성에 대한 비난의 부당성과 여론에 의한 개성 무시의 문제점을 지적한다. 그리고 자유와 진보 정신의 필요성을 주장한 뒤 정체된 사회로 중국의 경우를 들고, 유럽 진보성의 근거였던 다양성의 퇴화를 지적한 뒤 개성 회복 방법을 제시한다.

《자유론》의 문제점

앞에서 지적했듯이 밀의 《자유론》에는 문제도 많다. 우선 각 장의 '해설'에서 지적한 것들을 다시 요약해보자. 밀은 개인만이 관련된 행동에 대해서는 권력이나 사회가 어떤 간섭도 할 수 없고, 그런 간섭은 오로지 타인에게 해를 끼치는 행동에 한정되어야 한다고 주장한다.

그러나 우리는 인간의 행동을 순수하게 개인만 관련된 행동과 타인에게 해를 끼치는 행동으로 구분할 수 있는가? 과연 그렇게 확연히 구분되는 행동이 있을 수 있는가? 나아가 그런 구분은 누가 어떻게 결정하는 것인가? 타인에게 끼치는 해란 구체적으로 어떤 것을 말하고 그런 해가 생기는 때는 구체적으로 언제인가? 그런 것이 구체적으로 명시되지 않는 경우에 자유의 범위는 대단히 좁아지는 것이 아닌가?

특히 밀이 그런 자유가 모든 사람에게 주어지는 것이 아니라 능력 미성숙자나 미개사회 사람들에게는 주어지지 않아도 좋다고 하는 것을 비판적으로 검토할 필요가 있다. 밀이 미개사회라고 한 당대의 식민지에서는 자유가 아니라 전제가 정당하다고 주장한 것은 제국주의자로서 식민지의 전제 지배를 정당화한 것이었다.

특히 어느 나라가 정체되어 있다는 것은 그 국민이 개성적이지 않은 것이라는 밀의 말은 옳지만, 그것이 비유럽 사회와 유럽 사회를 구별하는 기준으로 사용되고 있음을 주의해야 한다. 밀은 유럽인들의 성격과 교양에 놀랄 만한 다양성이 있다는 점 때문에 유럽인들이 동양적인 정체에 빠지지 않았다고 하는데, 이는 19세기 서양인의 오리엔탈리즘이었고, 이를 일본이 우리에게 적용시켜 이른바 식민지 정체사관을 날조한 이론임을 주의할 필요가 있다. 나는 21세기 한국에서도 볼 수 있듯이 특정한 상황에서 개성과 다양성이 빈약할 수 있고 그것이 동양 사회의 한 특징을 형성한다는 점을 부정하지는 않으나, 그렇다고 해서 그것이 동양 사회의 구조적 병폐라든가, 미개 야만이라든가, 특히 그렇기 때문에 동양이 서양의 지배를 받아야 한다고는 절대로 생각하지 않는다.

또 밀이 인간의 행동을 사적인 영역과 공적인 영역으로 구분하는 점에도 문제가 있다. 사실 인간의 행동이란 언제나 타인과 관련되기 때문에, 존 던John Donne(1572~1631)이 노래했듯이 누구도 고립된 고도일 수 없고, 인류라고 하는 대륙의 일부다. 특히 대부분의 사람에게는 개인의 생활이나 자유가 거의 존재하지 않는 정도로 완전히 사회화된 사회에 사는 쪽이 밀이 말하는 개인주의적 질서 속에 사는 것보다 더욱 행복할 수도 있고, 여하튼 그것이 현실이기도 하다. 따라서 밀이 그러한 사회의 행복을 무조건 부정하는 것은 사실 근거가 없는 것이라고 할 수도 있다. 우리는 서양의 중세나 최근까지의 동양에서 그런 사회를 쉽게 발견할 수 있다. 그런 사회에서는 자유는 문제가 되었지만 그것을 문제로 삼지 않은 대부분의 사람들에게 그 사회는 도리어 행복한 사회일 수도 있었다. 문제는 이제 동서양 어디에도 그런 전통사회는 없다고 하는 점이다.

밀은 사회적·법적 규칙이 지나치게 사회의 좋고 나쁘다는 감정에 의해서만 결정된다는 점이 비합리적이고 비이성적인 무지에 근거한다고 보지만, 반드시 합리적이고 이성적이며 유식한 인간의 판단이 옳다고 할 수 있는 근거도 없다. 만일 최대 다수의 최대 행복이 행동의 유일하고 정당한 목적이라면 비이성적인 인간이야말로 가장 만족스러운 존재일 수도 있지 않은가? 설령 마녀재판이라고 해도 당시 그것을 보고 즐긴 대다수 사람들은 그것을 보고 행복할 수도 있지 않았겠는가? 즉 종족에 근거를 두거나 공동체를 중심으로 하거나 전통적이고 풍습에 입각한 생활방식도 행복일 수 있다.

이상의 문제점에 비해 밀의 자유론이 그의 공리주의 사상 체계 속에서 갖는 문제점은 그리 중요한 것이 아니라고 할 수도 있지만, 역시 문제점은 문제점이니 잠깐 살펴보자. 밀의 자유 원칙, 즉 타인에게 피해를 주지 않는 한 개인의 자유를 제한할 수 없다고 함은 행동에만 적용되는 것이므로 사상의 자유에는 아예 적용될 수 없다. 이는 사상의 자유란 완전하게 보장되어야 함을 뜻한다. 여기까지는 좋다. 그러나 행동에 그 원칙을 적용하고자 하면 공리주의에서 말하는 효용에 대한 엄격한 정의와 측정이 필요한데 밀의 공리주의에서는 이를 찾아보기 어렵다. 더욱 근본적인 밀의 문제점은 최대 다수의 최대 행복을 주장하는 공리주의에서 개인 자유의 절대성을 이끌어내기 어렵다는 점이다. 따라서 밀의《자유론》은 공리주의를 포기한 것이라고 볼 여지가 생기게 된다.

여하튼 밀의 자유 원칙은 완전히 개인적인 영역에서만 적용될 수 있는 것으로 밀이《자유론》에서 다루려고 하는 사회적 자유의 경우에 적용되기 어렵다. 왜냐하면 사회적 자유의 경우 타인에게 영향을 미칠 수밖에 없기 때문이다. 따라서 그 영향이 피해인지를 알 필요가 있는데, 공리주의의 경우 피해란 부정적으로 평가될 수밖에 없다.

그러나 중요한 점은 밀이 인간은 선을 선택할 능력과 함께 악을 선택할 능력도 가지고 있다는 것, 진리를 선택할 능력과 오류를 선택할 능력도 가지고 있는 점에 의해 인간적으로 된다고 확신한 점이다. 따라서 인간은 자발적인 존재이고, 선택의 자유를 가지며, 자신의 성격을 스스로 만들 수 있다고 믿었다는 점이다. 그리고 인간과 자연의 관계, 인간과 인간의 관계의 결과로서 새로운 사항이 끝없이 생겨나고, 그 새로움이야말로 인간의 가장 중요한 특징이고 가장 인간다운 것이라고 주장한다는 점이다. 즉 밀은 인간이란 같은 것을 되풀이하는 존재가 아니라 스스로 변화하는 신선한 존재이기에 따라서 의견의 다양성이라는 것이 반드시 필요하다고 믿었다. 이는 밀이 사람은 타인의 간섭을 받지 않고 자유롭게 살 수 있는 최저한의 생활 영역, 즉 기본적인 정신 영역을 보장받지 않고서는 인류에게 진보도 번영도 없다고 보았기 때문이다. 그래서 밀은 획일성과 전체성을 자유의 적으로 혐오했고, 진리의 다면성과 복잡성을 인정했다.

그리고 밀 스스로 그렇게 살았다. 즉 비록 국회의원을 지내고 평생 정치에 관심을 가졌지만 어떤 조직된 정당이나 강령에 편들지 않고 오로지 개인으로, 자유인으로 살았다. 그리고 소수자를 위해, 모든 사람의 사상의 자유를 위해, 각자의 개성과 다양성의 신장을 위해 싸웠다.

민주주의와 교육에 대한 믿음

밀은 민주주의가 유일하게 옳은 정치 형태라고 믿으면서도 동시에 잠재적으로는 가장 억압적인 정치 형태일 수 있다고 생각했다. 밀의 생존 당시 새롭게 등장한 민족주의와 공업주의는 규율화된 거대한 인간 대중을 낳았고 그 대중은 공장과 전장과 정치 집회에서 세계를 변모시켰으나 그 속에서 개인 대 국가, 개인 대 국민, 개인 대 산업 조직, 개인 대 사회적·정치적 집단 사이의 문제가 심각하게 대두했기에 밀의 우려는 정확했다.

밀은 권력의 집중, 사회의 획일화, 감시사회화 속에서 인간이 자동 인형으로 변해 자유의 살해자로 나타나는 것을 우려했다. 즉, 국가와 사회의 강력한 권위로 인간을 위축시키고 무기력하게 만들어 질식하게 하고 마비시켜 겁 많고 오로지 근면하기만 한 짐승으로 만드는 것을 우려했다.

밀은 민주주의를 더욱 발전시키고, 독립적이고 저항하는 개인을 교육하는 것이 유일한 해법이라 믿었다. 밀은 인간이란 자신의 의견을 타인에게 강요하고자 하는 본성이 너무나도 강하고, 그것이 민주주의하에서 더욱 증대되어 순응주의자, 사대주의자, 위선자를 낳고, 마침내 독립적인 사고를 죽이고 안전한 사고밖에 하지 못하게 한다고 지적했다.

그러나 이러한 밀의 주장에 대해 그것이 사회조직을 해체하고 사회를 원자화하게 한다는 비판이 당연히 제기된다. 이에 대해 밀은 사회적 결합이 당연히 필요하지만, 사회가 시민을 교육하여 교양 있는 인간으로 만들지 못한다면 그들이 다른 시민을 괴롭혀도 처벌할 수 없다고 주장한다.

이러한 밀의 민주주의관에 대해서도 인간을 과도하게 합리적인 존재로 보았다는 비판이 있을 수 있다. 무한한 자유의 이상은 성숙된 인격을 갖는 사람에게는 권리일 수 있어도, 대중의 시대에 그런 사람은 도리어 적다는 지적이다. 따라서 밀은 너무나 많은 것을 요구하고 결국 낙관주의에 젖어 있다는 지적이다.

그러나 밀은 19세기 대영제국 사람들이 다 그러했듯이 당시의 영국을 포함한 유럽 문명을 과도하게 높게 평가하거나 당대의 인간들이 성숙하고 이성적이라거나 조만간 그렇게 되리라고 믿지는 않았다. 도리어 그는 편견, 열등, 집단적 하향화에 억눌려 차별을 받는 사람들을 보았다. 밀이 그들이 가져야 할 가장 본질적인 권리가 박탈되었다고 보고 항의한 것이 《자유론》이었다. 또한 19세기까지 대부분의 사람이 품었던 어떤 영웅주의나 영도자주의도 거부했다는 점에서 그는 특이했다. 그는 교육에 의해 누구나 훌륭한 사람이 될 수 있다고 믿었다.

밀의 사회는 마치 진리 추구를 위해서만 전력투구하는 토론 클럽 같고 이는 실제 사회와 다르다는 비판도 가능하다. 또한 밀은 단순한 말이 타인에게 해를 끼치지 않는다고 하지만, 이러한 가정도 실제와 다르다. 따라서 밀의 주장이 실현된다면 무질서와 비관용 사회가 될 것이라는 비판도 있다. 밀은 대중에 대한 공포 때문에 투표권을 남녀 모두에게 부여하되 엘리트에게는 한 표 이상을 부여하자고 주장한 점에서 문제가 있다. 이는 종래 재산에 대해 특권을 부여한 것과는 달랐다.

밀에 대한 역사적 평가

밀의 《자유론》은 지금부터 160여 년 전인 1859년에 나왔다. 그 후 더욱 본격적으로 전개된 식민지 쟁탈을 비롯하여 20세기를 뒤덮은 비합리적인 권력이나 사회적 비참과 모순을 밀은 전혀 예상하지 못했다. 따라서 그가 추구한 정신적 자유만으로는 20세기의 온갖 사회적 문제를 극복할 수 없었다. 따라서 20세기에 와서 《자유론》에 대한 더욱 비판적인 견해가 나왔음도 무리가 아니었다. 특히 그는 식민지를 지배한 대영제국의 제국주의를 옹호했다는 점에서 비판을 받아 마땅하다.

《자유론》이 나온 1859년, 다윈의 《종의 기원》이 출판되었는데, 그것은 과거의 교의와 편견을 타파하는 데 중대한 영향을 끼쳤으면서도 폭력적 제국주의와 적나라한 경쟁을 정당화하는 데 이용되었다. 또한 그해, 마르크스의 《정치경제학비판》도 출판되어 사회주의를 이론화했다.

'초판 옮긴이의 말'에서 말한 대로, 나는 오랫동안 《자유론》에 대해 회의했다. 특히 그의 제국주의 옹호는 도저히 용서할 수 없었다. 그러나 가장 오래된 상식적인 처방, 즉 자유, 관용, 이성, 교육, 책임 등을 강조한 것 이상으로 현대에도 유효한 것이 있을까? 밀은 개인의 자유와 관용을 비롯한 그 모든 처방을 변호했다는 점에서 에라스무스, 스피노자, 밀턴, 로크, 몽테스키외, 볼테르, 레싱, 디드로 등을 이었고 그 뒤 수많은 자유주의 사상을 낳았다.

밀은 흔히 합리주의와 비합리주의(낭만주의)를 결합시켰고, 그런 점에서 선배인 훔볼트나 괴테와 같이 풍부하고 자발적이며 다면적이고 두려움을 모르는 합리적인 자율적 인간을 추구했다. 그리고 사상과 의견의 자유에서 관용, 다양성, 인간성이 나온다고 보았다. 그러한 밀《자유론》의 핵심은 20세기에도 살아남았고, 21세기에도 살아남으리라.

4.   맺음말

앞에서 설명한 liberal이란 말은 영어권에서 오늘날에도 억제와 규율 결여와 함께 연약하고 감상적인 관대함이라는 의미에서 보수 측이 비난하는 의미를 담고 있고, 사회주의자도 그 점에서는 마찬가지다. 반대로 liberal이라고 자처하는 세력, 즉 자유주의liberalism라고 하는 측은 이를 자신들이 보수 세력과 달리 진보적이거나 급진적이라는 의미로 사용하고 있고, 사회주의자에 대해서는 자신들이 관심을 갖는 정치적 자유에 무관심하다고 비판한다. 반면 사회주의자들은 자유주의를 자본주의나 소유욕을 갖는 개인주의라고 비판한다. 이처럼 자유라는 말을 둘러싼 논의는 현대 한국에서도 마찬가지지만 적어도 밀의 자유주의가 한국에서 보수 세력이 주장하는 자유주의와는 상당히 다르다는 점을 주의해야 한다.

여기서 자유주의 전반에 대해 설명할 여유는 없으나 신자유주의 Neo-liberalism에 대해서는 간단히 언급할 필요가 있다. 시장 개방과 자유 무역, 정부의 경제 개입과 기업 규제 완화, 복지 제도의 감축 등을 특징으로 하는 신자유주의는 무제한적 이윤 추구로 인해 국제적으로도 국내적으로도 양극화 현상을 초래해왔다. 이는 적어도 밀의 자유주의를 비롯한 고전적인 자유주의와는 상당히 다른 것으로 이를 자유주의의 새로운 형태로 볼 수 있는지에 대해서도 의문이 제기된다.

특히 밀의 자유주의는 그런 신자유주의와는 다르다. '초판 옮긴이의 말'에서도 말했듯이 그는 노동자는 경영자의 권위주의에 종속되고, 기업 이윤으로부터 얻는 것이 없다는 이유에서 노동자의 자주 관리와 기업 소유자인 노동자에게 경영자가 종속되어야 할 것을 주장했다. 그는 공산주의나 국유화에 반대하여 교조적인 마르크스주의와도 구별된다는 점에서도 아나키즘에 상당히 가깝다.

신자유주의라는 이름으로 대두된 자유주의의 변태와는 관계없이 자유 자체는 세계적으로도, 우리나라에서도 여전히 문제다. 밀이 《자유론》에서 언급한 사상의 자유를 비롯한 언론·출판·집회·결사의 자유를 비롯한 모든 자유가 문제다. 특히 사상의 자유는 여전히 국가보안법에 의해 제한되고 있고, 언론의 자유도 독점적인 대언론사의 경영 자유로 오해되고 있고, 그런 언론에 의해 밀이 가장 우려한 자유의 적대적 상태인 획일적이고 보수적인 여론이 형성되고 있다. 또한 다양성을 민주국가의 원리로 삼아야 하거늘 우리의 현실, 특히 교육 현실은 다양성을 죽이는 획일성으로 치닫는다. 정치도, 경제도, 사회도, 문화도 모두 개성과 다양성을 잃고 있다. 여기서 우리가 밀의 《자유론》에서 배워야 할 논점이 확실해진다. 다양성을 회복하는 것, 그것이 밀이 말하는 자유의 길이다.

그런 다양성의 조화가 좋은 사회다. 그러나 우리는 그렇지 못하다. 흔히들 말하는 진보와 보수의 대결이라는 것이 과연 다양성의 표현인지 의심스럽다. 그 진보와 보수라는 것 자체의 체질에 다양성과 자유가 있는지도 의문이다. 도리어 빌려온 외국 사상의 대리전 같은 것은 아닐까? 그래서 사실은 무사상인 것이 아닐까? 그렇다고 하여 나는 유별난 한국 사상 같은 것을 수립해야 한다고 주장하지는 않는다. 밀도 당대 영국의 무사상을 개탄하면서도 영국 사상 따위를 주장하지 않았다. 벤담이나 자기 아버지로부터 이은 공리주의를 그런 것이라고 주장하지도 않았다. 그가 주장한 것은 어디까지나 다양한 사상을 낳게 하는 사상의 자유가 보장되어야 한다는 것이었다. 이런 밀의 주장은 19세기 영국이나 유럽에서는 상식이었다. 그러나 20세기는 물론 21세기 대한민국에서는 여전히 상식이 아니다. 사상의 자유가 상식이 되게 하라. 그것이 밀의 《자유론》이 지금 이 땅에서 갖는 의미다.

지금 우리에게 어떤 정치·경제·사회사상이 있고, 그것이 현실의 정치·경제·사회를 어떻게 움직이고 있는가? 전통사회에는 유교라는 사상이 있었지만, 지금 그것은 가부장주의의 시체로만 남아 있을 뿐 현실 문제를 해결하는 사상일 수 없다. 그런 무사상의 풍토에 온갖 외국의 유행 사상이 지나간다. 그러나 그 어느 것도 우리의 현실에 도움이 되는 사상이 되지 못한다. 그 어느 사상도 우리 현실에 비추어 철저히 검증되지 못하기 때문이다. 밀의 《자유론》은 그런 검증의 시도로 읽을 필요가 있다. 그래서 우리 현실에 조금이라도 도움이 되면 우리의 《자유론》으로 삼을 필요가 있다. 그래야 《자유론》은 우리에게 살아 있는 것이 된다. 그렇지 못하면 《자유론》은 우리에게 죽은 것이다.

1 그러나《자유론》2장 원주 5(본서 70번 주)에서 말하듯이 밀은 인
 도에서 세포이 반란이 터졌을 때 영국의 여론이 인도인에게는
 종교적 관용이 허용될 수 없다고 본 점을 강력하게 비판했다. 물
 론 밀은 제국주의의 식민지 지배를 부정하지 않았고,《자유론》
 1장에서도 식민지에서 자유가 일반적으로 허용될 수 없다고도
 했으나, 적어도 19세기 영국의 상황에서는 밀만큼 식민지의 자
 유를 적극적으로 옹호한 사람도 없었다.

2 훔볼트Karl Wilhelm von Humboldt(1767~1835)는 독일의 언어학자이
 자 철학자로 베를린대학 창설자로 유명하다. 그의 정치사상은
 우리나라에 널리 알려지지 않았으나 20세기 미국 사상가 놈 촘
 스키Noam Chomsky(1928~)는 훔볼트를 고전자유주의의 가장 심원
 한 사상가로 본다(《촘스키의 아나키즘》, 이정아 옮김, 해토, 2007, p.
 34 이하). 그 사상을 보여주는 책이 훔볼트가 25세였던 1792년에
 쓴《국가 활동의 한계를 규정하고자 하는 시론적 고찰Ideen zum
 einem Versuch die Grenzen der Wirksamkeit des Staates zu bestimmen》(영
 역은 The Sphere and Duties of Government)이다. 훔볼트는 원고를 읽은

실러Johann Christoph Friedrich von Schiller(1759~1805)에게 출판 추천을 받았으나, 출판업자가 출판을 거부하여 일부만 실러가 편집한 잡지에 실렸고, 전부는 그의 사후 십육 년이 지난 1851년에야 출판되었다. 출판 직후 국제적인 명성을 얻어 프랑스어와 영어로 번역되었고, 특히 밀은《자유론》에서 자주 훔볼트의 책을 인용했다. 내용은 제목에서 보듯이 국가 기능을 근원적으로 제한해야 한다는 것이다.

훔볼트는 국가가 인간을 국가의 자의적인 목적에 봉사하는 도구로 삼으면서 인간 개인의 목적을 간과하는 경향이 있는 반면, 인간은 본질적으로 자유롭고 탐구적이며 자기완성을 추구하기 때문에 국가는 반인간적이라고 보았다. 이러한 생각은 데카르트, 루소, 칸트, 애덤 스미스, 페인, 소로, 마르크스, 바쿠닌, 토크빌, 밀, 로자 룩셈부르크, 러셀, 듀이 등도 공유했다. 그들은 인간의 본질적 속성을 자유와 다양성으로 보았고, 이러한 생각은 마르크스가 인간은 자유를 박탈당할 때 소외된다고 본 노동 소외 개념과도 통한다. 따라서 촘스키는 고전자유주의는 본질적으로 자본주의에 반하므로 국가자본주의의 이데올로기가 될 수 없다고 본다. 즉 자유주의는 임금노예제, 노동 소외, 사회경제의 계급을 중시하는 권위주의적인 산업자본주의나 소유욕 강한 개인주의와 상반된다는 것이다. 또 경쟁적인 탐욕, 약탈적 개인주의, 국가 또는 개인 차원의 기업제국과도 상반된다고 본다.

촘스키에 따르면 18세기 말의 훔볼트로서는 당연히 20세기의 사적 권력이 지배하는 자본주의를 몰랐다. 그래서 평등을 중시하는 민주주의와 인권을 중시하는 자유주의가 자본주의에 의해 파괴되리라고는 예상하지 못했다. 또한 약육강식의 자본주의 경제 속에서 인간의 자유를 보전하고 자연의 파괴를 방지하기 위해서는 국가 개입이 필요하다는 점도 몰랐다. 그러나 그는 루소 같은 원시적 개인주의자가 아니라 국가 등의 권위주의적 기관의 억압이 없는 공동체의 실현을 기대했다는 점에서 아나키스트였다고 촘스키는 평가한다. 촘스키는 훔볼트와 함께 밀도 아나키즘의 전통에서 바라보는데 역자도 이에 동의한다. 촘스키만이 아니라 옥스퍼드대학 교수인 그레이John Gray(1948~)도 밀의《자유론》을 아나키즘적 제안이라고 본다(브라이언 레드헤드,《서양 정치 사상》, 황주홍 옮김, 문학과지성사, 1993, p. 232 이하).

3 밀의 생애와 사상에 그의 아내가 차지하는 바는 인류 역사상 다른 어떤 사상가와 그 아내의 관계보다 특이하고도 중요하다. 그의 아내 해리엇 테일러Harriet Taylor는 본래 부유한 사업가이자 자유주의자였던 존 테일러John Taylor의 아내였는데 밀은 25세였던 1830년 23세의 그녀를 만나 사랑하며 이십 년을 기다렸다가 그녀의 남편이 죽은 이 년 뒤인 1851년에 결혼했으나 팔 년 뒤 그녀는 죽었다. 밀은《존 스튜어트 밀 자서전》(1872)에서 그녀를 극찬하면서, 특히《자유론》을 비롯하여《경제학원리》(1848),《공리주의론》(1861) 등을 그녀와 함께 저술했다고 말한다. 그러나 그녀에 대한 밀의 찬양을 부정하는 견해도 없지 않다. 가령 그녀가 남긴 편지 등을 고려하면 그녀는 단지 밀의 신중하고 적절한 견해들을 더욱 완고하고 독단적인 형태로 되돌려놓았을 뿐이라고 평가하는 학자들도 있다. 그러나 그녀의 페미니즘에 영향을 받아 밀이 사회계급을 지배자와 노동자로 나누지 않고 남녀로

나눈 것은 분명하다.

4 철학적 필연은 영국의 목사이자 철학자인 조지프 프리스틀리 Joseph Priestley(1733~1804)가 물질과 정신을 지배하는 불변의 법칙이 신에 의한 필연이라고 주장한 것이다.

5 밀은《논리학 체계A System of Logic》(1843) 제6편 제2장 '자유와 필연'에서 철학적 필연이 의지의 자유와 대립하는 것이 아니라고 하면서, 그럼에도 지금까지 그 둘이 대립적인 것으로 간주되어 왔다고 비판했다.《존 스튜어트 밀 자서전》제7장 참조.

6 영어에서 liberty는 정치적·법적 의미에서의 시민적·사회적 자유를 의미하고 freedom은 추상적·일반적 의미의 자유를 뜻하기도 하지만, 보통은 혼용된다('옮긴이 해제' 참조). 시민적·사회적 자유라고 하면 이는 보통 정치적 자유와 구별되는 것이나, 밀의 그 말은 정치적 자유도 포함하는 것이라고 볼 수 있다. 원래 정치적 자유란 17세기에 홉스와 로크가 문제 삼은 자유로 독재 지배자의 전제정치에 대한 정치적 방위로서의 자유를 의미했다. 그러나 18세기 들어 영국을 비롯한 서유럽에서 소위 부르주아 중심의 시민사회가 성립되고, 그들의 투표에 의해 민주국가가 수립되면서, 민주국가는 인민의 총의를 대표하고 인민이 그 주권자라는 이유에서, 그 인민의 총의에 제한을 가하는 정치적 자유가 더는 필요 없다고 생각되었다. 루소의《사회계약론》이나 벤담Jeremy Bentham(1748~1832)의 주장이 바로 그 대표적인 것들이었다.

그러나 밀은 인민에 의한 인민의 통치라는 사상이 현실 정치에서는 반드시 구체적으로 완벽하게 구현되어 있지 않다고 생각했다. 왜냐하면 권력을 집행하는 인민은 반드시 권력을 집행당하는 인민과 일치하지 않고, 현실에서 인민의 의지란 인민의 최대 다수가 갖는 의지이거나, 인민 중에서 가장 활동적인 소수 인민의 의지에 불과하기 때문이었다. 특히 다수파에 속하는 개인이 소수파에 속하는 인민을 억압하고자 하는 경우도 있기 때문이었다. 이 점이 밀이 강조한 새로운 정치적 자유의 주장이었다.

그러나 밀은 그런 정치적 자유를 주장함에 그치지 않고, 사회 일반에서 다수자가 행사하는 전제에 대해 지켜야 할 자유를 주장하면서 이를 시민적·사회적 자유라고 부른다. 왜냐하면 사회의 횡포는 정치적 억압 이상으로 무서운 것이기 때문이다. 특히 그것에서 벗어날 수단이 거의 없고, 게다가 생활 구석구석까지 파고들기 때문이다.

이러한 밀의 생각은 그의 체험에서 비롯되었다고도 할 수 있다. 특히 밀이 유부녀였던 해리엇 테일러와 교제했을 때, 아버지를 비롯하여 많은 사람이 호기심을 가지고(반대한 것은 아니었으나) 그들을 바라본 점에 엄청난 압박감을 느꼈다. 따라서 밀이 말하는 시민적·사회적 자유란 사회로부터, 즉 사회적 여론으로부터 지켜야 할 시민의 자유를 포함하는 광범한 것이라고 할 수 있다. 그런 점에서 밀이 말하는 시민적·사회적 자유란 헌법을 비롯한 법학에서 흔히 말하는 시민적·사회적 자유와는 다르고 정치적 자유까지 포함하는 더욱 광범한 것이다.

7 이 말은 개화와 미개를 대립시킨 19세기 대영제국의 사고를 반영한다.

8 대문자로 쓴 Authority란 국가의 정치적 권력을 포함한 모든 권

력을 뜻한다.

9 밀은 프랑스 등의 경우를 뺐으나 그곳의 투쟁 역사는 더욱 치열했다.

10 즉 정치적 자유를 말한다.

11 popular government는 밀이 《대의국가론 *Consideration of Representative Government*》에서 말하는 대의민주주의와 대립되는 직접민주주의의 국가를 뜻한다. government는 흔히 정부나 정체라고 번역되지만 이 책에서는 우리말 어감을 고려하여 대체로 국가라고 번역하고 문맥에 따라서 정부라고 번역하기도 했다.

12 people의 번역어로는 인민을 선택하고, nation은 국민으로 번역했다.

13 루소나 벤담을 말한다.

14 토크빌 Alexis de Tocqueville(1805~1859) 같은 사람들을 말한다. 밀은 토크빌이 그의 《미국의 민주주의 *American Democracy*》(1835~1840)에서 미국 민주주의의 긍정적인 측면과 부정적인 측면을 분석한 점에 깊이 공감하고 《런던 앤 웨스트민스터 리뷰 *London and Westminster Review*》에 장문의 서평을 썼다. 긍정적인 면은 첫째, 다수자에게 선을 초래하고, 둘째, 인민이 민주주의에 기꺼이 복종하고 애착을 가지며, 셋째, 민주주의가 인민을 위해 기능할 뿐 아니라 인민에 의해 비로소 기능하기 때문에 대중의 지성이 필요하며 그러한 대중의 지성을 더욱더 향상시킨다는 점에서 다른 어떤 국가보다 우수하다는 점이다. 반대로 부정적인 면은 첫째, 민주주의에 의해 결정된 정책이 경솔하고 근시안적이며, 둘째, 민주주의가 초래한 다수자의 이익은 반드시 전체의 이익이

아니고, 다수자에 의한 통치는 소수자에게 권력을 남용하는 경향이 있다는 점이다. 밀은《존 스튜어트 밀 자서전》7장에서 자신의 민주주의에 대한 이해가 토크빌의《미국의 민주주의》를 읽고 난 뒤에 근본적으로 바뀌었다고 말했다. 이는 바로 토크빌이 지적한 민주주의의 타락인 전제주의화에 대한 경고였다. 토크빌은 그 전제주의가 중앙집권화의 진전에 의해 생기는데, 이를 막으려면 국가와 개인을 매개하는 중간 제도가 결정적으로 중요하다고 했다. 밀은 토크빌의 책을 읽기 전까지는 지방자치단체라고 하는 소수의 지방 유지 집단의 이권주의에 의해 영국에 필요불가결한 개혁이 좌절되는 것을 목격하고 지방자치를 불신했으나, 토크빌의 책을 읽고서는 그런 지방자치라도 국가의 전면적 중앙집권화에 대해서는 최소한의 방어 기능이 있음을 알게 되었다. 그래서 그 뒤로 밀은 종래와 같은 지방자치단체의 축소를 주장하지 않고 지방자치단체의 개혁을 주장하게 되었다.

15 미국을 뜻한다.

16 토크빌 등을 말한다.

17 민사벌은 법을 위반한 경우에 부과하는 금전적 제재를 말하는 것으로 형벌적인 의미를 갖지 않는 것을 말한다.

18 노예는 스파르타의 예속농민으로 본래는 정복 지역의 원주민이었다.

19 자유민이란 지대地代 지불을 통해 토지를 보유한 자유농민을 말한다.

20 국가의 최고 책임자인 군주를 말한다.

21 가톨릭을 말한다. 밀은 가톨릭을 증오했다.

22 유니테리언은 삼위일체를 부정하여 유일신을 주장하고 그리스도를 신으로 인정하지 않는 신교의 일파를 말한다.

23 계시종교는 구약과 신약을 통해 신의 의지를 직접 명시한 기독교를 말한다.

24 자기보호는 타인의 부당한 공격에서 자신을 보호할 권리가 있음을 말하는 것으로 자기보전 또는 자위라고 번역되고 정당방위라고도 이해된다.

25 여기서 밀은 그의 스승인 벤담의 공리주의 행복관을 비판한다.

26 따라서 자기보호의 원칙은 어디까지나 행동에 대한 것이지 양심과 사상에 대해서는 미치지 않는다. 즉 이 양심과 사상의 자유는 절대적으로 보장되어야 한다.

27 밀은 이를 어느 정도 상식과 경험을 갖추거나 충분히 나이가 들어 보통 수준의 이해 능력을 갖춘 보통 남녀라고 하는데 그것이 구체적으로 어느 정도를 뜻하는지는 분명하지 않다. 특히 엘리트 중의 엘리트라는 말을 듣는 밀이 보면 그 수준은 상당히 높을 수도 있겠으나 이는 반드시 옳은 이해는 아니다. 즉 밀의 말은 보통의 성년을 뜻한다.

28 이는 식민지 사람들에 대한 자유의 보장을 부정하는 제국주의 논리라고 할 수 있다. 밀은《경제학원리》와《대의국가론》에서도 식민지 지배를 예찬했다. 밀이 이와 정반대되는 견해를 피력했다고 보는 견해가 있으나(서병훈,《자유의 미학》, 나남출판, 2000, p. 55 주4) 밀이 언급한 모르몬교의 경우(이 책 4장 참조)는 미개 사회에 대한 것이 아니라 서양 사회 내부의 문제에 불과하다.

29 아크바르(1542~1605)는 인도 무굴제국의 황제였다.

30 샤를마뉴(742~814)는 서로마 멸망 후 서유럽에 세운 프랑크 왕
    국 카롤링거 왕조의 제2대 왕으로 신성로마제국을 세우고 황제
    가 되었다.

31 right를 권리라고 번역하는 경우가 있으나 이는 잘못이다.

32 공리란 보통 효용이나 유용을 뜻하는데, 효용을 모든 가치 척도
    로 삼는 utilitarianism은 공리주의로 번역된다. 공리功利(이를 公利
    라고 쓰는 경우는 공리주의가 최대 다수의 최대 행복을 강조하기 때
    문이다)란 문자 그대로는 공적과 이익을 말하는데, utilitarianism
    이 반드시 그 둘에 제한된다고는 할 수 없고 오히려 모든 효용을
    뜻한다고 볼 수 있다. 공리주의를 창시한 벤담은 공리에 이익만
    이 아니라 유리함, 쾌락, 선, 행복 등이 모두 포함된다고 주장했
    다. 밀을 비롯한 공리주의자(효용주의자)는 효용이 윤리 문제의
    기준이라고 보는데, 특히 밀은 다른 공리주의자들과 달리 물질적
    인 쾌락이 아니라 정신적 자기발전을 가능하게 하는 효용을 중시
    했다.

33 정의와 공리(유용성)는 무관하다는 관념은 밀 당시 공리주의에
    반대한 선험주의자나 자연주의자들의 주장으로, 그들은 정의를
    공리와는 독립되며 사물의 본성에 의거하여 인간에게 선험적으
    로 주어진 것으로 보아 정의의 절대성을 주장했다. 반면 공리주
    의는 이를 비판하고 정의와 공리를 연관시키는데, 그 기원은 고
    대 그리스의 시모니데스Simonides와 카르네아데스Carneades에까지
    소급된다(이에 대한 밀의 논의는《공리주의》5장 '정의와 공리의 관
    계에 대하여' 참조). 밀의 공리주의가 경험과 관찰을 기본으로 삼
    는다고 주장한다 해도 근본적으로는 이성에 의해 객관적 가치

를 찾을 수 있다고 주장하는 점에서 선험주의자와 같다는 비판을 이사야 벌린Isaiah Berlin(1909~1997) 등이 제기했다(*Four Essays of Freedom*, Cambridge University Press, 1969). 그러나 이성에 의한 객관적 가치의 존재를 부정할 수 있는가에 대한 의문은 여전히 철학의 가장 근본적인 문제로 남는다.

34   이 점에서 밀의 질적인 공리주의는 벤담 등의 양적인 공리주의와 다르다. 그러나 밀은 《자유론》을 출판하고 4년 뒤에 낸 《공리주의》에서 가치 문제는 공리를 통해 확립할 수 있다고 하여 공리를 증대시키지 않는 자유는 무의미하다는 결론에 이르게 됨으로써 《자유론》에서 강조한 자유의 의미를 퇴색시켰다는 비판을 받게 된다.

35   여기서 밀은 행동action과 불행동(행동하지 않음: inaction, forbearance)을 구별한다. 이는 형법에서 작위와 부작위로 구별하는 것에 대응된다. 이 두 가지 모두를 right and wrong, 또는 just and unjust의 기본적 전제조건으로 본 것은 17~18세기 사회 이론부터였다. 불행동으로 인한 해악에 대한 책임을 윤리적 기준으로 본 것은 휘호 흐로티위스Hugo Grotius에서 시작하여 홉스, 푸펜도르프Samuel Pufendorf, 라이프니츠Wilhelm Leibniz까지 분명히 강조되었다.

36   이는 우리 헌법상의 집회와 결사의 자유는 물론 노동자의 단결권을 포함한다.

37   플라톤이 《국가》와 《법》에서 주장한 것을 말한다.

38   그리스의 도시국가를 말한다.

39   가톨릭을 말한다.

40 콩트(1798~1857)는 프랑스의 철학자이자 사회학자다. 밀은 콩트에게도 영향을 받았다. 특히 콩트가 사회 현상에 실증주의적 방법을 적용하여 사회학을 수립한 점에 충격을 받았다. 그러나 콩트는 자유 파괴자라는 점에서 밀과는 철저히 대립되었다.

41 이를 주장하는 것이 아나키즘이다.

42 Liberty of the press는 종래 출판의 자유라고 번역되었으나 우리 헌법에서는 언론과 출판을 구분하므로 여기서는 그 둘을 모두 포함하는 것으로 이해한다.

43 그러나 한국을 비롯한 여러 나라에서는 여전히 필요한 논의다.

44 튜더 왕조는 1485년부터 1603년까지 영국을 지배한 절대주의 왕조를 말한다.

45 내가 이 구절을 쓰자마자 마치 강력하게 반박하듯이 1858년 '국가의 언론 고발Government Press Prosecution' 사건이 터졌다. 이러한 공적 토론의 자유에 대한 불법적 간섭이 있었지만, 나는 이 구절의 한 자도 고칠 필요를 느끼지 않는다. 또한 공황의 경우를 제외하면, 이로 인해 정치적 토론에 대한 고통과 형벌의 시대는 영국에서 지나갔다는 나의 확신은 조금도 약화되지 않는다. 왜냐하면 첫째, 그러한 고발은 철저하게 행해지지 않았고, 둘째, 정확하게 말해 그것은 정치적 고발이 아니었기 때문이다. 고발된 범죄는 제도를 비판하거나 통치자의 행동이나 인물을 공격한 것이 아니라 부도덕한 논설로 간주된 것, 즉 압제자 살해의 합법성을 유포한 것이었다.

2장의 논의가 어느 정도 타당하다면, 어떤 논설이 아무리 부도덕하다고 간주된다고 해도 그것은 윤리적 확신의 문제이고, 그 논설을 발표하고 토론하는 완전한 자유가 존재해야 한다. 따라서 압제자 살해에 관한 논설을 부도덕하게 간주하는 것이 옳은가 그른가를 여기서 검토하는 것은 적절하지 않고 필요하지도 않다. 나는 다만 다음과 같이 말하는 것에 그치고자 한다. 즉 이 문제는 종래 도덕상의 미해결 문제 가운데 하나였고, 스스로 법을 초월하여 법에 의한 형벌이나 통제를 받지 않는 범죄자를 일개 시민이 타도하는 행동은 국민 전체에게도, 가장 선하고 어진 사람들에게도 범죄가 아니라 숭고한 덕행으로 간주되어왔으며, 또한 그것이 옳건 그르건 암살의 성격이 아니라 내란에 속한다는 것이다. 따라서 압제자 살해를 교사함은 특정한 경우 정당한 처벌의 대상이 될 수 있지만, 그것은 명백한 행동이 뒤따라 행해지고, 적어도 그 행동과 교사 사이에 개연적 관계가 있다고 확인되는 경우라야 한다고 나는 주장한다. 나아가 심지어 그런 경우라고 해도, 국가가 자신의 존재를 부인하고자 행해진 공격에 대해 자위권의 행사로써 합법적으로 처벌할 수 있는 것은 오로지 공격을 당한 국가뿐이지 그 밖의 국가일 수는 없다고 나는 생각한다.(원주)

46 여기서 밀은 지혜란 열린 마음에서 온다고 하지만 이에 대해서는 의문이 제기될 수 있다. 왜냐하면 상식적으로 마음이 넓다고 해서 반드시 지혜롭다고 하기 어렵고, 도리어 문제의 모든 측면을 고려하는 사람들은 최종 결정을 내리기 어려운 경우가 많으며, 도리어 지혜로운 사람이란 경험이 풍부하고 현실적인 사람이기 때문이다. 따라서 밀은 지혜와 열린 마음을 혼동한다고 볼 수 있다.

47 악마의 대변인이란 가톨릭에서 성인을 지명하는 경우 그 후보자에게 성인의 자격이 없다고 비난하는 역할을 하는 자를 말한다.

48 지식인의 스승i mastri di color che sanno은 단테의《신곡》〈지옥편〉제4절 13행에 나오는 말이다.

49 골고다Calvary(Golgotha)는 그리스도가 십자가에 못 박혀 처형된 언덕을 말한다.

50 〈마태복음〉26장 65절. 대제사장이 예수에게 "네가 하나님의 아들 그리스도냐?"라고 묻자 예수가 "그렇다"고 답했고 이 말에 대제사장이 자기 옷을 찢었다.

51 〈사도행전〉7장 54~60절.

52 마르쿠스 아우렐리우스는 161년부터 180년까지 로마 황제였다. 《명상록》의 저자이고 기독교를 박해했다.

53 콘스탄티누스는 306년에서 337년까지의 로마 황제로 기독교를 공인했다.

54 마르쿠스 아우렐리우스를 말한다.

55 닥터 존슨, 즉 새뮤얼 존슨Samuel Johnson(1709~1784)은 영국의 작가로서 최초의《영어사전》을 편찬했다.

56 고대 그리스의 로크리는 로크리스인Locris나 오푼티스 로크리스인Opuntian Locris에 의해 BC 683년경에 세워졌다. 로크리 법전은 잘레우쿠스Zaleucus(BC 660년경)의 발안에 의한 것으로, 당시 그곳은 무법 상태여서 정치적 질서를 부여하기 위한 것으로 이해된다. 그것은 고대 그리스는 물론 유럽 최초 성문법으로 보복 원칙을 승인했다.

57 아르날도 다 브레시아(1100~1154)는 이탈리아의 수도사로 교황

의 정치 간섭과 부패에 분노하여 교회의 재산 소유 포기를 요구하고 로마에서 반란을 일으켰다가 화형에 처해졌다. 브레시아는 이탈리아 북부 롬바르디의 지명이다.

58 돌치노 수사(1250~1307)는 이탈리아 노바라 출신 사제로 가톨릭 군대에 저항하여 화형에 처해졌다. 단테의《신곡》〈지옥편〉 제28장에 그에 대한 이야기가 나온다.

59 사보나롤라(1452~1498)는 이탈리아 피렌체 출신 도미니크회 사제로 루터 이전에 가장 적극적으로 교회를 개혁하려고 했고, 한때 피렌체시를 지배했으나 화형에 처해졌다. 뒤에 프랑스혁명과 사회주의의 창시자로 간주되었다.

60 알비주아파Albigeois(Albigenses, Catharists)는 12세기 말 프랑스 남부 알비 지방에서 생긴 이교도로 로마 교회의 규율에 복종하지 않고 소박한 생활과 엄격한 도덕을 실천했으나 13세기에 교황 인노첸시오 3세의 종교법원에 의해 전멸되었다.

61 발도파Vaudois(Waldenses)는 12세기 말 프랑스 남부에서 생긴 이교도로 리옹 출신 상인인 발데스Waldes of Waldus(Peter Waldo, Pierre de Vaud)에 의해 1170년경 창설되었다. 성경의 가르침을 문자 그대로 지킨 금욕적 단체로 그 뒤 박해를 받고 피에몬테로 도망해 종교개혁 이후 프로테스탄트에 병합되었다. 중세 개혁파 중에서 유일하게 살아남은 교파였다.

62 롤라즈파는 영국의 종교개혁가 위클리프John Wycliffe (1330~1384)가 창시한 전도 단체로 기독교적·공산주의적 성격을 띠었고 혹심한 탄압을 받았으나, 종교개혁의 선구적 역할을 했다.

63 후스파는 보헤미아의 종교개혁가인 요하네스 후스Johannes Huss

(1369~1415)의 교파로 혹독한 탄압을 받았으나, 이후 토마스 뮌처Thomas Münzer의 농민반란에 선구가 되었다.

64 현재의 벨기에 북부, 네덜란드 남서부, 프랑스 북부를 포함한 중세 국가를 말한다.

65 영국의 종교개혁은 튜더 왕조의 헨리 8세(1491~1547)의 수장령首長令(1534)에 의해 이루어졌으나, 에드워드 6세의 뒤를 이어 왕이 된 헨리 8세의 딸인 메리 여왕(재위 1553~1558)은 가톨릭교도로 신교를 박해했고, 스코틀랜드에서 쫓겨나 잉글랜드로 도망쳤지만, 그 뒤를 이어 왕이 된 이복동생 엘리자베스 여왕에 대해 반역을 획책하다가 1558년 사형에 처해졌다. 엘리자베스는 신교로 되돌아가 통일령을 발표하고 영국 국교의 기초를 닦았다.

66 토머스 풀리Thomas Pooley는 1857년 7월 31일, 보드민Bodmin 순회법원에서 재판을 받았으나 12월에 국왕의 특사를 받았다.(원주)

67 Old Bailey는 런던의 중앙형사법원이다.

68 조지 제이컵 홀리오크George Jacob Holyoake는 1857년 8월 17일, 에드워드 트루러브Edward Truelove는 1857년 7월.(원주)

69 1857년 8월 4일 말버러Marlborough시 경찰법원의 드 글라이첸de Gleichen 남작의 경우.(원주)

70 인도에서 세포이 반란(1857~1858)이 터졌을 때 맹렬한 박해 감정이 분출했고, 그것이 영국 국민성의 가장 나쁜 부분과 결합되어 널리 나타난 것에서 충분한 경고를 얻을 수 있다. 광신자나 협잡꾼이 설교 단상에서 중얼거리는 헛소리는 문제 삼을 가치가 없다고 해도, 복음교회파 수뇌가 힌두교도와 이슬람교도를 통치하기 위한 원리로 공언한 바에 따르면, 성경을 가르치지 않는 학

교는 공공비용으로 경영되어서는 안 되고, 또 그 필연적 결과로서 진정한 또는 위장한 기독교도가 아닌 자에게는 어떤 공직도 부여할 수 없다고 했다. 어느 국무차관은 1857년 11월 12일, 선거구민에게 행한 연설에서 다음과 같이 말한 것으로 보도되었다. "영국 국가가 인도인의 신앙(대영제국 국민 중 1억의 신앙), 즉 그들이 종교라고 부르는 미신을 관용했기 때문에 영국이라는 이름의 명성이 선양되지 못하고, 기독교의 유익한 성장이 저해되는 결과가 초래되었다. (…) 관용은 이 나라의 종교적 자유의 위대한 초석이지만, 인도인이 그 관용이란 말을 남용하게 해서는 안 된다. 내가 이해하는 한 이 말은 동일한 기초에 입각해서 예배하는 기독교들 사이에서는 누구에게나 부여된 완전한 자유, 예배의 자유를 말한다. 그것은 신과 인간 사이의 유일한 조정자를 신봉하는 모든 종파의 기독교인 사이의 관용을 뜻한다."

자유당 정권하에서 우리 국가의 중요한 자리를 차지하기에 적합하다고 생각된 인물이 그리스도의 신성을 믿지 않는 사람은 누구나 관용에서 제외된다고 주장하는 점에 대해 나는 주의를 환기하고 싶다. 이런 어리석은 표현이 공개된 마당에, 종교적 박해가 사라졌고 다시는 되돌아오지 않는다는 환상에 그 누가 사로잡힐 수 있는가?(원주)

71 플로지스톤은 1770년대에 산소가 발견되기 이전에 연소 현상을 설명하기 위해 고전적인 4대 물질인 흙, 물, 불, 공기 외에 연소의 원인이 되는 다섯 번째 물질 원소로 생각된 것으로 가연성 물질 속에 포함된 그것이 방출되는 과정이 연소라고 생각됐다. 반면 산소설은 가연성 물질이 산소와 빠르게 결합하면서 생기는 것이

연소라고 보았다.

72 고대 그리스의 정치가이자 웅변가였던 데모스테네스Demosthenes (BC 384~322)를 말한다.

73 로마 공화제 전기의 집정관이고 후기 스토아학파에 속한 철학자로, 로마 최고의 웅변가였던 키케로Marcus Tullius Cicero(BC 106~43)를 말한다.

74 〈마태복음〉5장.

75 〈마태복음〉19장 24절.

76 〈마태복음〉7장 1절.

77 〈마태복음〉5장 34절.

78 〈마태복음〉19장 19절.

79 〈마태복음〉5장 40절.

80 〈마태복음〉6장 34절.

81 〈마태복음〉19장 21절.

82 칼뱅(1509~1564)은 프랑스의 신학자이자 종교개혁가였다.

83 녹스(1514~1572)는 스코틀랜드의 종교개혁가로 신교를 탄압한 메리 여왕에 대항해 종교개혁에 성공했다.

84 자연으로 돌아가라는 역설.

85 빌헬름 폰 훔볼트,《국가의 영역과 의무》(독일어판), 11~13쪽. (원주)

86 존 스털링John Sterling(1806~1844)의《에세이Essay》.(원주)

87 알키비아데스(BC 450~404)는 고대 그리스의 장군이자 정치가다. 재능은 뛰어나지만 품행이 나쁜 야심가의 전형이다.

88 페리클레스(BC 495?~429)는 고대 그리스의 민주주의 정치가로

서 이상화되어왔다.

89 〈마태복음〉5장 13절.

90 비잔틴제국은 395년 로마제국이 동서로 나뉘었을 때 로마를 수
도로 한 서로마제국에 대해 비잔틴을 수도로 하여 성립된 동
로마제국으로 476년 서로마제국이 멸망한 뒤에도 존속하다가
1452년 터키인에 의해 멸망했다.

91 이는 토머스 칼라일Thomas Carlyle(1795~1851)의《영웅숭배론Heroes
and Hero-worship》(1846)에서 인용한 말이다. 칼라일은 밀과 같은
시대를 산 영국의 사상가로 밀과 한때 교류했으나 사상적으로는
반대였다. 즉 칼라일은 사회 문제의 발생 원인이 공리주의에 의
한 자유방임주의에 있다고 비판하고 플라톤의 이상주의를 부활
시키는 철인정치의 영웅숭배를 주장했다.

92 경멸과 경악을 금치 못할 일이지만 금치산 선고를 받게 되면 자
기 재산에 대한 법적 권리를 빼앗길 수 있게 되었다. 어떤 사람
이 죽은 후 지불해야 할 소송 비용이 많으면(이 비용은 재산 그 자
체에 부과된다) 재산 처분권은 무효가 될 수 있다. 이미 고인이
된 사람의 일상생활 중 지극히 사소한 것까지도 따지게 되고 또
한 가장 열등한 인식 능력과 감식 능력의 안목에서 상투적인 것
까지 조금이라도 어긋나는 듯이 보이는 것이 있으면 그것이 광
기의 증거로 배심원 앞에 제출되어 가끔 성공하기도 한다. 그러
나 배심원들은 대체로 증인 못지않게 야비하고도 무식하며, 판
사 역시 영국 법률가들이 항상 우리를 놀라게 하는 인간 본성과
생활에 관한 이례적인 지식의 결여로 인해 배심원들을 오도하는
일이 비일비재하다. 이러한 재판이야말로 인간의 자유에 대해

속물들 사이에서 행해지는 감정 상태나 의견이 어떤 것인지를 여실히 보여준다. 판사나 배심원은 개성을 존중할 줄 모르고, 타인과 무관한 사실에 개인의 판단과 성향이 지시하는 대로 행동할 수 있는 권리가 있음을 전혀 인정하지 않는다. 심지어 그들은 건전한 상태에 있는 인간이 그러한 자유를 요구할 수 있다는 사실조차 생각할 수 없다. 과거 무신론자를 화형에 처해야 한다는 제의가 나왔을 때, 많은 자비로운 사람들은 그를 화형에 처하는 대신 정신병원에 보내자고 하는 것이 보통이었다. 지금도 같은 일이 행해지는 것을 본다고 해서 조금도 이상하게 생각할 사람이 없다. 나아가 이러한 행동을 한 사람들이 이단이기 때문에 그 불행한 자들에게 박해를 가하는 대신, 지극히 인도적이고 기독교적인 방법으로 그들을 대우했다고 자만할 뿐 아니라 또한 그렇게 해서 그들이 당연한 처벌을 받았다는 데 무언의 만족을 나타내는 것을 볼지라도 조금도 놀랄 일이 아니다.(원주)

93 이 점에서도 밀은 동양을 멸시한다.

94 이는 중국에 대한 서양의 침략을 정당화하는 주장이다.

95 토크빌,《앙시앵 레짐과 프랑스 혁명L'Ancien Régime et la Révolution》, 이용재 옮김, 박영률출판사, 2006.

96 밀은 사회계약설을 부정한다.

97 조지 반웰은 조지 릴로George Lillo(1693~1739)의 《런던 상인, 또는 조지 반웰 이야기The London Merchant, the History of George Barnwell》(1731)의 주인공으로 숙부를 살해한 인물이다.

98 봄베이(뭄바이Mumbai의 전 이름—옮긴이)의 배화교도가 매우 흥미로운 좋은 보기다. 페르시아 배화교도의 후손인 근면하고도

진취적인 이 종족은 이슬람교도 국왕인 칼리프를 피해 조국을 탈출하여 인도 서부에 도착했을 때, 쇠고기를 먹지 않을 것을 조건으로 인도 주권자들에게 신교의 자유를 허가받았다. 그런데 그 후 그곳이 이슬람교도 정복자의 지배를 받게 되자, 배화교도들은 돼지고기를 먹지 않는다는 조건하에 신교의 자유를 허가받았다. 처음에는 권위에 대한 복종이었던 것이 어느덧 제2의 천성이 되었기 때문에 배화교도들은 지금도 쇠고기와 돼지고기를 먹지 않는다. 그들의 종교가 요구한 것은 아니지만, 쇠고기와 돼지고기를 먹지 말라고 하는 이중의 금지는 장기간 지속되어왔기 때문에 그들의 관습이 되었다. 이처럼 동양에서는 관습이 하나의 종교가 되고 있다.(원주)

99 미국 북동부 대서양 연안 지역.

100 보통 1649년 찰스 1세의 처형 이후 1660년의 왕정복고까지를 말하나 엄격하게 말해 1652년 이후 크롬웰의 섭정 시기는 공화정치라고 보기 어렵다.

101 감리교도는 1739년 영국 옥스퍼드대학에서 찰스 웨슬리Charles Wesley, 존 웨슬리John Wesley 형제와 조지 화이트필드George Whitefield가 중심이 되어 일으킨 국교개혁운동의 일파를 말한다.

102 메인Maine주. 그래서 금주법을 메인법이라고도 한다.

103 1852년 설립된 금주운동단체.

104 헨리 스탠리(1826~1893)는 자유주의자로 여러 차례 장관과 대학 총장을 지냈다.

105 여기서 말하는 사회적인 권리는 우리 헌법에서 명시한 사회권과는 완전히 다른 것임을 주의해야 한다.

106 조지프 스미스Joseph Smith는 1827년《모르몬경Book of Mormon》이라는 천계天啓서를 구했다고 하며 모르몬교를 창시했다. 이어 1843년 '성령에 의한 결혼'이라는 하늘의 계시를 받아 이를 일부다처제의 근거로 삼았으나 일부다처제는 1890년에 와서 폐지되었다.

107 그러나 이러한 밀의 주장은 소위 문명사회에 한정되어 있고 그가 말하는 비문명사회, 즉 식민지인 제3세계에 대해서는 인정되지 않는다.

108 이는 18세기 유럽에서 채택된 중상주의 정책을 말한다. 그것은 그 후의 자유주의 경제정책과 대립된 것이었다.

109 제수이트는 1524년, 스페인의 로욜라Ignatius Loyolla(1491~1556)가 1534년 교황의 승인을 얻어 창립한 가톨릭 수도회인 예수회의 일파로 조직이 엄격한 것으로 유명하다.

110 구빈법은 빈민을 구제하기 위한 법으로 1601년 영국에서 처음 제정되었다. 이는 교구 단위로 가장에게 구빈세를 징수하고, 일할 수 있는 자에게는 일자리를 주고, 나태한 자는 처벌하는 것을 내용으로 했다. 1834년의 새로운 구빈법에 의해 구빈법위원회라는 중앙집권적 기관이 부활했고, 1871년에는 신설된 지방자치기관으로 업무가 이양되었다.

111 래스키가 쓴《근대국가에 있어서의 자유Liberty in the Modern State》(원서 초판은 1930년 간행, 국내에는 이상두의 번역으로 범우사에서 1975년에 출간)도 기본적으로는《자유론》의 연장이다.

112 동국대 사회학과 강정구 교수가 "6·25전쟁은 통일 내전", "광복 후 공산주의를 택했어야 했다", "6·25전쟁에 미국이 개입하지

않았으면 한 달 안에 전쟁은 끝났고 인명 피해는 만 명 이하였을 것"등의 발언을 해 논란이 된 사건을 말한다.

113 미네르바라는 필명의 논객이 한 인터넷 포털사이트에 환율폭등, 금융위기 등의 경제 추이를 예상해 주목을 받자, 허위사실유포 혐의로 체포 및 구속되었다가 무죄 판결을 받은 사건을 말한다.

114 John Stuart Mill, *Autobiography*, Oxford University Press, 1984(《존 스튜어트 밀 자서전》, 박홍규 옮김, 문예출판사, 2019. 이하 이 책에서 인용된 쪽수는 번역본의 것이다). 밀은 죽기 전 오 년 동안 이 책을 썼다.

115 윌리엄 토머스,《존 스튜어트 밀 ― 생애와 사상》, 허남결 옮김, 서광사, 1997. 이 책은 William Thomas, *Mill*, Oxford University Press, 1985의 번역이다. 이하 이 책은《토머스》로 인용한다.

116 John Stuart Mill, *Collected Works*, Vol. XIX, Routledge, 1977, p. 394.

117 Friedrich A. Hayek, *John Stuart Mill and Harriet Taylor Mill*, Routledge and Kegan Paul, 1951, p. 17.

118 John Stuart Mill, *Principle of Political Economy*, 1848; J. M. Robson(eds), *Collected Works of John Stuart Mill*, vol. II~III. Toronto University Press, 1963.

119 박홍규,《누가 아렌트와 토크빌을 읽었다 하는가》, 글항아리, 2008 참조.

옮긴이 **박홍규**

오사카시립대학교에서 법학박사 학위를 받았다. 하버드대학교 로스쿨, 노팅엄대학교 법학부, 프랑크푸르트대학교 법학부의 객원교수를 지내고 영남대학교, 경북대학교, 오사카대학교, 고베대학교, 리츠메이칸대학교 등에서 강의했다. 지은 책으로는《노동법》《한국과 ILO》《사법의 민주화》 등이 있으며, 옮긴 책으로는《법과 사회》《저주받으리라, 법률가여》《인간의 전환》《오리엔탈리즘》《문화와 제국주의》《신의 나라는 네 안에 있다》《법과 권리를 위한 투쟁》 등이 있다.《법은 무죄인가》로 백상출판문화상을 받았다.

자유론

제 1 판 1쇄 발행	2009년 3월 30일	
제 1 판 15쇄 발행	2020년 11월 20일	
제 2 판 1쇄 발행	2022년 9월 7일	
제 2 판 2쇄 발행	2024년 3월 10일	

지은이	존 스튜어트 밀
옮긴이	박홍규
펴낸곳	(주)문예출판사
펴낸이	전준배
출판등록	2004.02.12. 제 2013-000360호
	(1966.12.2. 제 1-134호)
주소	04001 서울시 마포구 월드컵북로 21
전화	393-5681
팩스	393-5685
홈페이지	www.moonye.com
블로그	blog.naver.com/imoonye
페이스북	www.facebook.com/moonyepublishing
이메일	info@moonye.com
ISBN	978-89-310-2287-2 04080
	978-89-310-2274-2 (세트)

잘못 만든 책은 구입하신 서점에서 바꿔드립니다.

🔥**문예출판사**® 상표등록 제 40-0833187호, 제 41-0200044호